KB145520

서울은 기억이다

서울은 기억이다

오늘의 서울을 만든 시공간의 역사

초판 1쇄 인쇄 2023년 2월 1일
초판 1쇄 발행 2023년 2월 10일

지은이	연구모임 공간담화·도시사학회
펴낸이	이영선
책임편집	김종훈
편집	이일규 김선정 김문정 김종훈 이민재 김영아 이현정 차소영
디자인	김회량 위수연
독자본부	김일신 정혜영 김연수 김민수 박정래 손미경 김동욱

펴낸곳 서해문집 | 출판등록 1989년 3월 16일(제406-2005-000047호)
주소 경기도 파주시 광인사길 217(파주출판도시)
전화 (031)955-7470 | 팩스 (031)955-7469
홈페이지 www.booksea.co.kr | 이메일 shmj21@hanmail.net

ISBN 979-11-92085-93-7 93910

오늘의 서울을 만든
시공간의 역사

연구모임 공간담화 · 도시사학회 지음

서울은 기억이다

서해문집

서문

서울은 남한 인구의 5분의 1에 해당하는 약 1000만 인구가 거주하는 대도시다. 한반도 전체를 폐허로 만든 전쟁 이후 급격히 증가하기 시작한 서울 인구는 1959년부터 1979년 사이에 거의 10년마다 200만 명에서 400만 명으로, 400만 명에서 800만 명으로 두 배씩 증가해 왔다. 1920년대 당시 서울 교통의 중심이었던 전차에 이미 '만원'이라는 별명이 붙기 시작했는데, 1960년대에 들어서는 〈서울은 만원이다〉라는 제목의 소설이 연재되기에 이르렀다. "해방 이후 서울은 이주민의, 이주민에 의한, 이주민을 위한 공간"(송은영,《서울탄생기》)이라고 부를 만했다. 최근 10년 동안에는 서울 인구의 감소세가 지속되어 2016년부터는 그 수가 1000만 이하로 떨어졌으나, 그럼에도 2022년 현재 940만 명 선을 지키고 있다. 무엇보다도 아직은 여전해 보이는 한국인의 서울 지향성이 서울 인구의 감소를 쉽게 허락하려 하지 않는 것 같다. 또한 코로나19로 일시적인 감소세를 보이고는 있으나 이미 적지 않은 비중을 차지하는 외국인의 유입도 서울 인구를 지지하고 있다.

이처럼 서울이라는 도시공간은 다양한 이력의 1000만 인구를 감당하고 있지만, 그렇다고 해서 그들의 삶이 영위되는 텅 빈 무대로만 제공되는 것은 아니다. 이 도시와 인연을 맺은 1000만 도시인의 삶은 그 무엇으로도 대체할 수 없는 자신만의 서사들을 만들고, 도시는 그를 하나하나 담아내는 거대한 '기억의 저장소'와 같은 역할을 한다. 도시 곳곳에 켜켜이 쌓여 있는 개개인의 각별한 경험은 무색의 공간을 다채로운 삶이 녹아든 애착의 '장소'로 바꾸어 주며, 도시를 매개로 하여 다음 세대로 계승된 기억은 시간의 무게와 함께 특정의 공간들에 '장소성'을 부여한다. 이렇게 '장소성'을 획득한 공간은 이제 공간 자체의 역사를 써 내려가길 서슴지 않는다. 동네에 흔히 위치한 초등학교, 우체국이나 경찰서 등의 관공서가 비록 건물은 새롭게 바뀌었을지라도 용도만은 수십 년 이상 유지하고 있음을 종종 목격하는 것은 다름 아닌 '장소성'의 힘일 것이다.

이 책은 서울 사람들보다는 서울이라는 도시공간이 품어 온 오랜 기억들을 모은 것이다. 이하에서는 필자 나름의 독해 방식에 따라 각 부별로 글의 수록 순서와 무관하게 각 장의 내용을 간단히 소개하고자 한다.

1부 '장소의 기억'은 '장소성'이 깃든 공간들에 관한 이야기다. 현재 서울의 도심부를 둘러싸고 있는 한양도성은 본래 서울의 경계를 상징했다. 물론 조선시대 한성부의 행정구역은 성 밖의 성저십리까지를 포함했지만, 심상지리로서의 서울은 도성의 문을 통과하는 행위로 체감될 수 있었다.

〈서대문, 언덕 위 모던라이프의 명과 암〉에는 도성 사대문 중 주로 일제강점기 서대문 밖의 변화가 그려졌다. 그 변화는 한편으로는 금화장이라는 문화주택이나 철근콘크리트 구조의 도요타아파트가 건설되면서 '모던라이프'를 구현하기도 했지만, 다른 한편으로는 개발에서 밀려난 이들을 수렴하듯 토막촌을 형성하기도 했는데, 이처럼 일제강점기 서대문 밖 서쪽과 북쪽으로 나뉜 도시 풍경은 지금도 그 흔적을 남기고 있다고 말한다.

〈동대문, DDP 아래에 묻힌 이야기들〉에서는 동대문 일대의 역사 지층이 시간순으로 복원됐다. 동대문디자인파크, 곧 DDP 자리는 본래 한양도성 성곽이 지나고 하도감이 있던 곳이다. 일제강점기 조선인의 항일 기운을 스포츠로 돌리려 종합운동장인 경성운동장이 건설되고, 해방 후에도 서울운동장이라는 이름으로 그 명맥을 유지했다. 그러나 제 기능을 상실한 서울운동장의 재개발 과정에서 발굴된 조선시대 유적은 개발의 방향을 '다목적 시민공원'에서 '역사문화공원'으로 바꾸어 놓기도 했다.

〈광화문, 한국 현대사의 현재진행형 공간〉에서는 서울의 중심인 광화문 일대의 역사성을 둘러싼 논란이 현재진행형이라고 지적한다. 수도 서울의 역사가 오랜 만큼 광화문 일대의 역사 지층도 몇 겹을 이루지만, 정치적 의도에 따라 '전근대 복원'과 '현대적인 고층 도시로의 탈바꿈'이라는 상반된 꿈이 같은 공간에서 동시에 펼쳐졌다는 것이다. 또한 '복원'이 사실은 '새로운 창조'임을 깨달아 역사의 이름을 빌려 파괴를 반복하는 과정에 이제는 제동을 걸어야 한다고 제언한다.

〈청계천, 복개된 삶의 공간〉에서는 도심 한가운데를 가르며 흐르는 청계천의 역사가 오물 처리 기능을 중심으로 재구성됐다. '맑은 시내'라는 이름과 어울리지 않게 청계천은 조선시대부터 '오물이 소통하는 곳'으로 규정되었으며 수많은 빈민이 그 천변에 몰려들었다. 행정 당국은 청계천 복개와 복원을 통해 정비를 시도해 왔는데, 그 과정에서 천변의 풍경은 말끔히 변했으나 그 일대를 삶의 터전으로 삼았던 사람들 또한 함께 정리되고 말았다.

청계천 북쪽 종로 일대를 다룬 〈종로, 거리의 주인은 누구인가?〉는 일제강점기 조선인 거리의 상징이기도 했던 종로가 일찍이 만민공동회와 3·1운동을 거치면서 인민이 주인인 공간이었음을 일깨운다. 이후 전차나 자동차에 그 자리를 내주고 일상의 무게가 삶을 지배하게 되었지만, 이 거리가 품고 있는 기억은 언제든 다시 우리를 주인으로 만들어 줄 것이라고 말한다.

〈을지로, 호텔 스카이라운지의 풍경〉에는 청계천 남쪽 풍경이 담겼다. 원구단 자리의 조선호텔에 이어 1930년대 을지로에는 당시 동양에서 네 번째 규모를 자랑하는 반도호텔이 들어섰다. 철저히 외국인과 한국인 특권층을 위해 존재했던 그곳은 일반에 문호를 개방한 후에도 여전히 '이방지대'로서 소비되었다. 그러나 반도호텔은 더 높은 조망을 제공하는 호텔들에 처음에는 명성을, 다음에는 부지 자체를 내주고 말았다.

마지막으로 〈정동, 근대 서울의 문턱 '공사관 구역'〉은 전술한 서대문 밖 이야기의 전사 격에 해당한다. 서대문 안 정동에는 미국과 영국의 외교공관이 들어선 후 미국인 선교사들이 선교기지를 조성했다. 서울 진입로에 위치하고 궁궐과 인접할 뿐만 아니라 구릉지라서 전망이 좋았기 때문에, 이후에도 프랑스, 독일 공관 등이 새로 들어서면서 '공사관 구역'을 형성했다. 아관파천 이후로는 경운궁으로 상징되는 대한제국의 중심 영역으로 재편되었으나, 1900년대 동아시아 정세의 변화 속에서 정동은 또 다른 변화를 예고해야만 했다.

1부가 주로 한양도성 내부에 초점을 맞추었다면, 2부에서는 도성 밖 공간으로 시선을 옮겼다. 그리고 '현장의 삶'이라는 제목이 말해 주듯 사람들에게 삶의 현장이자 터전을 제공하는 동네 이야기를 중심에 두었다.

한양도성 사소문 중 하나인 광희문 밖 이야기는 〈황학동, 가난 속에서 버텨 낸 삶, 공동묘지에서 만물시장으로〉에서 확인할 수 있다. 광희문이 '시구문'이라 불렸던 것처럼 일찍이 공동묘지가 형성되었던 광희문 밖 일대는 남쪽에 일본인을 위한 문화주택이 건설되는 동안 북쪽에는 조선인 영세 상인들이 자리를 잡았다. 해방 후 '황학동'이 된 후자는 도심과 외곽의 결절지라는 지역적 이점을 기반으로 서울 도심에 대한 지원과 재활용을 담당하면서 지금까지도 만물시장, 도깨비시장 등의 모습으로 격변의 시대에 적응하는 모습을 보여 주고 있다.

〈혜화동, 일제강점기 신흥 계층의 거주지〉에서는 도성 내에 위치하면서도 조선시대 내내 대부분 유휴지로 남아 있던 혜화동 일대를 다루었다. 이곳에는 1900년대 후반부터 대한의원을 비롯한 대형 기반 시설이 입지하기 시작하여 1920년대에는 경성제대가 들어서면서 '학교촌'을 형성했다. 그와 함께 이루어진 교통의 정비는 고급주택지

'문화촌' 건설로 이어져 현재 문화예술공간으로 변한 '대학로' 곳곳에 그 흔적을 남기고 있다.

〈장위동, 못다 한 교외 주택지의 꿈은 현재진행형〉은 도성 밖 한성부 경계에 있던 장위동 이야기다. 농촌 지역이던 이곳에 1937년 부설된 경춘선은 변화의 바람을 일으켰다. 서울로 기차 통근이 가능한 '교외 주택지'를 꿈꾸며 개발이 시작되었으나 해방 후에야 재건주택, 부흥주택, 국민주택 단지가 차례로 들어설 수 있었다. 그 뒤로도 이미 주택전시장이 된 이곳 한편에서 1960년대에 조성된 동방주택지가 신흥부촌의 기억을 담고 2000년대에는 뉴타운사업이 그 뒤를 이으면서 "경성 동부의 교외 주택지"라는 장위동의 꿈은 지금도 이어지고 있다.

이제 서울 남쪽 동네로 내려가 보자. 먼저 〈용산, 우리 동네와 '작은 미국' 사이〉는 지금의 서울 한가운데 땅을 정조준한다. 용산구 전체 면적의 10퍼센트, 전체 인구의 1퍼센트가 주요 생활공간으로 삼았던 미군 용산기지는 일부 반환되었음에도 아직 한국과 다른 별도의 우편번호를 사용하는 '작은 미국'이다. 현재 주한미군의 '평택시대'가 열리기는 했지만, 향후 한·미 간 군사·외교적 관계 변화가 군과 지역사회 간 상호 영향 위에 형성된 용산 미군기지의 공간적 성격을 다시 바꾸게 될 것이라고 예측한다.

〈여의도, 도시개발의 시범이자 반면교사〉에서는 한강의 '섬' 여의도가 강으로 둘러싸인 자연적 경계보다는 목동, 광장동과 유사한 도시개발의 역사로 주변 지역과 구분되었다고 설명한다. 고층 건물과 획일적 가로, 주민의 계급적 동질성 등을 특징으로 하는 그것은 외부

009

에서 쉽게 접근할 수 없는 폐쇄적 지역사회를 등장하게 했다. 그러나 계속해서 또 다른 여의도를 양산하기보다는 다양성을 포용하는 개방적 지역사회를 건설하는 것이 거리에 활력을 불어넣어 줄 것이라고 강조한다.

여의도식 도시개발은 강남에서 더욱 광범위하게 추진되었는데, 〈강남, 서울 사람 아니고 강남 사람〉에서는 그러한 강남 개발의 역사를 되돌아본다. 1960년대 후반 정치적·안보적 선택에서 출발하여 권위주의 정부의 행정력 남용을 통해 집중 지원을 받은 강남 개발은 이제 자체 브랜드화하여 전국적으로 제2, 제3의 강남을 낳고 있다. 강남 개발이 담고 있는 시대성을 고려할 때, 그것이 향후 도시개발에서도 진정한 본보기가 될 수 있을지 의문을 제기한다.

〈구로, 미싱은 아직도 돌아가는가〉는 강남과는 전혀 다른 방식의 개발 이야기다. 1960년대 경제개발계획에 따라 수출산업의 획기적 발전을 꾀하려는 목적에서 '구로공단'이 탄생했다. '구로공단'에는 지방에서 갓 상경한 저학력·저연령의 여공이 모여들었다. 1990년대 이후 대한민국의 경제 성장과 그에 따른 산업 구조 변화와 함께 '구로공단'은 '디지털단지'로 이름을 바꾸었으나, IT 노동자들의 노동 환경은 미싱을 컴퓨터로 대체했을 뿐이다.

3부 '공간의 명암'에서는 더 나은 삶에 대한 사람들의 욕망이 공간에 어떤 식으로 투영되었는지, 그리고 그것이 공간의 운명을 어떻게 갈라놓았는지를 살핀다.

집은 일상 유지를 위한 최소 조건이다. 그러나 그에 대한 욕구 충족의 한도는 사회적 환경에 따라 사람 간 격차가 컸다. 〈집, 개발과 빈곤의 연대기〉는 최소한의 욕구도 충족하기 어려웠던 '빈곤'한 사람들의 집에 관한 이야기다. 일제강점기 때부터 서울에는 원시 주택인 토막집이 생겨났는데, 해방 후 전쟁을 거치면서 무허가 불량주택은 더욱 늘어났다. 이에 다양한 형태의 주택 공급과 주거 환경 개선 사업이 이루어졌으나, 결과적으로는 어떤 '개발'이든 '부유'한 자들만을 위한 공간 창출이 아니었는지를 묻는다.

〈백화점, 동경과 허영의 사이〉에서는 사람들의 욕망을 전시하는 백화점을 다루었다. 일제강점기 대다수 사람에게 허영의 대상일 수밖에 없었던 백화점은 해방 후 경제 성장을 배경으로 점차 도시민의 일상에 자리를 잡아 갔다. 그러나 할인점이나 온라인쇼핑몰의 등장은 백화점의 존재 자체를 위협하면서 백화점을 과거의 유물로 남길 가능성을 열어 놓았다.

〈지하공간, 땅 밑에 펼쳐진 또 하나의 일상〉에서는 과밀 상태의 지상을 피해 지하 세계로 들어간다. 유류나 가스 비축시설부터 쇼핑·공연 공간, 음식점 등을 갖춘 복합문화시설에 이르기까지 지하공간의 활용 형태는 시간이 지날수록 더욱 다양해진다. 그렇다면 도시의 미래를 지하공간에 걸어 볼 수도 있지만, 현실적으로 그것은 지상의 대체보다는 지상과 연결된 활동 영역의 확장이 될 것이라고 전망한다.

〈하수도, 지하 세계의 거물〉은 일제강점기 지하공간의 한 단면을 보여 준다. 지하에 관을 묻는 암거 하수도는 수해 대비나 도시 위생을 위해 중요했다. 그러나 식민 통치 기간 내내 지속된 예산 부족 상황은 그러한 '신식' 시설을 어느 지역부터 공사할 것인가 하는 선택의 문제를 낳았고, 결과적으로 일본인 주거지를 우선시함에 따라 민족 간 차별 문제로 부각했다.

〈깡패, 도시의 이면에 자리한 자들〉은 도시공간과 깡패의 친화성을 묻는 것에서 시작한다. 도시에는 사람과 물자가 집중하는 만큼 다양한 이익이 발생하고, 깡패들은 그 현장에서 이익을 갈취하는 동시에 도시의 익명성 뒤에 숨는다. 깡패들은 이익을 좇아 도시 재개발 현장에도 흘러들었고 행정 당국의 방조에 힘입어 폭력적 강제 철거에 앞장섰다. 그런데 교통·통신 기술이 발달함에 따라 이제 깡패들은 도시공간에 갇혀 있기를 거부한다.

〈유곽, 금기와 욕망의 경계〉는 도시공간의 어둠을 좀 더 직접적으로 조명한다. 성매매업소의 집결지인 유곽은 개항 후 일본인 유입과 함께 한반도에 이식되었다. 서울에서는 지금의 묵정동과 도원동 일대에 각각 신정유곽과 도산유곽이 들어섰는데, 외부와의 격리성, 군대와의 근접성 등이 입지를 결정했다. 이후에는 조선인 유곽도 만들어졌으며, 해방 후에는 비록 유곽은 사라졌지만 그 기능은 형태를 바꾸어 끈질기게 존속하고 있다.

〈도축장, 유혈의 증거를 남기지 마라〉는 유곽과는 반대로 누구도 욕망하지 않는 공간에 관한 이야기다. 사람들은 고기를 즐겨 소비하면서도 고기를 생산하는 현장은 멀리하려 한다. 따라서 도축장 부지는 주거지와 이격이 중요했으며, 시가지의 확장은 도축장의 이전을 요구했다. 신설동과 아현동에 신설된 도축장은 현저동, 숭인동, 마장동으로 이전을 거듭했다. 마장동을 비롯한 독산동과 가락동의 도축장까지 모두 사라진 현재 축산물시장만이 남아 그 연원을 기억하고 있다.

이상에서 소개한 바와 같이 이 책에서 다루는 서울의 도시공간은 매우 다양하다. 각각의 글에 묻어난 필자들의 개성은 그 이야기들을 더욱 다채롭게 만들어 주며, 또한 글과 함께 제공되는 풍부한 시각 자료(사진, 지도, 그림 등)는 독자들의 흥미를 끌어내고 글에 대한 이해를 도울 것이다.

이 책은 도시사학회가 2017년에 기획한《도시는 기억이다》의 시리즈로서, 도시사학회와 연구모임 공간담화가 공동 기획해 2022년에 출간된《동아시아 도시 이야기》의 후속작이기도 하다. 공동 기획 경위에 대해서는 이미 전작 서문에서 상세히 밝혔으므로, 여기에서는 이 책의 집필진에 대해서만 간단히 부언해 두고자 한다.

집필진의 한 가지 공통점이 있다면 그것은 집필진 모두가 연구모임 공간담화의 구성원이라는 것이다. 이 글의 필자를 비롯해 구성원 상당수가 도시사학회의 임원이자 회원으로 활동하고 있기에, 사실 도시사학회와 연구모임 공간담화 두 단체를 구분하는 것은 크게 의미가 없다. 그러나 오랜 시간 함께 공부하며 다져 온 연구모임 공간담화 구성원으로서 정체성 또한 가볍지는 않다. 구성원 중에는 대학·연구소·박물관 등의 기관에 속해 있는 이들이 있는가 하면, 강의하면서 박사학위 논문을 준비하거나 고정된 적이 없어도 다양한 프로젝트에서 크게 활약하는 이들도 있다. 역사·건축·문학·도시공학 등 전공 또한 제각각이지만, 적어도 공간에 대한 관심과 연구에 임하는 진지한 태도만은 모두가 공유하는 지점이다. 이러한 다양성과 공통성이야말로 이 모임이 10주년을 맞이할 수 있는 원동력이었다고 생각한다.

이처럼 이 책의 집필진이 연구모임 공간담화 구성원으로만 채워진 것은 무엇보다 '신진 연구자'들에게 지면을 양보한 도시사학회 측의 배려가 있었다. 그 덕분에 구성원 중 몇몇에게는 이 책이 자신의 이름을 집필자 목록에 올린 첫 번째 책이 될 수 있었다. 연구자에게 서점 가판에서 '나의 책'을 발견했을 때의 행복감이란 이루 말로 표현하기 어려울 것이다. 또한 몇몇에게는 모임 자체가 10주년을 맞이하는 만큼 '신진'이라는 말이 어색해져 버렸지만, 언제까지나 상호 간에 동료적 관계이기를 희망하기에 '신진 연구자'이기를 굳이 거부하지 않으리라 믿는다.

마지막으로 이 책의 기획에서 간행에 이르기까지 훌륭한 파트너가 되어 주신 도시사학회 여러분, 회장 박철현 선생님을 비롯해 김백영, 민유기, 박삼헌 선생님 등 임원들께 감사드린다. 특히 연구모임 공간담화와 함께하기도 했던 박철현 선생님은 인터넷 언론 《레디앙》에 글을 실을 수 있게 주선하여 이 책 원고들의 산파와 같은 역할을 해 주셨다. 더불어 언제나 뒤늦은 원고들의 마감일을 일깨워 주시던 《레디앙》의 정종권 편집장님, 그리고 정리가 되지 않은 원고들에 생명력을 불어넣어 주신 서해문집의 김종훈 편집장님께도 심심한 감사 말씀을 드린다.

되돌아보면 코로나19로 2020년부터 2021년까지 꼬박 2년을 격리 상태와 다름없는 부자유 속에서 보냈다. 2022년은 일상으로의 완전한 복귀를 준비하는 시간이었다. 다만 복귀를 말하더라도 우리가 돌아갈 곳은 예전에 서 있던 그 자리는 아닐 것이다. 팬데믹이라는 흔치 않은 경험은 공간에 대한 인식 자체를 크게 바꾸어 놓았다. 휴식과 충전의 공간이던 집은 일터를 겸하게 되었으며, 이동 수단이던 차는 집의 기능을 끌어안았다. 이처럼 공간들 위로 쌓인 새로운 지층으로 찾아가고픈 '장소'를 발밑에 두고서도 헤매고 있을 분들에게, 이 책이 기억의 단층면을 고스란히 드러낼 수 있는 고고학적 지침서가 될 수 있기를 바란다.

저자들을 대표해
박준형 씀

차
례

서문 • 4

장소의 기억

1

서대문, 언덕 위 모던라이프의 명과 암 ———————————— •022
20세기 초 서대문 밖의 변화 | 금화장과 도요타아파트, 그리고 독신자아파트: 죽첨정 3정목
에 피어난 모던라이프 | 서대문 밖의 또 다른 풍경: 토막촌과 빈민주택

광화문, 한국 현대사의 현재진행형 공간 ——————————— •040
광화문 또는 세종로라는 장소의 중층성 | 역사를 복원하는 동시에 지우는 역설의 공간 | 도
심 고층화의 꿈이 실현되는 공간 | 전근대의 복원이라는 환상과 정치적 상징 동원

정동, 근대 서울의 문턱 '공사관 구역' ——————————— •060
통상외교의 근거지 잡기 | 미국과 영국의 공관 부지 선택 | 미국 개신교의 선교 근거지 | 외
교의 중심, 공사관 구역 | 새로운 건축과 도로의 정비, 순환과 호흡의 근대도시계획 | 공사관
구역에서 대한제국의 중심으로 | 의화단운동과 동아시아 정세

청계천, 복개된 삶의 공간 ——————————————— •084
오물이 소통하는 곳 | 복개 논의의 시작 | 본격적인 복개사업 | 청계고가도로의 건설 | 지지
부진한 하수처리장 건설 | '서울이 아닌 서울'

을지로, 호텔 스카이라운지의 풍경 ——————————— •104
식민 지배의 상징, 조선호텔 | 오피스텔 형태의 상업호텔, 반도호텔 | 발밑엔 도시의 야경, 실
내엔 달콤한 밀어

종로, 거리의 주인은 누구인가? ———————————— • 118

서양식 거리를 거니는 백의의 조선인들 | '기계 문명의 단말마' 전차의 등장 | 3·1운동, '전
국인민'의 각성 | 일상이 된 러시아워, 그리고 유실물센터

동대문, DDP 아래에 묻힌 이야기들 ———————————— • 136

서울 한복판에 출현한 UFO, DDP의 탄생 | 해방 이전의 역사 지층 | 해방 이후의 역사 지층
| DDP 주변의 또 다른 역사, 동대문시장 | 공간의 고고학

현장의 삶

2

황학동, 가난 속에 버텨 낸 삶, 공동묘지에서 만물시장으로 ——————— • 156

동교의 성저십리에서 가장 낮고 쓸모없던 지역, 이름 없는 묘지로 뒤덮이다 | 신당토지구획
정리사업에서 제외된 묘산동 토막촌 | 가난 속에서도 끈질긴 삶, 해방과 함께 맞이한 자유로
운 시장 | 포화가 비켜난 자리에 제각기 들어선 시장, 그리고 부흥주택의 건설 | 고물에서 금
맥 캐는 황학동 시장의 탄생

혜화동, 일제강점기 신흥 계층의 거주지 ———————————— • 176

근대적 시설물의 등장 | 교통의 정비와 '학교촌'의 형성 | 주거지의 확대 | 고급주택지 '문화
촌'의 건설

여의도, 도시개발의 시범이자 반면교사 ———————————— • 192

도시의 이질적인 섬, 여의도 | 비행장을 없애고 택지를 만들어 낸 윤중제 공사 | 고층 건물과
블록들을 오가는 가로 사이의 기억 | 또 다른 여의도 만들기에 대한 의문

강남, 서울 사람 아니고 강남 사람 ———————————— • 210

강남은 '어디'일까, '무엇'일까 | 안보와 정치, 강남으로 눈을 돌리다 | 강남의 탄생, 행정적
지원과 교육의 결정타 | 모여드는 곳, 강남

장위동, 못다 한 교외 주택지의 꿈은 현재진행형 ────────── •232

기찻길을 따라 펼쳐진 교외 주택지의 꿈 | 재건주택, 부흥주택, 국민주택: 해방 후의 주택공급실험실 | 언덕 위의 하얀 집, 아니 언덕 위의 거북이집·독수리집 | 또 한 번 새로운 주택지를 꿈꾸는 장위뉴타운

용산, 우리 동네와 '작은 미국' 사이 ────────── •250

서울특별시 용산구 미군기지동? | '작은 미국'의 흔적 | 군사도시, 용산 | 우리 동네, 용산

구로, 미싱은 아직도 돌아가는가 ────────── •270

수출산업기지 '구로공단'의 탄생 | 사계절 반복되는 여공의 애환 | 시대의 변화, 구로공단의 쇠퇴 | IT산업단지로 바뀐 구로공단, 계속 돌아가는 미싱

공간의 명암

3

집, 개발과 빈곤의 연대기 ────────── •288

서울시의 인구집중과 무허가정착촌의 확산 | 도심 내 무허가건축에 대한 서울시의 정책 | 주민은 돌아올 수 없는 도시(재)개발 | 도시재생사업과 주거권

백화점, 동경과 허영의 사이 ────────── •304

백화점의 등장 | 동경과 허영, 백화점의 이중적 모습 | 해방 이후 백화점의 변화 | 도시민의 일상 공간, 백화점

지하공간, 땅 밑에 펼쳐진 또 하나의 일상 ────────── •324

오늘도 나는 지하공간을 경험한다 | '지하공간'이라는 개념에 대해 | 서울의 지하공간 개발 현황 | 과거의 지하공간 방공호 | 1960년대 서울의 도시개발과 지하공간 건설 | 지하공간은 지상의 도시를 대체할 수 있을까?

하수도, 지하 세계의 거물 ──────────────────── • 344

지하의 거물, 조선에서 제일 큰 하수도 | 전통적 '열린' 하수도와 근대의 변화 | 일제강점기 경성 하수도 사업의 전개와 한계 | 식민지 권력의 하수도 개선은 왜 실패했나?

도축장, 유혈의 증거를 남기지 마라 ──────────── • 362

관영 도축장의 등장, 동대문 밖과 서대문 밖 '대한도수장' | 현저동에서 숭인동으로, '경성부립도축장'의 통합과 이전 | 마장동 서울시립도축장의 등장과 시카고 모델 | 마장동축산물시장의 탄생과 확산 | 사라진 도축장, 남은 축산물시장

유곽, 금기와 욕망의 경계 ──────────────────── • 384

유곽의 조선 유입 | 서울의 유곽 조성 | 서울의 유곽 입지 조건 | 유곽의 성행과 조선인 유곽 건설 | 해방 이후 유곽 폐지와 그 후

깡패, 도시의 이면에 자리한 자들 ──────────── • 404

이익을 좇아 떠도는 도시의 부나방 | 종로에서 강남까지, 도시개발을 따라 흘러 들어간 깡패 | 도시건설의 숨은 역군 | 새로운 이익의 창출을 위하여

참고문헌 • 420
지은이 소개 • 430
찾아보기 • 435

1

장소의

기억

서대문

언덕 위
모던라이프의
명과 암

이연경

나는 가슴이 발딱발딱 뛰기 시작하였에요.

금화장 고갯길에 어린 애기의 머리통이 잘려진 채 나뒹굴구 있다! 그르
니까 죽첨정 3정목 금화장 고개라면….

- 성기웅, 《조선형사 홍윤식》, 지식을만드는지식, 2014

1933년 5월 17일 새벽, 어린아이의 머리가 잘린 채 죽첨정 3정목
(충정로 3가의 일제강점기 지명) 금화장 쓰레기 매립지에서 발견되었다. 이
사건으로 조선의 치안 상태에 대해 자부하던 경성부의 모든 경찰서에
는 비상이 걸렸고, 서대문사거리에 위치한 서대문경찰서에는 수사본
부가 꾸려졌다. 사람들은 이 사건을 구경하기 위해 죽첨정으로 몰려
들었고, 신문에는 연일 관련 내용이 보도되었다. 1933년 6월 7일 《경
성일보》에는, 공동묘지에 묻힌 한 살 여아의 시신을 파내어 아이의 뇌
수를 간질을 앓던 친구의 아들에게 먹이고자 하였던 범인을 검거했
다는 내용과 함께, 당시 사건과 관련한 장소들을 기록한 지도가 한 장
실렸다. 지도에는 수사본부가 꾸려진 서대문사거리의 서대문경찰서,
어린아이의 머리가 발견된 장소인 금화장 쓰레기 매립지, 그리고 죽

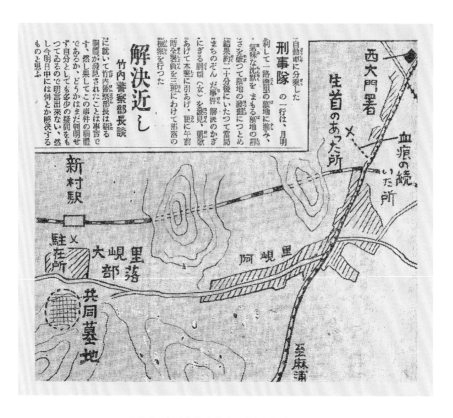

自動車に分乗した

刑事隊 の一行は、月明

利して一路龍里の窪地に進み、

・気味な沈默をまもる窪地の部

落を破つて草地の發掘につとめ

結果約二十分後にいたつて當局

まちのそん だ事件 解決のかぎ

にぎる胴躰（女）を發見、愈歌

あげて本署に引あげ、更に午前

時全點員を三班にわけて部落の

巡察を行つた

解決近し
竹内警察部長談

に就いて竹内警察部長は語る

胴躰が發見されたことは事實で

す、然し果してこの事件の胴躰

であるか、どうかはまだ判明せ

ず自分としても多少の疑問をも

つてゐるので明言出来ない、然

し今明月中には何とか解決する

ものと思ふ

新村驛

駐在所

大峴里部落

共同墓地

阿峴里

至麻浦

西大門署

生首のあつた所

血痕の續いた所

죽첨정 단두유아사건 관련 지도,《경성일보》1933년 6월 7일첨정으로 오르는 길에 남은 혈흔, 범인이 살고 있던 아현리, 그리고 피해 아동의 시신이 있던 공동묘지가 위치한 염리동 등이 표시되어 있다. 이 사건을 보면서 한 가지 궁금한 점이 생긴다. 왜 아현리에 살던 범인은 염리동에 위치한 공동묘지에서 아이의 시신을 파내고 자른 머리를 굳이 죽첨정 금화장 쓰레기 매립지에 버린 것일까?

20세기 초 서대문 밖의 변화

1930년대 중반의 서대문 밖 일대는 인구밀도가 급격히 높아진 주거지 중 하나였다. 특히 죽첨정에는 1927년 문화주택지인 금화장과 1937년 도요타豊田아파트(현재의 충정아파트)가 건설되며 경성의 '모던 라이프'가 펼쳐지기도 했다. 서대문역(1900)과 서대문-마포선의 건설(1907), 서대문 주변 성곽 및 서대문 철거(1915)는 20세기 초반 서대문 일대의 풍광을 크게 바꿨다.

러일전쟁 이후 프랑스영사관과 독일영사관이 서대문 밖으로 옮겨온 이후 감리교신학교, 영국성서공회, 구세군학교, 동양성서공회 등 다양한 서양인 선교기관이 서대문 밖 냉동, 평동, 죽첨정 일대에 자리 잡자 이 일대는 유독 서양인이 많이 거주하는 지역이 되었다. 또한 1915년 경성부 밖 신촌 일대에 연희전문학교가 들어서면서 죽첨정 일대에서 연희전문학교에 이르는 경성부의 서측 일대는 서양인의 주요 근거지가 되기도 했다.

한편 서대문 일대는 조선시대부터 한양의 주요 육로 중 하나였는데, 20세기 초반에는 전차와 기차가 부설되며 근대적 교통기관이 관통하는 교통의 요지가 되었다. 1906년부터 공사가 시작돼 1907년 준공된 전차 마포선은 조선시대부터 도성과 한강을 잇는 주요 육로였던 마포로에 건설된 것으로, 시외에서 성내로 드나드는 사람들이 자주 이용하던 노선이었다. 마포선은 이용하는 사람이 많은 데 비해 전차선로가 단선이고 전차의 운행 횟수도 적어 많은 이가 불편을 겪다가 1932년 이후 도로개수사업을 하면서 복선화되었다. 1921년에는 남대문-신촌-수색을 잇는 경의선이 개통되었다. 경의선의 용산-신의주 구간은 1906년 개통되었으나, 신촌을 지나 수색까지 가는 구간은 1915년 공사를 시작해 1921년 완성된 것이다. 이때 죽첨정 언덕 아래로는 터널을 뚫어 열차가 지나게 했다. 이 같은 편리한 교통은 서대문 밖 일대에 인구집중을 불러왔다.

1920년대에는 경성부의 인구가 증가하자 주택난을 해결하기 위해 주택지를 활발히 개발했는데, 죽첨정에도 1920년대 후반 금화장이라는 문화주택지가 등장했다. 그뿐만 아니라 김남천의 소설 〈맥〉의 배경이 된 식산은행의 독신자아파트였던 경성대화숙京城大和塾, 철근 콘크리트 구조의 고층아파트인 도요타아파트 등이 죽첨정 3정목 일대에 건립되며 죽첨정 3정목은 경성의 새로운 근대적 주거지로 주목받기 시작했다. 《조선과 건축朝鮮と建築》 1934년 12월호 '최근조선건축계' 〈대경성시서부신전현상大京城市西部伸展現狀〉이라는 기사에는, 죽첨정 3정목 일대가 최근에 발전하여 인구가 3만 명을 돌파하고 금화장주택지 200호가 건설되었으며, 외국인 주택뿐 아니라 22만 평의 연희장주택도 기초공사 중인 상황이 언급되어, 당시 서대문 밖 일대가 급격히 변화하고 있음을 알 수 있다.

금화장과 도요타아파트, 그리고 독신자아파트: 죽첨정 3정목에 피어난 모던라이프

1933년 죽첨정 단두유아사건에 등장하는 금화장金華莊이라는 지명은 일본인 마스다 다이요시增田大吉가 개발한 문화주택지를 일컫는 것이다. 마스다 다이요시는 1926년 죽첨정 3정목 3번지 일대를 매입해 1928년부터 1934년까지 총 세 차례에 걸쳐 주택을 개발하고 분양했다.

1920년대 죽첨정 3정목은 1~2정목과 달리 조선인의 비율이 92퍼센트에 이르는 조선인 거주지였는데, 특히 금화장이 건설된 죽첨정 3정목 3번지 일대는 주변보다 지대가 높고 조선인의 토막촌이 다수 분포한 지역이었다. 토막촌은 1920년대 경성의 인구가 폭발적으로 증가하자 집이 없는 도시빈민이 주로 산 아래 경사지에 흙이나 거적 등으로 비바람을 가린 토막을 무허가로 짓고 살며 형성되었는데, 죽첨정 3정목뿐 아니라 인근의 송월동, 현저동 언덕 위에 다수 분포했다. 그러나 이마저도 1920년대 중반 이후 문화주택지를 비롯한 택지 개발이 활발해지며 철거되기에 이르렀고, 금화장도 이곳에 살던 토막민을 이주하게 하고 지어진 문화주택지였다.

1930년 11월 17일《경성일보》에 실린 광고에는 금화장은 주변에 금화산의 녹지가 둘러져 있어 조망이 좋으며 대지가 높고 건조하고 공기가 좋아 주거지로서의 조건이 매우 좋은 지역이라 하고 있다. 평지에서는 살 곳이 없어 언덕으로 올라간 도시빈민의 삶의 터전이 도시를 조망하고 맑은 공기를 맛볼 수 있는 질 좋은 주택지로 변모한 것이다.

당시 문화주택지는 부동산업자가 대지를 매입하여 정지整地작업을 하고 일반인에게 대지를 분양하는 방식으로 건설되는 경우가 많았는데 금화장도 그중 하나였다. 문화주택은 말 그대로 '문화생활'이 가능한 주택으로, 대체로 일본에서 들어온 가족을 중심으로 공간이 구성된 화양절충식에 한국의 풍토와 기후에 맞게 변형해 온돌방 등을 추가했다. 이렇게 만들어진 식민지 조선의 문화주택지는 일본인이나 조선인 최상류층이 사는 공간으로 자리 잡았다. 금화장이 건설되며 일본인이 이곳에 다수 거주하자, 죽첨정 3정목의 일본인 비율은 1925년 불과 6.5퍼센트였던 것에서 1935년 14.6퍼센트까지 증가했다.

이 같은 현상은 비단 죽첨정 3정목에서만 일어나지 않았다. 1920~1930년대 서울의 인구가 폭증하고 주택열住宅熱이 뜨거워짐에 따라 도시빈민은 점점 더 외곽으로 몰려나고, 10여 년 전만 해도 서울의 외곽이라 불리던 지역마저 문화주택으로 가득 찼다. 마치 부동산 광풍으로 아파트로 가득한 오늘날의 서울과 크게 다를 바 없었을지도 모르겠다. 문화주택에서의 '모던라이프'는 햇살 가득한 거실에서 서양식 의복을 입고 탁자에 놓인 차를 마시고, 아이들 방과 식모 방이 따로 있으며 집 안에는 피아노 소리가 들리는 도시 부르주아의 삶이었다. 현재에도 충정로 3가 3번지 일대에는 당시 개발된 주택지의 필지와 도로 형태와 당시 건설된 것으로 보이는 주택도 상당히 남아 있다.

한편 전차가 있어 교통이 편리했던 충정로 일대에는 도심으로 통근하는 이를 위한 '아파트'도 다수 지어졌다. 한국에서 아파트란 명칭은 1920년대 후반 이후 등장했는데, 조선건축회가 발행한 건축잡지인 《조선과 건축》에는 간토關東대지진 이후 일본에 건립된 도준카이 아파트同潤會アパート를 소개하는 기사가 종종 실렸으며, 대중일간지에는 1930년경부터 아파트라는 단어가 등장했다. 《동아일보》 1930년 3월 15일에 실린 〈유미외기留米外記〉에서 주요섭은 미국에서 본 아파트먼트를 여관 모양으로 집을 크게 짓고 한 칸 한 칸씩 다 떼어서 세를 놓는 집이라 정의했다. 큰 것은 10여 층에 이르며 200~300칸이 넘기도 하며, 한 칸은 보통 침실 겸 응접실에 화장실 한 칸, 부엌 한 칸, 욕실 겸 변소 한 칸이 있는 구조이고 홀아비칸은 부엌이 없는 구조라 했다. 지금으로 따지면 원 베드룸 아파트 그리고 한국에선 원룸이라 불리는 스튜디오 구조였다.

1930년대에는 서울뿐 아니라 평양 등에서도 아파트 건설이 활발하게 이루어졌을 정도로 아파트 건설은 전국으로 확대되었다. 이러한 상황에서 충정로에도 1930년대 후반 지금은 충정아파트라 불리는 '도요타아파트'라는 건물이 지어졌다. 이전의 아파트라 하는 건물이 대부분 2~3층의 조적식 구조 또는 목조 건물이었던 것에 비해, 도요타아파트는 현대적 의미의 아파트에 조금 더 걸맞은, 다시 말해 철근콘크리트 구조의 고층(4층) 공동주택이었다. 도요타아파트는 건물 내부로 햇빛이 들어오게 하는 중정이 있고, 그 중정을 복도가 둘러싸

금화장주택지의 2차 분양 당시 택지 모습,《경성일보》1930년 3월 26일

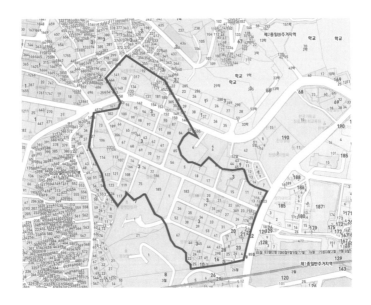

현재의 충정로 3가 지적도에 표시한 금화장주택지

금화장주택지 일대의 풍광,《경성일보》1930년 11월 17일

충정로 3가의 충정아파트 ⓒ이연경

고 있으며, 복도에서 각 세대로 진입하는 구조였다. 각 세대에는 가로로 길게 돌출된 목재창이 있었으며, 외부로 이어지는 계단이 있는 복도에는 원형창이 층마다 설치되어 '모던한' 외양을 뽐냈다. 각 세대는 기본적으로 거실 겸 부엌, 화장실, 방 2개로 구성된 약 15평 규모였으나, 대지의 모양을 따라 비정형적인 형태로 배치되었기 때문에 세대마다 조금씩 차이를 보였다. 도요타아파트는 세대형으로 만들어진 아파트였기 때문에 별도의 식당이나 오락실, 공동 세면장 등은 갖추어져 있지 않았던 것으로 보인다. 미 군정기에는 '트레이모어Traymore 호텔'이라 불리며 미국 숙소나 미중앙정보국(CIA)의 합동고문단 본부로 사용되기도 했으며, 1962년 한 개 층이 증축돼 5층 건물의 코리아관광호텔로 운영되기도 했다가, 1973년 이후 다시 아파트로 사용되어 현재에 이르고 있다. 충정로 확장공사가 시행되면서 건물의 전면이 철거되어 현재 외관은 다소 변형되었지만, 내부의 중정과 복도를 따라 만들어진 각 세대, 계단실과 굴뚝 등은 상당히 잘 남아 있다. 충정아파트는 2019년 문화시설로 전용하여 보존하기로 했으나, 2022년 6월 〈마포로5구역 정비계획안〉이 수정 가결됨에 따라 철거가 결정되었다.

1930년대 경성에서는 도요타아파트와 같은 건축 유형 외에도 주로 독신이나 청년이 거주하는 기숙사와 같은 공간도 아파트라 부르는 경우가 많았다. 채만식이 1934년 서동산이라는 필명으로 《조선일보》에 연재한 소설 〈염마〉에서도 바에서 일하는 여급 향초가 거주하는 공간으로 XXX아파트가 등장하는데, 소설 속 묘사에 따르면 조선방 반 칸에 작은 부엌과 다락방이 딸린 곳이었다. 지금도 을지로에 남아 있는 국수장아파트나 황금아파트가 바로 이런 곳 중 하나로, 목조나 조적식 구조로 지은 2~3층 규모의 건물에 복도를 따라 쭉 셋방이 놓인 단기 거처용 공동주택도 당시에는 아파트로 불렀다. 김남천의 소설 〈경영〉과 〈맥〉에는 바로 이러한 독신자형 아파트인 야마토아파트가 배경으로 등장하는데, 지금은 미동아파트가 있는 죽첨정 3정목 189번지에 있었던 식산은행 독신자아파트 경성대화숙을 모델로 한 것으로 보인다.

식산은행 독신자아파트를 소개한 《조선과 건축》 20집 2호(1941년 2월) 기사에 따르면 조선식산은행 독신자아파트는 1940년 11월 30일 준공됐으며, 총 세 개 층으로 이루어졌는데 1층에는 식당과 목욕탕 등 공동생활공간이, 2층에는 19개의 방이, 3층에는 23개의 실이 있었다. 실제로 경성대화숙 323호에 산 김남천은 소설에서 야마토아파트를 남향의 3층 건물에 독신자용 방이 36개, 가족용 방이 25개가 있으며 120~140명이 거주하는 곳이라고 묘사했다. 또한 사무실과 식당, 당구실, 욕실, 이용실, 오락실 등이 완비되어 있었고 겨울에는 석탄을 이용하여 스팀 난방을 한다고 묘사했다. 소설 속 묘사와 실제 공간에는 다소 차이가 있었지만 어쨌거나 전차 정류소와 매우 가까운 죽첨정 3정목 189번지에 위치했던 식산은행 독신자아파트는 도시의 가족형 집합주택인 도요타아파트와는 또 다른 유형, 즉 독신 봉급생활자를 위한 집합주택이었다.

죽첨정 3정목은 조선시대부터 주거지가 발달했던 곳이지만, 언덕이 많아 인구 밀도는 낮아서 1912년 지적조사 당시 경성부 전체 법정동 중 4번째로 면적이 넓은 동네였다. 죽첨정 3정목에 속하는 총 546

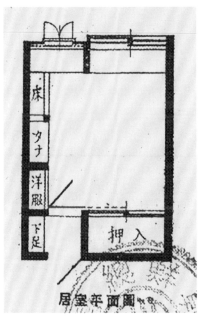

식산은행 독신자아파트(위)와
내부 평면도(아래),《조선과 건축》
20-2, 1941

개의 필지는 전부 대垈와 전田으로 이루어진 전형적인 주거지역이었는데, 대규모 밭은 일제강점기를 거치며 소규모 필지로 분할되며 주거지가 되었다. 도요타아파트나 금화장 주변에도 작은 규모의 집이 가득 들어섰다. 그중에는 일본식 주택도 있지만, 도시형 한옥도 있어 1930년대 죽첨정 3정목의 다양한 도시경관을 형성했다. 이곳에서 누군가는 '언덕 위 문화주택'에서 상류층의 생활을 영위했고, 또 다른 누군가는 고층아파트에서 가족과 함께 거주하며 도심으로 출퇴근했을 것이다. 또 어떤 이는 요즘으로 따지면 '원룸'에 살며 전차를 타고 출퇴근하고 공동식당에서 식사를 하며 공동욕장에서 피로한 몸을 녹이는 삶을 살았을 것이다.

그나마 이는 서대문 밖의 모던라이프를 영위하던 이들의 삶일 뿐이고, 금화산 언덕으로는 여전히 많은 토막촌이, 아현동 방향으로는 허름한 조선식 집이 위치했다. 또한 죽첨정 3정목에는 소규모 제조업체도 많이 있어 작은 규모의 공장에서 일하는 노동자도 다수 거주했다. 죽첨정 단두유아사건에 등장한 범인도 죽첨정 2정목의 석탄상점에서 일하던 인부로 아현동 산자락에 거주하던 이였다. 범인은 왜 굳이 뇌수를 파낸 어린아이의 머리를 금화장 문화주택지 쓰레기장에 가져다 두었던 것이었을까? 어쩌면 그것은 금화장 일대에 피어나던 모던라이프의 이면에 담긴 어둠이 아니었을까?

서대문 밖의 또 다른 풍경:
토막촌과 빈민주택

한편 같은 서대문 밖이지만 서대문사거리 북측, 즉 의주로를 따라 독립문으로 올라가는 일대의 풍경은 죽첨정 3정목과 다소 달랐다. 이 지역은 1897년에 완공된 독립문이 있는 교북정에서 홍파정을 거쳐 영국성서공회가 있는 송월동 일대로, 의주로 주변의 일부 2층 가옥과 딜쿠샤, 일본 하리스토스 정교회 유지재단, 홍난파 가옥, 영국성서공회 등 몇 개의 서양식 건축물을 제외하고는 대부분 초가로 이루어진 풍경이었다. 헤르만 산더Herman Sander가 1906~1907년에 촬영한 사진에서도 이 일대는 영국성서공회 건물과 인근 서양식 건축물을 제외하고는 일부 기와집과 다수의 초가로 구성되어 있었으며, 약 20년 후인 1929년의 사진에서도 이 일대는 변함없이 대부분 초가로 이루어졌음을 알 수 있다.

그런데 송월동 1~2번지에는 성벽 아래 언덕 부분까지 토막촌이 형성되어 있었다. 원래 이곳은 조선시대 금장禁葬과 금송禁松 정책으로 거주지로 사용할 수 없던 임야였으나, 1920년대 이후 빈민이 불법으로 토막을 짓고 살며 주거지가 형성되었다. 그러다 1931년에 경성중학교 실험실과 1932년에 경성측후소가 들어서며 토막촌 약 170여 호가 철거되었다. 또한 1921년에 설립된 경성의 주택구제회는 독립문의 서측 교북동 4번지에 조선인 빈민을 위해 주택을 마련했는데, 1922년에 준공된 한옥인 교북동 간편주택이 그것이다.

이 일대에는 주로 조선인이 거주했는데, 1934년 인구통계를 보

인왕산 자락에서 영국성서공회가 있는 송월동까지 이어지는 일대,
헤르만 산더 사진, 1906~1907, 서울역사박물관 소장

인왕산 자락에서 영국성서공회가 있는 송월동까지 이어지는 일대,
경성파노라마, 1929, 서울역사박물관 소장

면 교북동에는 조선인 인구가 2201명인 데 반해 일본인 인구는 0명, 홍파동 또한 조선인 인구가 2202명인 데 반해 일본인 인구는 11명으로 일본인 인구가 매우 적은 것을 알 수 있다. 송월동의 경우에도 상황은 크게 다르지 않아 조선인 인구 1183명에 일본인 인구 132명이었다.

1932년 이후 의주통의 도로 개수가 이루어지고, 1935년 10월 1일부터는 서대문-독립문 구간의 독립문 전차가 개통되어 서대문-독립문을 잇는 의주로 일대도 번화해졌지만, 여전히 현저동 일대에는 소규모의 서민주택이 가득했다. 같은 서대문 밖이라도 문화주택지와 아파트가 건설된 죽첨정 3정목과는 상황이 크게 달랐다. 현저동 일대는 해방 이후에도 서울의 대표적인 판자촌이었다. 그리고 충정로 3가는 지금도 사무용 건물이 가득하고, 충정아파트도 여전히 그 초록색 외양을 빛내며 서 있는 현대적인 거리이다. 비록 충정아파트의 빛도 바랬고 금화장주택지도 하나하나 철거되고 빌라촌으로 변모했으며, 옥바라지골목에도 대규모 아파트단지가 들어섰을지라도 서대문 밖의 두 갈림길처럼 일제강점기 두 개의 풍경으로 나누어진 서대문 밖 서쪽과 북쪽의 도시경관은 지금도 그 흔적을 남기고 있다.

광화문

한국 현대사의
현재진행형
공간

송은영

광화문 또는 세종로라는 장소의 중층성

광화문은 경복궁 정문을 가리키는 고유명사인 동시에, 세종로와 광화문광장을 비롯한 그 일대를 통칭하는 대유법적 이름이다. 서울 도시 공간의 중심에 자리 잡은 이곳은 한국 현대사에서 중층적 의미를 축적해 온 복합적 공간이다. 조선왕조 500년 도읍지의 중심이었다는 역사성, 정치와 행정과 외교의 중심이라는 정치적 상징성, 시민의 여론이 모이고 폭발하는 장소로서의 공공성이 혼재된 공간이라는 광화문의 명성은 앞으로도 쉽게 사라지지 않을 것이다.

그러나 이 대표성들은 광화문만 유일하게 가지고 있는 것도 아니고 언제나 일정하게 유지된 것도 아니다. 예컨대 광화문은 2008년과 2016~2017년 촛불시위의 중심지였지만, 1987년 6월 민주항쟁 당시 서울에서 일어난 시위의 공간으로 더 중요했던 장소는 각 대학교와 시청 앞, 명동성당과 그 일대였다. 또한 광화문은 시간의 흐름 속에서 청와대, 과천, 서초동, 여의도 등과 통치, 행정, 사법, 입법의 기능을 나눠 가졌다.

그래도 사람들은 조선왕조의 육조거리였다는 역사성만큼은 광화문에서 빼앗을 수 없는 의미라고 생각할 것이다. 그러나 한국 현대사의 흐름 속에서 세종로의 역사성은 정치적 필요에 따라 소환되고 재구성되어 왔다. 광화문이라는 공간을 둘러싼 행위들에서 유독 중시되는 것은 '전근대'의 복원이라는 생각이다. 이것은 일제의 훼손과 도시개발로 인한 파괴에서 광화문을 구출하려는 목적과 관련이 있다. 광화문 일대를 사람들의 기억과 공론장에 소환하는 방식은 조선왕조의 정궁이었던 경복궁과 그 앞의 육조거리라는 역사적 상징성에 의존한다.

최근 광화문 일대와 세종로에서 벌어진 파괴와 창조의 과정은 육조거리의 복원이라는 문제를 다른 시각에서 생각해 볼 필요성을 제기한다. 한국 현대사에서 광화문 일대를 둘러싼 철거, 복원, 재생의 역사는 우리가 서울이라는 도시공간을 어떻게 생각하고 다루는지를 보여 주는 가장 대표적인 사례이다. 일제의 유산을 철거하고, 전근대 조선을 복원하며, 시민 민주주의의 공간으로 재생하게 하려는 지속적인 시도들은, 도시공간을 정치적 필요성과 역사적 무감각 때문에 파괴하고 재창조하는 관습들과 광화문 일대를 재구성한 1960~1980년대의 역사를 되돌아보게 만든다.

역사를 복원하는 동시에 지우는 역설의 공간

광화문 앞 세종로는 원래부터 역사적으로 서울의 중심이었다. 조선시대부터 주요 관아가 있던 육조거리였으며, 일제강점기에도 식민지 통치의 중심지였다. 이 거리의 역사적 중요성 덕분에 지금까지 수많은 연구가 나왔으며, 그 덕분에 한국전쟁 이전의 광화문 일대에 대해서는 따로 설명할 필요가 없이 잘 알려져 있는 편이다.

광화문 일대에서 사라진 역사적 유산 중에서 가장 유명한 것은 역시 1926년 세워진 조선총독부 건물이다. 해방 이후 미군정시대 청사로 사용되다가 한국전쟁 당시 내부 시설 일부가 파괴된 이 건물은, 수리와 복구를 거쳐 1962년부터 '중앙청'으로, 1986년부터는 국립중앙박물관으로 사용되었다. 일제가 1916년부터 건설하여 1926년에 완공한 이 건물은 식민지 통치의 상징이었기 때문에 오랜 기간 논란이 되었다. 그러나 이승만 정권 시절이었던 1950년대 초반 처음으로 철거 논의가 나오기는 했어도, 이 건물을 철거해야 한다는 논의가 항상 있었던 것도 아니고 철거의 당위성이 항상 공감대를 얻었던 것은 아니다. 이 건물을 대체할 만한 다른 관공서 건물도 없던 상황에서 철거에 드는 비용을 감당하기보다는 그냥 계속 사용하는 게 낫다는 생각이 많았기 때문이다.

1990년대 중반 조선총독부 건물의 본격적인 철거는 오히려 1987년 6월 민주항쟁 이후의 민주주의 체제가 낳은 역사적 필연성 때문이라고 보는 게 맞을 것이다. 시민항쟁의 결과로 획득한 새로운 〈헌법〉 아래에서 친일과 독재를 청산해야 한다는 여론이 이전보다 훨씬 더 강하게 제기되었고, 그 상징인 총독부 건물을 철거하자는 사회적 공감대가 비로소 형성되었다. 1990년 노태우 정부는 수십 년 만에 총독부 건물의 철거를 다시 거론했지만, 1991년 경복궁 복원공사만 했을

043

뿐 이 건물의 철거 문제에 주력하지는 않았다. 그러나 1993년 김영삼이 대통령으로 취임한 이후부터는 사정이 달랐다. 1993~1995년에는 철거 문제가 쟁점이 되어 전 사회적으로 논란을 불러일으켰고, 결국 1995년 8월 15일 첨탑이 제거되기 시작해서 1996년에 건물이 완전히 해체되었다.

1990년대 중반에 이르러서야 총독부 건물이 해체될 수 있었던 것은 의제형성에 복잡한 역학이 있었기 때문이다. 하상복의 논문 〈의제 형성의 정치학: 구 조선총독부 건물 철거과정 분석〉에 따르면, "노태우 정부가 이미 임기의 반 이상을 보낸 상태에서 … 실제적인 분위기를 조성하기 어려웠다면 김영삼 정부는 정권을 장악한 바로 그해, 즉 신한국과 개혁의 정치 사회적 분위기가 지배하는 시간적 상황에서 그 문제를 공론화함으로써 전혀 다른 여론의 국면을 조성할 수 있었다." 게다가 "1991년 초반" "경복궁을 본래의 모습대로 복원하는 대공사가 본격적으로 시작"되었기 때문에, 총독부 건물을 없애지 않으면 궁을 제대로 복원할 수가 없다는 인식이 형성되었다. 이 시기에 이르면 철거에 뒤따르는 "절차와 재정"의 문제보다 철거의 "역사적 당위성에 무게중심을 둔 인식이 압도"했다. 특히 철거가 결정된 1995년 전반기에 언론, 사회단체, 학자 들의 찬반 논쟁이 격렬히 이어졌지만, 김영삼 정부는 역사를 바로 세우고 정부의 정당성을 확립하기 위한 "정치적 스펙터클"로 조선총독부 건물의 철거를 실행했다. 그것은 1987년 6월 민주항쟁이 낳은 민주주의 정부의 정치적 정당성을 쟁취하기 위한 "상징 동원"의 작업이었다.

조선총독부 건물의 철거는 일제가 훼손한 경복궁을 원래의 상태로 되돌림으로써 민족사적 정통성을 입증하겠다는 정치적 행위였다. 이러한 시도는 새로운 게 아니라, 박정희 정권 시절인 1960년대부터 정치적 선전행위의 하나로 계속해서 반복된 쇼였다. 일제가 해체하고 이전했다가, 한국전쟁 때 전각이 소실되었던 광화문을 1968년 12월 총독부 정문 자리에 복원한 것이 좋은 사례다. 이것은 한국 현대사에서 '전근대의 복원'이라는 열망을 정치적 스펙터클을 창출하는 데 이용한 출발점에 해당한다.

광화문은 철근과 콘크리트, 박정희의 글씨로 만든 현판을 통해서나마 복원되었다. 이것은 1965년 한일협정을 맺은 이후 드높았던 '반일' 감정이 정권에 대한 저항으로 옮겨 가는 것을 막는 데 필요한 정책이었다. 그러나 광화문은 원래 있던 자리에 복원되지 못했기 때문에 2006년 철거되어 2010년 또다시 복원되는 과정을 겪어야 했다. 박정희 정권은 장기 집권을 위한 국민적 지지가 필요했던 상황에서 정확하지도 않은 광화문의 복원을 정치적 프로파간다의 장으로 활용했다.

1968년 세종로에는 반일 감정을 활용한 또 다른 정치적 상징물이 들어섰다. 임진왜란에서 일본을 물리친 충무공 이순신 동상을 세종로 한복판에 세운 것이다. 충무공 동상은 1966년 애국선열조상건립위원회의 발족으로 가시화되어, 1968년 4월 28일 제막되었다. 이승만 정권이 반일 정신을 고취하기 위해 경남 진해에 이순신 동상을 세웠다면, 박정희 정권은 민족중흥과 조국 근대화를 선도하는 지도자, 즉 박정희 자신으로 대표되는 국가주의의 이미지를 함양하기 위해 이를 세웠다. 박정희가 일제가 훼손한 '육조거리의 복원'을 떠올리지 않은 것

045

은 아니지만, 비용이 많이 드는 복원사업 대신 충무공 동상 건립으로 이를 대신하려 했다는 이야기가 전해진다.

1968년 광화문의 복원은 실제로 조선시대 육조거리를 복원하려는 의도와 전혀 관련이 없었다. 같은 시기에 세종로 일대에 남아 있던 조선의 유산은 마음대로 철거되었기 때문이다. 1967년 현재의 정부종합청사를 짓기 위해 옛 조선보병대 구역에 있던 체신국 분실이 철거되고, 그 자리에 있던 삼군부 청헌당이 서울 공릉동 육군사관학교로 옮겨졌다. 청헌당은 1960년대까지 가장 오랫동안 광화문에 남아 있던 조선시대의 유적이었지만, 정치적 스펙터클을 보여 줄 수 있는 웅장한 건축은 아니었다. 광화문을 복원하고 충무공 동상을 세종로 한가운데 세우는 동안 정작 육조거리의 역사적 흔적은 제거되었다는 뜻이다.

일제강점기의 건축 유산들도 적극적으로 파괴되었다. 조선총독부를 제외하고 세종로에 가장 최근까지 남아 있었던 것은 1990년 철거된 옛 서울시경 별관이다. 현재의 광화문 시민열린마당이 공원처럼 비어 있는 것은, 원래는 의정부 터였던 곳에 1910년 경기도청 겸 경기도 경찰국 청사를 지어 내무부 치안국(경찰청)과 서울시경 별관으로 쓰다가 1990년에 철거했기 때문이다.

세종로에서 쓰임새가 역사적으로 이어지고 있는 건물은 미국대사관 앞의 KT 광화문지사 건물이 유일하다. 이 건물은 1984년에 국제통신센터라는 이름으로 신축되었다. 일제는 조선시대 호조 터에 경성법학전문학교를 설립해 운영하다가, 식민지 시기 막바지였던 1940년이 자리에 전매국專賣局 청사를 신축 완공했다. 이 건물은 1944년부터

1974년경 광화문 세종로 일대의 모습, 서울역사박물관 소장

1961년 촬영된 서울중앙전신국 건물, 국가기록원 소장

는 경성중앙전신국電信局, 해방 이후부터는 서울중앙전신국으로 사용되다가 1979년 철거되었다. 즉 현재 KT 건물이 이곳에 들어선 것은 이 자리에 전매국과 전신국을 만들었던 일제의 유산 때문이다.

1960~1970년대에 파괴된 것은 육조거리의 흔적이나 일제의 근대 건축에만 한정되지 않는다. 사라진 세종로 건물 중에서도 현재 세종문화회관 자리에 있던 시민회관은 지금까지도 많은 사람들이 기억하는 건물이다. 한국전쟁으로 폐허가 된 자리에 1950년대에 이승만 대통령의 호를 딴 우남회관이 착공되었고, 이 건물은 1961년 시민회관이라는 이름으로 개칭하여 개관했다.

시민회관은 1970년대 초반까지 광화문 일대의 도시경관에서 중요한 역할을 담당했다. 시민회관 1층에는 대강당, 2층에는 소강당이 있어서 공연, 영화 상영, 결혼식 등에 두루 이용되었다. 시민회관은 이름에 걸맞게 광화문에서 시민과 가장 친숙한 공간이었다. 고급예술을 주로 전담하는 현재의 세종문화회관과 달리 영화를 상영하기도 했으며, 결혼식을 올리려는 시민에게도 시설을 대여하여 이용하는 시민이 상대적으로 더 많았기 때문이다. 그러나 시민회관은 1972년 12월 2일 큰 화재가 발생하여 사라졌다. 이 건물에 〈10대 가수 청백전〉이 끝나자마자 누전으로 큰불이 나서 36명이 죽고 62명이 부상당했던 사실은 많은 사람의 기억에 생생히 남아 있다. 이 자리에 세종문화회관을 지어서 완공한 것이 1978년이었다.

그런데 시민회관 화재로 그 자리에 세종문화회관을 건설했다는 것은 사람들이 잘 알지만, 세종문화회관을 건설하기 위해 다른 예술적인 건물을 하나 더 철거했다는 사실은 완전히 망각되었다. 전후 평

1964년 12월 완공된 광화문 예총회관, 국가기록원 소장

양에 건설된 으리으리한 건물들에 뒤지지 않는 웅장한 건물을 새로 짓기에는 시민회관 부지만으로 부족하다고 생각했던 서울시는, 바로 그 옆에 있던 '예총회관'을 부수어 버렸다. '한국예술문화단체총연합회' 건물을 줄여서 '예총회관'으로 불렸던 이 건물도 당시에는 매우 유명한 건축이었다. 이 건물에는 문화예술인의 사랑방이었던 '석굴암 다방'이 있었고, 그 앞에는 예총광장으로 불리는 넓은 공간이 있었다.

예총회관은 1960~1970년대 서울의 난잡한 거리에 매사 불평불만이 많았던 소설가 최인훈이 거의 유일하게 찬사를 보낸 건물이다. 이 건물의 옆면에는 추상미술 모양의 장식이 붙어 있었는데, 최인훈은 《소설가 구보 씨의 일일》에서 "건물에 새겨진 이 장식이 한국에서의 유일한 그리고 걸작이라고 할 수 있는 살아 있는 미술품"이며, "건물 전체가 그 장식 때문에 큼직한 미술품으로 보이는 것"이라고 적었다. '창조와 영예'를 상징한다는 옆면의 부조는 광화문의 충무공 이순신 동상을 만든 조각가 김세중의 작품이었다. 예총회관은 동숭동을 거쳐 현재 목동으로 옮겨졌지만, 최인훈이 유일하게 감탄한 걸작 같았던 건물은 지어진 지 10년이 되기도 전에 세종문화회관을 더 크고 웅장하게 짓기 위해 철거되어 버렸다.

세종로 일대의 도시경관은 1960~1980년대 도시개발과 정치적 필요성의 산물이었다. 여러 정치적 복적을 위해서라면, 조선시대의 유적이든 일제의 근대 건축이든 지어진 지 몇 년 되지 않은 예술적 건축이든 무차별적으로 제거되거나 철거되었다. 이러한 과정이 시민의 눈앞에서 아무렇지도 않게 벌어진 시대가 바로 1960~1980년대였고, 지금 우리가 보고 있는 세종로는 육조거리가 아니라 이 시기의 역사

051

적 유산이라는 점을 알아야 한다.

도심 고층화의
꿈이 실현되는 공간

광화문 거리는 한국전쟁 동안 폭격으로 너무 많은 건물이 파괴되었다. 전쟁이 끝나고 명동이 상업과 유흥의 거리로 주목받았던 1950년대 후반까지도 세종로는 옛 영화를 회복하기에 부족한 듯 보였다. 1960년대 초반부터 세종로는 조금씩 정치와 행정의 중심지로서 기능을 회복하기 시작했다. 세종로의 부활을 가장 먼저 알려 준 것은 중앙청 개소식(1962)보다 더 앞선 쌍둥이 빌딩의 완공이었다.

쌍둥이 빌딩은 현재 세종로 양쪽에 서 있는 건물 가운데 가장 오래된 건축이다. 한국 정부와 주한미국경제협조처(United States Operations Mission, USOM)의 합자로 1961년 9월 완공된 이 쌍둥이 빌딩 중 하나는 현재 대한민국역사박물관으로, 다른 하나는 주한미국대사관으로 사용 중이다. 현재 두 건물의 외관이 다르게 보이는 것은 대한민국역사박물관이 리모델링을 했기 때문이다. 박물관이 되기 전에는 국가재건최고회의가 1961~1963년에 사용했고, 그 이후 1986년 2월까지는 경제기획원의 자리였으며, 다시 이후에는 문화공보부(현재의 문화체육관광부)가 사용했다.

바로 옆 건물은 미국의 대외 원조기관인 국제개발처(United States Agency for International Development, USAID)가 사용하고 있었는데, 1970

1961년 9월 완공된 광화문 쌍둥이 빌딩, 서울역사박물관 소장

년 12월 주한미국대사관이 이전했다. 그전까지 주한미국대사관은 을지로 반도호텔 맞은편에 있던 삼정三井빌딩을 사용하고 있었다. 그런데 일제강점기에 지어진 4층짜리 오래된 건물이 마음에 들지 않았던 주한미국대사관은 어느 날 갑자기 아주 조용히 그러나 일방적인 '통보'를 하고 이 건물로 이사를 해 버렸다.

이 건물은 USOM의 원조자금과 한국 정부의 출자로 한국 정부 소유의 땅 위에 지은, 소유권이 엄연히 한국 정부에 있는 건물이다. 주한미국대사관은 미국의 대한 원조기관이 한국에 존재하는 한 이 건물을 무기한 사용할 수 있다는 협정과 미국의 원조기관이 대사관 산하 기관이라는 점을 근거로 들어 이 건물로 옮길 권리가 있다고 주장했다. 그러나 원래 협정 내용은 직접 원조 기능을 실행하는 기관을 말하는 것이었지 주한미국대사관을 가리키는 것이 아니었다. 그래서 시민들도 모르게 행해졌던 주한미국대사관의 이전은 여러 가지 논란을 일으켰으나 지금도 주한미국대사관은 한국 정부 소유의 이 건물을 무기한 점유하고 있다.

이 쌍둥이 빌딩이 세워진 것을 시작으로 세종로는 한국전쟁으로 폐허가 된 모습을 지우고 1960년대 후반 한국 사회의 정치적 중심지이자 서울의 도로가 뻗어 가는 도시공간의 중심으로 거듭났다. 1960년대부터 진행된 그 과정은 역사의 재건이라기보다는 현대도시의 번화가에 적합한 고층 건물, 대형 건물, 전시적 건물들을 새롭게 지어나가는 변화의 과정이었다. 그 기저에는 언제나 고층화된 현대도시에 대한 꿈이 있었다.

1967년에 기공하여 1970년에 완공된 22층 높이의 정부종합청사는 광화문 일대 고층화의 시작이자 상징이었다. 지하 3층, 지상 19층, 탑상 3층으로 구성된 이 건물은 이름 없는 미국 건축회사에 설계를 맡겼다가 준공 직후부터 잦은 사고와 엉망인 환기시설, 비효율적인 동선 때문에 구설수에 올랐다. 그러나 현재까지 여전히 광화문 서편 첫머리를 지키는 이 정부종합청사가 광화문 고층화의 시작점이라는 것을 부인할 수 없다.

반면에 세종로에서 정부종합청사와 대각선 끝에 있는 교보빌딩은 광화문 거리 고층화의 완성이라고 할 수 있다. 이 건물에는 1981년 6월 1일 개장한 교보문고가 지하에 있어서 오늘날 광화문에서 사람이 가장 많이 찾는 건물이 되었다. 1977년 착공되어 1980년 사용승인을 받은 이 건물은 교보생명 창업주인 신용호 회장이 주일미국대사관 건물 설계자 세사르 펠리César Pelli에게 똑같이 지어 달라고 주문한 것으로도 유명하다. 그러나 이 건물 지하에 교보문고를 만들려고 했던 회장의 뜻은 잘 전해지지만, 이 터를 어떻게 해서 신용호 회장이 구입했는지는 잘 알려지지 않았다. 다만 신용호 회장이 1958년 개업 당시부터 '서울에서 제일 좋은 자리에 제일 좋은 사옥을 짓겠다'는 야심을 품었다는 이야기가 있고, 1972년부터 교보생명의 전신인 '대한교육보험'이 전매청 자리에 '매머드급 호텔의 건립을 구상'했다는 기사가 있는 것을 보면 교보빌딩 자리는 원래 고층 호텔을 짓기 위해 내입했던 것으로 보인다. 그런데 1974년 착공 당시 기사를 보면, "매머드 호텔을 세운다는 구상이 있었으나 용도를 바꾸어 오피스빌딩을 건립하기로" 계획이 바뀌었다.

대한교육보험이 "1971년 4월 '구 상공부 부지'를 정부로부터 매입한 후 그동안 건축 억제 조치로 묶여 있다가 지난 8월 12일 경제 각의에서 건축이 승인"되었는데, "이곳 한곳만은 억제 대상에서 해제하여 기공식을 보게" 될 수 있었던 이유는 무엇일까. "해제 이유는 이곳이 미관지구일뿐더러 중앙청을 잇는 서울의 심장부이면서도 공터로 놓여 있어 서울시 등이 억제 대상에서 제외해 줄 것을 요청해 왔기 때문"이라는데, 이것은 '광화문 고층화'를 위한 계획의 하나로 보인다. 박정희 대통령이 이 건물을 정부종합청사보다 더 높게 40층으로 짓는 것을 우려해서 23층으로 줄였다고는 하지만, 이 정도 높이의 고층 건물을 승인한 것도 결국 광화문 도심의 스카이라인을 고층화, 현대화해야 한다는 데에 모두 동의했기 때문이다.

1960년대 중반부터 세종로에서 진행된 변화의 핵심은 고층화였다. 박정희 대통령을 비롯한 서울시의 개혁을 담당한 실무가들은, 중세도시의 흔적을 간직하고 있거나 전후 재건 시에도 17~19세기 신고전주의 양식을 되살린 유럽의 도시에서 서울의 모델을 찾지 않았다. 1960~1970년대 서울시청 실무자였던 손정목은 도시재개발이 곧 도시의 '고층화'라고 이해했음을 밝혔다. 그들은 암묵적으로 뉴욕이나 시카고와 같은 미국의 메트로폴리스처럼 고층 건물이 집적된 도시의 모습이 현대도시가 도달할 수 있는 궁극적 결과라고 생각했다. 그것은 한쪽에서는 조선시대 육조거리의 복원이라는 정치적 쇼를 활용하는 동안, 다른 한편에서는 광화문 일대를 전근대 역사에서 완전히 탈피하게 해 현대적인 고층 도시로 탈바꿈한다는 상반된 꿈이 동상이몽처럼 이 공간에서 펼쳐졌다는 것을 의미한다.

전근대의 복원이라는 환상과
정치적 상징 동원

최근 광화문을 둘러싼 논의들은 도시공간을 민주주의의 적자라는 정치적 이미지의 홍보 수단으로 이용하려는 의도를 담고 있다. 전임 서울시장들을 잇는 한 가지 공통점이 있다면, 불도저 방식으로 무지막지하게 개발한 도시공간들을 이전 상태로 복원하겠다는 생각이다. 물론 그 '복원'은 새로운 창조이다. 이명박이 복원한 청계천이 조선시대의 청계천 모습이 아니고, 오세훈이 건설한 광화문광장이 조선시대 사람이 자동차 걱정 없이 활보하던 그 거리가 아니듯이, 그들의 복원은 새로운 설계였다.

그러나 그들이 새로운 창조를 '복원'이라고 명명할 수 있었던 중요한 이유는, 바로 일제가 훼손하기 이전 또는 무분별한 도시개발로 파괴되기 이전의 공간 이용방식을 되살리겠다는 의도 때문이었다. 물이 흐르는 청계천 변을 다시 산책할 수 있게 하는 것, 시민이 육조거리의 대로를 다시 걷게 하는 것만으로도 그들은 '복원'이라는 표어를 사용할 수 있었다. 오세훈 전 시장은 광화문 앞 세종로를 자동차 중심이 아닌 시민 중심의 공간으로 바꾸고, 육조거리의 역사성을 회복하겠다는 목표 아래 광화문광장을 만들고 해치상도 복원했다. 박원순 시장 또한 촛불정신을 계승한다는 명목으로 비슷한 목표를 제시했고, 복귀한 오세훈 시장도 이미 한참 진행된 조성사업을 중단하지 못해 2022년 8월 광화문광장을 재개장하였다. 공사 중 발굴된 사헌부 문터를 비롯하여 조선시대의 여러 유적이 발굴 당시 모습 그대로 전시

057

되는 등 육조거리의 복원이라는 목표는 그대로 관철되었다.

광화문과 세종로에서 '역사'를 기억하고 소환하는 것은 일종의 정치적 행위이다. 식민지 시기에 일제가 광화문 일대의 역사를 지우고자 했던 노력들이 도시공간의 단순한 개편이 아니라 식민지 통치를 위한 정치적 행위였던 것처럼, 역사를 다시 살리려는 시도들도 정치적 정통성을 얻기 위한 여러 세력 간의 정치적 다툼의 일환이다. 한국전쟁 이후 현대사만 돌아봐도 광화문 복원을 둘러싼 논쟁들, 조선총독부 건물의 철거와 보존을 둘러싼 갑론을박, 세종로 한복판에 광장을 만들어야 하는 이유에 대한 의견충돌 등을 떠올릴 수 있다. 이 논의들의 끝은 항상 대통령이나 서울시장 같은 최고책임자의 결단이라는 정치적 결정으로 귀결되었다. 이 결정들은 국민과 시민의 마음을 얻기 위한 통치행위의 일환이었고, 광화문의 역사성을 둘러싼 논쟁들은 언제나 정치적인 것이었다.

대통령과 시장이 바뀐다 한들 앞으로도 지금처럼 광화문 일대에 대한 정치적 수정 작업이 계속된다면, 전근대 조선시대의 역사만을 복원하거나 보존해야 할 역사로 바라보는 시각에 문제가 있다는 점을 인식해야 한다. 중요한 것은, 지금의 광화문이 한국 현대사의 꿈과 오류, 이상과 실패를 그대로 보여 주는 역사적 현장 그 자체라는 점이다.

1960~1980년대 권위주의적 군사정권 아래에서 조성된 세종로의 건물들은 전근대 건축이나 유럽의 고전적 건물 같은 전통적 아름다움은 없지만, 그 자체가 벌써 50~60년 이상 지난 한국 도시 변화의 증거물인 동시에 시간이 더 흐르면 그 자체가 역사적 유적이 되

는 건물들이다. 일제강점기 건축 정도만 간신히 보존하면 된다는 생각을 하는 관료와 시민에게 필요한 것은, 현대사의 진행 과정에 따라 지어진 건물들도 역사적 유산의 일부라는 깨달음이다. 그리고 세종로에 조선시대 육조거리의 원형을 복원하겠다는 생각보다 더 중요한 것은, 대기업 소유의 광화문 일대 건물들과 주한미국대사관 건물을 어떻게 시민이 더 자유롭게 이용할 수 있는 공간으로 바꿀 것인가 하는 고민이다.

한국전쟁 이후의 한국 현대사는 보존할 필요가 없는 헐값의 역사인가? 다른 장소들의 현대사는 무수히 파괴하면서 광화문의 전근대 역사만 다시 소환하면 역사적 순수성이 회복되는가? 역사의 '복원'이 '보존'이 아니라 사실상 '재해석'이라는 이름을 빌린 '새로운 창조'라면, 우리는 지금도 광화문을 계속해서 변형하고 파괴하고 있는 셈이다. 역사의 이름을 빌려 파괴를 반복하는 이 과정에 제동을 걸어 보기위해, 우리는 지금의 광화문과 세종로 거리가 사실 1960~1980년대 한국 현대사의 역사적 유산이라는 사실부터 인정해야 할 것이다. "전통은 아무리 더러운 전통이라도 좋다" 또는 "역사는 아무리 더러운 역사라도 좋다"는 김수영의 옛 시구는, 으리으리하고 화려한 전시적 건축뿐만 아니라 역사의 우연 속에서 조성되었던 평범한 근대 도시의 경관들도 모두 우리 전통의 일부임을 상기하게 한다.

광화문, 한국 현대사의 현재진행형 공간

정동

근대 서울의
문턱
'공사관 구역'

김윤미

통상외교의 근거지 잡기

19세기 말 구미 각국과 통상조약이 맺어지기 직전, 서울에 가장 먼저 '공식적으로' 거주한 서양인이 있었다. 묄렌도르프P. G. von Möllendorff. 그는 조선 정부의 월급을 받고 정식으로 고용된 첫 서양인이었다. 그가 일한 부서 '통리교섭통상사무아문'과 '해관 본부'는 당시 처음 도입된 근대적인 행정사무 기관이었다. 청사 대상지로는 임오군란 당시 살해된 민겸호의 집이 지목되었고, 서울에 당도한 묄렌도르프는 박동(현재의 서울 종로구 수송동)에 있던 민겸호의 집을 개축하여 해관 본부, 관저, 서재, 외국 여행객을 위한 숙소, 테니스장 등의 공간으로 조성하고 업무를 시작했다.

당시 박동 일대는 경복궁과 창덕궁 두 궁궐의 중간 지점이면서 도성의 중심이었다. 인접한 재동에는 통상과 외교를 담당한 통리교섭통상사무아문과 관립 영어학교인 동문학이 설치되었고, 근대적 인쇄소인 박문국 또한 동문학의 부속기관으로 들어섰다. 1884년 3월에는 군국사무아문에 우정총국이 설치되었는데 그 청사 또한 인근 견지동에 자리를 잡았다. 이렇듯 통상과 관련한 각종 근대적 사무를 보는 장소들은 재동·박동·견지동에서 일정 권역을 형성했다. 이런 까닭에 묄렌도르프를 필두로 근대적 사무를 전수하기 위해 입경한 서양인들의 거주지는 이곳에 형성될 가능성이 상당히 컸다.

그러나 1884년 10월 발생한 갑신정변으로 박동은 그 위험에 고스란히 노출되었다. 정변이 시작된 우정총국, 알렌H. N. Allen이 민영익을 치료한 묄렌도르프의 집 등은 모두 갑신정변의 현장이었다. 임오군란·갑신정변에서 나타난 것처럼, 정권을 둘러싼 변란이 일어나거나 민중이 반외세운동을 벌이면 도심인 박동은 혼란의 중심이 될 가능성이 컸고, 방어와 탈출이 쉽지 않음을 보여 주었다. 공통의 정서를 공유하는 서양인끼리 심리적인 안정을 꾀할 수 있게 집단 거주의 필요성이 고려될 수밖에 없었다. 그러던 차에 서양인의 시선이 향한 곳은 정동이었다.

미국과 영국의 공관 부지 선택

정동의 첫 서양인 거주자는 초대 주한 미국 전권공사로 임명된 푸트 L. H. Foote였다. 부임 직후 묄렌도르프의 주택에 머물던 그가 민씨 일가였던 민계호·민영교 소유의 정동 사저를 구입한 것은 묄렌도르프의 주선 때문이었다. 격변하는 정세 속에서 몰락한 집안의 방치된 저

〈한강에서 서울 공사관 구역으로 가는 방법〉, 1901, 영국국립보존기록관 소장
① 마포나 용산에서 출발하여 서대문, 서소문, 남대문을 통과해 공사관 구역에 이르는 길과
② 제물포에서 경인선을 통해 서대문정거장에 도착한 후 서대문이나 서소문을 통과해
공사관 구역에 이르는 길을 주변 지형, 지세, 지물과 함께 자세히 보여 준다.

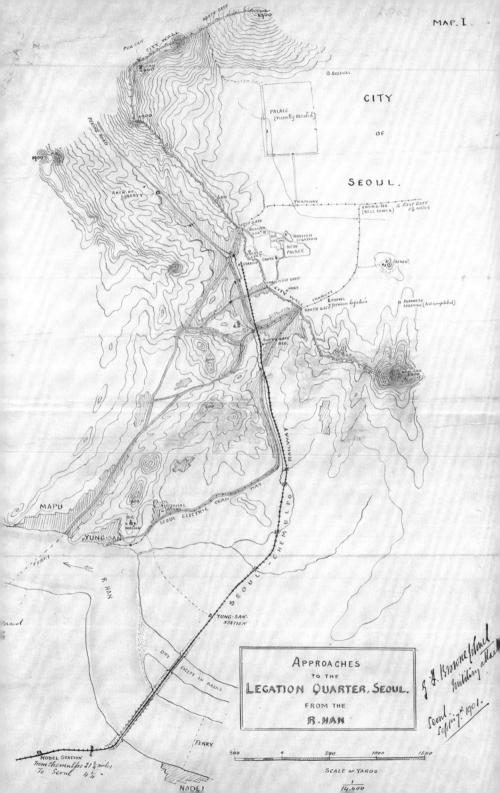

MAP. I.

NORTH GATE

CITY

OF

SEOUL.

CITY WALL
1900

PUK SAN

PEKING ROAD

ARCH OF LIBERTY

ARSENAL

PALACE
(recently vacated)

TRAMWAY

CHONG-NO
(BELL TOWER)

to EAST GATE
1½ miles

WEST GATE

RUSSIAN LEG'N

BRITISH LEGATION

NEW PALACE

STATION

CHAPEL

CATHE'L

SMALL WEST GATE

MINT

CITY WALL

CHAPEL

TRAMWAY

SOUTH GATE

German Legation

JAPANESE LEGATION (Not completed)

SOUTH GATE STN.

NAN-SAN
600

RAILWAY

MAPU

SEOUL ELECTRIC TRAMWAY

IMPERIAL MINE

R.C. MISSION

YUNG-SAN

SEOUL—CHEMULPO

R. HAN

FERRY

YUNG-SAN STATION

DRY EXCEPT IN RAINS

FERRY

G. F. Browne Colonel
Military Attaché

Seoul
Sept. 7th 1901.

APPROACHES
TO THE
LEGATION QUARTER, SEOUL.
FROM THE
R. HAN

NODEI STATION
from Chemulpo 21¾ miles
To Seoul 4½

NODEI

500   0   500   1000   1500

SCALE of YARDS

1
14,400

택은 외교 기지의 대상이 되기 쉬웠다. 정동은 중심인 박동 지역에서 볼 때 황토현 너머 도성의 서남쪽에 치우쳐져 있었지만, 오히려 언덕과 성벽으로 둘러싸여 안전했다. 더불어 제물포나 한강에서 출입하기가 쉽다는 점, 궁궐 및 정부 시설과 인접한 것도 장점이었다. 비슷한 시기 영국의 주한 총영사로 임명된 애스턴W. G. Aston도 여러 부지를 물색하고 한성부의 중개를 받은 끝에 현재의 영국영사관 부지를 사들인다.

애스턴은 영국영사관 부지를 물색하는 과정을 본국에 수차례에 걸쳐 보고하는데, 정동 부지의 이점을 비교적 상세히 밝혔다. 제물포에서 서울로 들어오는 진입로에 있다는 점, 궁궐을 비롯한 조선 정부의 시설에 접근하기 쉽다는 점, 상대적으로 중심에서 벗어난 지역이어서 대지 및 가옥의 구매비용이 저렴하다는 점, 구릉지가 있어 전망이 좋다는 점 등을 꼽았다. 미국과 영국 공관이 정해진 후 푸트와 애스턴은 묄렌도르프와 마찬가지로 관저 및 업무공간을 조성하는 데 한옥 형태의 외관을 바꾸지 않고 내부만 생활에 맞게 고쳐 사용했다.

미국 개신교의 선교 근거지

미국과 영국의 공관 부지가 정동에 마련된 이후 곧이어 입경한 서양인은 미국 선교사들이었다. 1884년 가을 의료선교사로 온 알렌을 비롯해 언더우드H. G. Underwood, 아펜젤러H. G. Appenzeller, 스크랜턴W. B. Scranton 등 많은 미국 선교사가 공사관 주변을 감싸며 선교 근거지

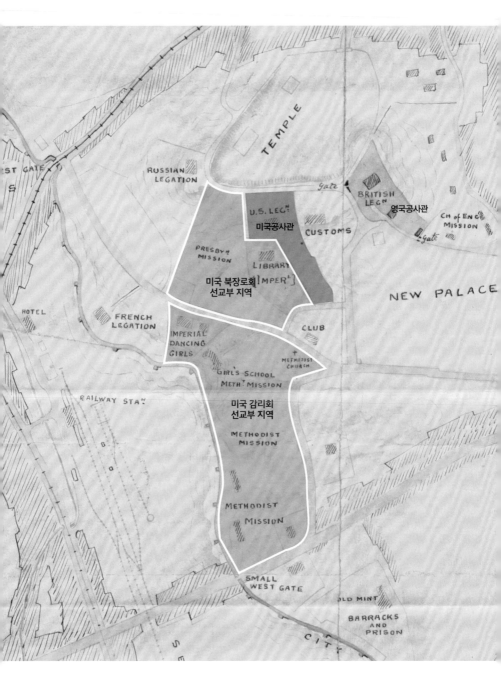

미국 개신교의 선교 근거지, Western Quarter of Seoul(1901)에 저자가 표시

를 마련했다. 당시 조선 정부는 이들의 서울 진출을 허가하면서 조건을 달았다. 병원과 학교를 운영하는 사업만 허가한다는 것이었다. 그로써 예배는 선교사들의 사저에서 조용히 행해졌고, 선교를 위해 의료와 교육 사업을 적극적으로 진행했다.

먼저 미국공사관 담장을 끼고 공사관 거리(정동길)의 북쪽으로는 '미국 북장로회 선교부 지역'이 형성되었다. 소속 선교사 언더우드, 헤론, 엘러스 등이 고아원, 경신학교, 언더우드학당, 정동여학당 등의 보육 및 교육 시설을 마련하고 사업을 펼쳐 나갔다.

'미국 감리회 선교부 지역'은 공사관 거리의 남서쪽 성벽을 따라 서소문 방향으로 형성되었다. 1885년 5월 서울에 들어온 스크랜턴이 가장 먼저 병원을 설립했고, 이를 중심으로 아펜젤러가 배재학당, 메리 스크랜턴이 이화학당을 순차적으로 설립했다.

부지는 미국공사관과 장로교 선교부와 인접해 있는데, 다음 몇 가지 점에서 아주 바람직합니다. 첫째 이곳 부지는 외국인이 사는 곳에서 가까울 뿐 아니라 세 방면으로 조선인이 사는 곳과도 가깝습니다. 둘째 부지는 시내를 내려다 볼 수 있을 정도로 솟아 있어 배수가 잘되고 공기가 맑은 데 이 두 가지 점은 여기처럼 지저분하고 더러운 곳에서는 아주 중요한 의미를 지닙니다. 셋째 부지는 높은 곳에 있어 주거지로는 제일 좋은 곳으로 여겨지는 곳인데 머지않은 장래에 지금 공터로 남아 있는 언덕 위에 건물을 지으면 시내 어디서든 사람들이 그것을 보고 그 건물이 그들 모두에게 아주 좋은 일을 하고 있음을 알게 될 것입니다.

- 〈W. B. Scranton' letter to Dr. J. M. Reid〉, 1885년 1월 1일

미국 감리회 선교부 지역에 스크랜턴이 설립한 이화학당의 초기 모습,
《1901년 체코인 브라즈의 서울 방문》, 서울역사박물관, 2011

미국 장로회 선교부 지역에 언더우드가 마련한 고아원,
《1901년 체코인 브라즈의 서울 방문》, 서울역사박물관, 2011

스크랜턴의 편지에서 나타나듯 정동은 미국공사관의 보호 아래 외국인이 안전하게 모여 살 수 있으면서도 일반 민중에게 접근하기 쉬운 지역이었다. 또한 주변보다 높은 언덕이어서 위생적인 거주 조건을 만족함과 동시에 그들이 전파하려던 새 건축과 새 사업, 즉 근대적인 사업들을 가시적인 경관으로 보여 줄 수 있는 지역이었다.

갑신정변 이후 채 1년이 되지 않은 1885년 10월 묄렌도르프가 해임되고 메릴Merrill이 총세무사로 부임하면서, 박동에 있던 해관 본부가 정동의 미국공사관과 영국영사관 사이로 이전했다. 관세를 징수하는 해관 본부는 조선의 문물 및 제도 등의 근대화 속도를 돈으로 제어할 수 있는 행정기관으로, 개항 이후의 조선 재정 및 경제에서 핵심 부문일 수밖에 없었다. 이러한 해관 본부마저도 정동으로 이전함으로써 정동은 외교·선교뿐만 아니라 통상·경제 등의 여러 분야에서 구미 열강이 추구하는 근대화의 전진기지로 부상할 수 있었다.

외교의 중심, 공사관 구역

미국, 영국에 이어 세 번째로 러시아가 들어왔다. 박동의 해관 본부가 정동으로 이전한 바로 그 시점, 러시아는 정동에서 가장 높은 언덕을 선택했다. 미국공사관과 개신교 선교부 일대뿐만 아니라 이전까지 가장 높은 언덕에 있던 영국영사관조차도 굽어볼 수 있는 위치였다. 베베르Karl Ivanovich Weber 러시아 공사는 이곳이 미국 및 영국 공관과 인접한 지역이고 향후 각국 공사와 긴밀히 연락을 취할 수 있는 좋은

069

입지임을 알고 있었다. 전략적 가치가 있으면서 상징성이 담보되는 지점이었다.

이렇게 되자 수표교 근처에 있던 프랑스는 1889년에, 낙동과 박동을 전전하던 독일은 1890년에 연이어 정동에 공관 부지를 마련했다. 열강 사이의 외교 정보를 수집하고 조선 정부의 동향을 파악하려면 이곳으로 들어올 수밖에 없었다.

동아시아에서 선두 경쟁을 벌이던 영국과 러시아는 부지를 정한 지 5년여가 흐른 1890년, 동시에 새로운 공관을 건축하는 데 돌입했다. 개조해서 쓰던 한옥을 헐고, 결국 항구적인 서양식 건축을 도입한 것이다. 영국은 중국에서의 경험을 활용하기 위해 상하이 영국공사관의 설계사를 고빙하고 그때 사용한 자재를 공수해 왔으며, 러시아는 인천 개항 때부터 조선에서 활동하던 세레딘-사바틴Афанасій Іванович Середін-Сабатін의 건축 경험을 공사관을 건축하는 데 반영했다. 러시아는 특히 고지대에 높은 망루도 계획함으로써 자국의 위세를 과시하고자 했다. 이렇게 되자 프랑스 또한 그 대열에 동참해 러시아공사관의 맞은편 언덕에 바로크풍 공사관을 신축하기 시작했다. 유럽 열강들의 강해진 영향력은 공사관 건축에 그대로 반영되었다. 정동은 이제 외교 중심지의 성격을 명확히 드러냈다. 정동보다 '공사관 구역(Legation Quarter)'(또는 Europe Quarter)이라는 이름이 서양인의 입에서 오르내린 것도 이때부터였다.

반면 정동에 근거지를 마련했던 개신교 선교부들은 1890년대에 들어서면서 점차 정동 밖으로 눈을 돌렸다. 미국 북장로회 선교부의 경우 선교사 사택이 노후해 계속 수리를 해야 하는 문제가 발생하고,

1891년 5월 준공된 영국공사관 1호관 ⓒ주한영국대사관

가장 높은 언덕에 들어선 러시아공사관, 스코틀랜드 국립도서관 소장

길 건너에 있던 감리회 선교부가 더 확장되는 모습을 보이자 점차 정동에 벌인 사업을 줄이고 서울의 민중 속으로 파고드는 쪽으로 의견을 모았다. 정동에 몰려드는 학생, 환자, 신자의 수요를 감당하지 못한 것도 이유였다. 1895년 러시아공사관이 준공되던 즈음 서대문 안 큰 길가에 새문안교회를 건립하기 시작했고, 정동여학당을 서대문 밖 연지동으로 옮겨 갔다.

감리회 선교부 또한 마찬가지였다. 이화학당의 학생 수가 급증해 1897년 한옥 교사를 헐고 그 자리에 2층의 서양식 건축물을 선보였다. 같은 해 스크랜턴의 병원은 남대문 상동 쪽으로 옮기기로 하고, 병원이 있던 자리에는 정동제일교회가 들어섰다.

병원이 성공하는 데 가장 필수적인 것은 많은 사람이 찾아올 수 있게 붐비는 곳에 있어야 한다는 점입니다. 제 판단으로는 남대문 상동에 있는 병원이야말로 그 위치며, 주변의 교통량이며, 상주 인구수를 감안할 때 참으로 바람직한 곳이라 할 수 있습니다. 그곳은 민중이 있는 곳인 반면에 지금 우리가 있는 곳은 외국인 주거지역입니다.

– *Annual Report of the Board of Foreign Missions of the Methodist Episcopal Church*, 1893

교회·학당 등은 신도와 학생이 증가해 새로운 건축물을 짓거나, 부지가 좁아 정동에서 벗어나 확장 이전하는 형태를 띠었지만, 병원은 '민중이 있는 곳'에 있어야 한다는 점, 그것이 옮겨진 중요한 이유였다. 선교사들의 주택 또한 민가 사이로 스며들었다. 정동은 공사관

뿐만 아니라 여타의 건축물도 서양식으로 대체되었고, 서양인 중에서도 특권층을 위한 성역처럼 변해 갔다. 위세를 드러내는 공관 건축이 등장하고 선교는 정동을 뿌리로 하여 주변으로 확대되자 이제는 정동을 중심으로 주변 환경을 바꾸기 위한 시도가 시작됐다.

새로운 건축과 도로의 정비, 순환과 호흡의 근대도시계획

영국과 러시아 공관의 건축이 마무리되어 가고, 교회나 학교의 확장, 병원의 이전 등이 준비되던 1894년, 처음으로 도로의 정비가 시작되었다. 그 내용은 '대로를 각 동리가 맡아 수리할 것', '물길을 트고 다리를 수리하고 풀을 베고 구덩이를 메울 것', '물이 도로에 쏟아지지 않게 할 것'처럼 일반적인 훈시의 성격이 강했다.

그러나 그 이듬해인 1895년부터는 정부가 직접 예산을 책정하여 조사·측량·시행하는 '사업 형식'으로 변화했다. 첫해는 공사관 거리를 시작으로 가가假家(임시로 지은 건물)가 많던 남대문로와 가구거리가 대상이었다. 첫 사업은 정동에 거주하는 외국인 5명이 위원회를 구성하여 시작됐지만, 이후 매년 진행된 도로 정비는 정부가 주체가 되어 정동 주변 도로를 정비하는 방식으로 전개되었다.

이 시기 정비 사업은 탁지부 및 해관의 브라운McLeavy Brown, 내부 토목국장 남궁억, 한성부판윤 이채연 등 세 명이 주도했다. 1893년 중국에서 고빙되어 들어온 브라운은 예산과 사업성 등 재정을 담

073

당했고, 남궁억은 기술 부문 책임자였다. 1896년 한성부판윤으로 임명된 이채연은 브라운과 남궁억이 작성한 정비계획을 시행하는 관리자였다. 도로별로 조사하고 측량하는 현장에는 브라운과 현장 토목기사였던 심의석이 늘 동행했다. 이러한 과정을 통해 정비할 도로를 선택하고 사업순위 등을 결정한 것으로 여겨진다.

> 뮈텔 주교는 돌아오는 길에 서울의 도로 확장계획으로 대성당 부근에 길을 낼 가치가 있는지를 물어 보기 위해 브라운 씨 댁에 들렀다. 그렇다면 출입문을 내야 하므로 사실을 알고 싶었다. 그는 올해에는 계획이 거기까지 미치지 않는다고 대답했다.
>
> — 뮈텔 지음, 천주교 명동교회 편, 한국교회사연구소 역주,
> 〈1897년 5월 27일〉, 《뮈텔 주교 일기 2》, 한국교회사연구소, 1993

> 브라운의 활약 덕택으로 서울에는 새로운 가로가 만들어지고, 낡은 도로의 폭은 확장되고 최신의 위생시설이 도입되었으며, 베이징에 이르는 도로는 면목을 일신하였다.
>
> — 프레더릭 매켄지 지음, 신복룡 역주, 《대한제국의 비극》, 집문당, 2019

정동을 찾은 서양인은 서울의 도로 정비를 평가하면서 시행관리자인 이채연보다 서양인 브라운의 역할에 상당한 비중을 두었다. 이는 매켄지Frederick Arthur MacKenzie뿐만 아니라 《조선과 그 이웃 나라들》의 저자 비숍Isabella Bird Bishop, 《조선비망록》의 샌즈William F. Sands 등 서양인 대부분이 공유한 인식이었다. 내부 및 한성부 조회,

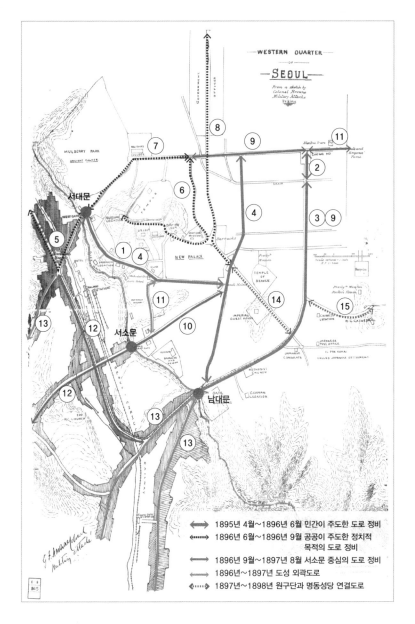

⟷	1895년 4월~1896년 6월 민간이 주도한 도로 정비
⬸⬸⬸	1896년 6월~1896년 9월 공공이 주도한 정치적 목적의 도로 정비
⟷	1896년 9월~1897년 8월 서소문 중심의 도로 정비
⟷	1896년~1897년 도성 외곽도로
⬸⬸⬸	1897년~1898년 원구단과 명동성당 연결도로

공사관 거리, 남대문로, 가구거리(①~④) 등 서양인이 자주 이용하는 공사관 구역 인근
도로는 1895년 이미 정비되었다. 고종의 아관파천이 이뤄지면서 경복궁과 공사관 구역을
잇는 도로(⑥~⑧)가 정비되었고, 경운궁에서 대한제국을 선포하기 전에는 서대문, 서소문,
남대문을 통해 한강과 서울을 왕래하는 도로(⑩~⑬)가 정비되었다. Western Quarter of
Seoul(1901)에 저자가 표시

교섭 절차 등 도로 정비와 관련한 내용이 담긴 정부의 회답에 '당시 성내의 도로와 도랑의 수리는 브라운이 전담하고 있으니 그와 상의해서 진행하겠다'라고 언급되어 있는 것처럼 그의 비중을 대강 짐작할 수 있다. 그러나 한편으로 서양 중심의 문명근대화 가치를 우선시하고, 또 전파하고자 하는 그들의 의도 또한 읽을 수 있다.

새로운 모습의 서울은 7년이 채 되지 않았지만, 브라운과 지금은 전근되었지만, 열정적이었던 조선인 시장은 많은 사람이 사는 더럽고 좁은 지역을 청소하고 재건축하는 일을 4주 안에 끝내 버렸다. 이 도시의 이전 상태를 아는 사람들에게 이 과업은 불가능한 일처럼 보였을 것이다, 그럼에도 특별한 변신이 일어났다. 거리는 멋지고 널찍하고 깨끗하고 잘 만들어졌으며, 하수도 시설도 잘되어 있다. 좁고 더러웠던 골목은 확장되었다. … 기차, 자동차, 전기, 기차역, 호텔, 벽돌집과 유리창이 있는 서울이 마침내 흥미롭고 깨끗한 도시가 되는 것도 얼마 남지 않았다.

– 앵거스 해밀턴 지음, 이형식 옮김, 《조선에 대한 보고서》, 살림, 2010

이러한 서양인의 공통된 인식은 19세기 구미의 오래된 도시들에서 나타난 근대도시계획의 경험에서 비롯되었다. 19세기 구미에서 진행된 도시화는 두 개의 대립 국면을 보여 주는데, 하나는 인구 응집에서 비롯한 새로운 도시의 계획이며, 또 다른 하나는 구도심의 대변동이었다. 새로운 도시, 즉 미개척지이거나 도시를 확장하는 데 적용된 계획은 토지분할의 기본 유형인 격자형으로 분할하는 것이었다. 예컨대 개항장과 같은 곳에서는 격자형의 토지분할이 대체로 나타났다.

반면 구도심의 대변동은 산업화나 시민혁명으로 무질서해진 도시를 규제하고 새로운 질서를 확립하고자 한 데서 출발했다. 근대 유럽의 많은 구도심에서 나타난 대변동은 오스망Haussman의 파리 계획과 비엔나의 링슈트라세Ringstrasse 계획에서 나타난 것처럼 '순환과 호흡의 체계'에 있었다. 순환체계를 설계한다는 것은 연결의 수단이 되는 도로의 연계성을 개선하는 것으로 전체적으로는 막힌 도로를 뚫어서 연결하고, 국소적으로는 철도역이나 시장처럼 새로운 지점과 오래된 지점 사이를 연결하여 새로운 커뮤니티를 형성하는 것이었다. 두 번째 개념인 호흡의 체계란 닫힌 공간을 열어 공중위생을 개선하는 것으로 근대 도시의 광장·시장과 같은 열린 공간, 가로수가 있는 산책로, 도시공원은 이러한 개념에서 등장했다. 이러한 구도심의 정비 사업은 대부분 도시 행정관의 주도로 외과수술과 같은 방식, 즉 기존의 낡은 부분을 걷어 내는 방식으로 실현되었다. 자국의 근대 도시를 경험한 서양인에게 '낡은 중세 서울', 적어도 그들이 거주하는 구역 안에서 구도심의 대변동은 당연히 이루어져야만 하는 근대적 가치였다.

앞서 살펴보았듯이 도로 정비는 석재 손질, 풀밭 정리와 같은 훈시 성격에서, 1895년 이후 도로를 조사하는 것부터 새로운 도로를 개설하기까지 일련의 계획과 사업으로 발전되었다. 이는 무질서한 도시에 근대적 질서를 부여하는 작업이었다. 그리고 이렇게 공사관 구역의 주변 도로를 정비하는 것은 한강에서 서대문·서소문·남대문에 이르는, 즉 서울의 문턱인 공사관 구역과 외부의 출입로를 정비하는

077

사업으로 확대되었고, 1897년 경운궁에서 대한제국을 선포하는 시기에는 원구단과 명동성당에 이르는 도성 내부 도로를 정비하는 데까지 확대되었다.

공사관 구역에서
대한제국의 중심으로

1896년 2월 고종이 아관파천을 단행했다. 명성황후 시해 사건 이후 불안감에 시달리며 1년여간 러시아공사관에 머물던 고종은 경복궁이 아닌 경운궁을 환궁 장소로 정했다. 경운궁 주변으로 러시아·영국·미국 등의 공관과 해관 본부, 교회, 학교 등이 자리를 잡고 있어 다양한 구미 세력이 균형을 이루어 그들의 보호로 왕권의 안정을 꾀할 수 있으리라 생각했기 때문이다. 고종은 제국과 황제의 권위에 맞게 경운궁의 궁역을 정비하고, 원구단을 건립했다. 그 이후는 익히 알려진 바처럼 대한제국 선포, 황제 즉위 등으로 이어졌다.

대한제국 선포 이후 고종의 황실 권역은 선원전, 그리고 경희궁에 이르기까지 점차 확장되었다. 서양인이 선점했던 지역을 매수하기도 했다. 경운궁 남쪽을 확장하기 위해 독일영사관 부지를 사들였고, 감리회 선교부의 일부 부지에 1898년 접객시설인 손탁호텔Sontag Hotel을 세웠다. 장로회 선교부의 정신여학당 부지 또한 1897년 매수해 황실도서관인 수옥헌(중명전)을 지었다. 1900년 경운궁 화재 이후에는 궁궐 내 서양식 건축이 더욱 늘어났다. 대한제국의 대표적 서양식 건물인 돈덕전과 석조전을 신축하기 위해서 미국공사관과 영국공사관 사이에 있던 해관 본부를 다른 장소로 이전하는 계획도 마련했다. 이때 벌어진 궁내부와 브라운의 분쟁은 당시 정동에서 서양인 영역을 축소하고 대한제국의 영역을 확대하는 과정에서 나타난 갈등의 한 단면이었다.

1900년에 이르면 도로 정비로 넓혀진 거리에 전차도 돌기 시작했다. 넓게 정비된 종로와 남대문로, 연행로, 새문안로를 잇는 환상형環狀形 도로는 자연스레 정동의 범위가 되었고, 이를 따라 전차를 갈아타며 순환할 수 있었다. 프랑스공사관이 인접한 성벽 밖으로는 경인선 철로의 종착역인 서대문역도 들어섰다. 비상시 서대문역을 통해 손쉽게 제물포로 빠져나갈 수 있는 여건이 마련된 것이다. 한편 정동 지역의 중심에 서양인의 여가 공간으로 활용된 '퍼블릭 파크Public Park(현재 정동극장)'가 있었던 것처럼, 다른 장소에도 도시공원과 광장 및 시장 등 새로운 열린 공간이 조성되었다. 1897년 남대문로가 정비되어 남대문 상설장시가 선혜청 창고인 선혜창에서 열렸고, 1899년 탁지부가 궁내부에 민가를 정리한다는 공문을 보내면서 탑골공원을 조성하기 위한 정비도 시작되었다.

정동의 많은 대지는 경운궁으로 상징되는 대한제국의 영역으로 대체되었고, 정동 지역은 순환과 호흡의 체계로 서울의 안팎을 연결하는 열린 장소로 변화해 갔다. 공관에서 근무하는 이들을 제외한 의료·교육·선교·통상에 종사하는 서양인은 정동을 벗어나 군중 사이로 파고들어 갔다. 이로써 정동 지역은 서양인의 구역이라는 배타적 성격은 옅어지고, 대한제국의 상징성이 강화되는 양상을 보였다.

의화단운동과
동아시아 정세

1900년 6월 중국 베이징에 있는 외국 공사관들을 민중이 포위하는 사건이 발생했다. 의화단운동이었다. 중국의 의화단은 외세의 선교와 문물, 경제적 침투에 대한 반동으로 생겨난 반제국주의 민중 조직이었다. 산둥지역에서 세력을 키운 이들은 중국 정부의 묵인 아래 외국 공사관들을 공격했다. 이에 러시아·영국·일본·독일을 비롯한 8개국이 연합군을 조직하여 항구인 톈진을 점령하고, 8월 베이징에 입성했으며, 이듬해인 1901년 9월 〈신축조약〉을 체결했다.

의화단운동이 발생하기 전에는 베이징의 공사관 구역(현재의 둥쟈오 민거리東交民巷)도 서울과 비슷한 방식으로 형성되었다. 개항장이 아닌 내륙에 위치한 수도였기에, 중국인이 살던 토지를 매입해서 침투하는 과정이었다. 이곳 또한 정동처럼 개항장인 톈진에서 베이징으로 들어오는 베이징의 문턱이었고 자금성과 인접한 구역이었다. 경계를 굳이 설정하지 않더라도 북쪽과 남쪽으로는 황성과 내성의 성벽이 감싸고 있고 내성에 인접해 톈진으로 향하는 철도역이 있었기에, 방어와 진입 그리고 탈출도 쉬운 지점이었다.

그러나 의화단운동으로 맺은 〈신축조약〉의 결과 유럽 열강은 서울과는 달리 베이징에서 완벽한 배타적 구역을 설정할 수 있었다. 총 12조로 구성된 〈신축조약〉 가운데 7조에 따르면, 각 공사관은 별도의 공사관 경계를 두고 별도의 군대를 주둔하게 하여 독자적으로 관리할수 있으며, 자국 공관과 자국민을 보호할 수 있게 했다. 결국 각국 열강이 저마다 구역을 확보하고 군비를 증강하여 요새화했다. 더욱 중요한 것은 이들이 모인 공사관 구역에는 중국인이 거주할 수 없게 했다는 점이다. 경계 내부에 섞여 살던 중국인은 구역 밖으로 쫓겨났고, 높은 성벽과 8개의 보루, 철문을 설치하여 중국인의 진입 자체를 막았다. 여기에 더해 베이징과 산하이관山海關을 잇는 철도의 주요 지점 12곳에 각국의 군대를 주둔하게 했다.

이러한 베이징의 정세는 서울 정동 공사관 구역에도 영향을 미칠 수밖에 없었다. 우선 공사관들이 자체 경비병력을 증강하기 시작했다. 이는 〈신축조약〉 체결 과정에서 열강 간의 충돌 가능성이 커진 것과 비상시 타국에서의 자위권을 강화한다는 의미를 담고 있었다. 배타적 공사관 구역을 설정할 수 없었기에 강구된 것이었다. 특히 영국은 〈신축조약〉을 통해 러시아가 만주 및 한반도에서 세력을 확장할까 더욱 우려할 수밖에 없었고, 이에 따라 정동지역의 영국 수비대를 확충할 것을 본국 정부에 계속 요청했다. 특히 경운궁이 북쪽으로 영국 공사관과 벽 하나를 두고 있어서 2개의 문으로 직접 연결할 수 있기에 고종이 환궁한 이후부터 경운궁 북쪽 영국공사관에 해병대를 소규모로 주둔하게 하는 것을 본국에 계속 요청했다. 그 결과 1902년 8월 별도의 수비대가 증설되고 막사가 건설되었다.

그러나 당시의 정세는 정동 외교관들의 활동에 제약을 안겼다. 의화단운동과 〈신축조약〉의 체결은 동아시아에서 열강 간의 경쟁이 통상을 둘러싼 이권 경쟁이라는 선을 넘어 영토, 즉 식민지 획득이라는 경쟁 단계로 넘어갔음을 보여 주었다. 이는 중국에 국한되지 않고 동아시아 전체가 연계된 문제였다. 만주와 조선에 대한 영토를 획득하

081

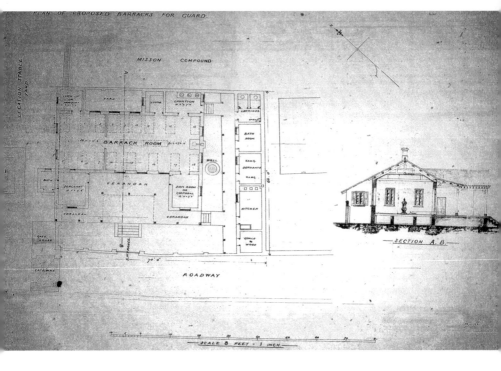

1900년 영국공사관 수비대 막사 건설계획, 영국국립보존기록관 소장

1903년 수비대 막사 입구 모습, 영국국립보존기록관 소장

고자 하는 열망을 가진 러시아, 그리고 청일전쟁을 넘고 의화단운동을 거치며 제국의 대열에 올라선 일본의 양극으로 압축되는 전선은 1902년 1월의 영일동맹, 3월의 러프공동선언으로 더욱 명확해졌다.

동아시아에서 이러한 열강들의 치열한 외교전은 실상 조선보다는 중국에서 벌어질 수밖에 없었다. 1904년 만주와 조선을 둘러싼 물리적 충돌과 러일전쟁 또한 랴오둥반도와 그 앞바다에서 벌어졌다. 그 결과 정동에 있던 대한제국의 고종과 공관의 외교관들은 활동의 동력을 잃고 말았다. 1905년 〈을사늑약〉을 시점으로 그들의 활동이 멈추자 공사관 구역은 그 모습 그대로 현재까지 남을 수 있었지만, 경운궁 구역은 이제 일본에 의해 이전과는 다른 동력을 얻었다.

청계천

복개된 삶의
공간

김은진

나는 그렇게도 오고 싶어 마지않았던 서울에 기어코 오고야 말았다. 이 생각이 소년의 눈에 보이는 것, 귀에 들리는 것, 그 모든 것에 감격을 주었다. 아무리 시골서 처음 올라온 소년의 마음에라도, 결코 그다지는 신기로울 수 없고, 또 아름다울 수 없는 이곳 천변풍경이, 오직 이곳이 서울이라는 까닭만으로, 그렇게도 아름다웠고, 또 신기하였다.

– 박태원, 〈천변풍경〉 중에서

질풍노도의 중학생 시절, 친구들과 떠들며 전철을 타고 1시간가량을 이동해 광화문역에 내렸다. 역 계단을 올라 처음으로 마주한 종로의 마천루는 '이곳이 바로 서울'이라고 으스대는 듯했다. 경양식 돈가스가 아닌, 처음 먹어 본 두껍고 바삭바삭한 일본식 돈가스도 '이 맛이 바로 서울이구나' 하고 감격하게 만들었다. 소화도 힐 겸 잠시 걸었던 청계천은 광화문 주변과는 사뭇 분위기가 달랐다. 오랜 세월을 겪은 것처럼 보이는 상가와 물건들이 늘어서 있었다. 하지만 '아름다울 수 없는 이곳 청계천 풍경이, 오직 이곳이 서울이라는 까닭만으로, 그렇게도 아름다웠고, 또 신기'했다. 집에 와서도 흥분이 가시지 않은

청계천, 복개된 삶의 공간

아이는 어른들에게 '청계천에는 없는 게 없어서 잠수함도 만들 수 있다'라는 말을 듣고는, 다음 상경을 기약했다. 또 청계천에는 희귀레코드점, 헌책방 등이 모여 있다고 하니 옛날 음악과 영화를 좋아하던 아이에겐 별천지가 따로 없었다.

그러던 어느 날 뉴스는 청계천 상인이 시위하는 모습을 비춰 주며, 청계천 상가들이 다른 곳으로 이전하거나 아예 폐업한다는 소식을 알렸다. 성인이 되어서야 방문한 청계천은 어느덧 '데이트 코스'가 되어 있었다. 야경을 밝히는 불빛, 인공폭포, 새로 만든 다리 밑에서 휴식을 취하는 연인의 장소가 된 것이다. 종종 그곳에서 산책을 즐기긴 했지만 어렸을 적 품었던 청계천의 로망이 가끔 그리워졌다. 청계천에 대한 단순한 회상이지만 이 회상에는 청계천의 변화상이 담겨 있다.

오물이 소통하는 곳

청계천은 중랑천의 제1지류로, 인왕산과 북악산의 남쪽 기슭과 남산의 북쪽 기슭에서 물줄기가 시작된다. 서쪽부터 무교동, 광교, 장교, 수표교를 지나 동쪽 마장동을 흐른 뒤, 중랑천 본류와 합류해 한강으로 흐른다. 1394년 이래 우리나라의 정치, 사회, 경제, 문화의 중심지 역할을 담당한 하천인만큼 그 역사도 매우 깊다고 할 수 있다. 또한 청계천은 흘러든 오물 및 하수를 처리하는 문제, 빈민촌 문제, 복개覆蓋와 생태복원 문제 등 시 행정이 풀어야 할 숙제가 계속해서 제기된 곳이다.

조선시대에 청계천은 개천開川으로 불렸는데, 개천은 본래 '내를 파내다'라는 의미로 하천을 정비하는 토목공사를 지칭하는 것이었다. 이는 태종 11년(1411) '개천도감開川都監'을 설치해 시행된 대대적인 청계천 정비 공사에서 파생한 고유명사이다. 조선시대 청계천의 역사에서 주목할 만한 사건은 청계천의 기능을 둘러싸고 조정朝廷에서 일어난 논란이다. 세종 때 이선로(?~1453)는 풍수론적 관점에서 청계천을 '명당明堂의 물'로 지칭하고 이를 맑게 하고자 청계천에 오물 투척을 금지할 것을 청했다. 어효첨(1405~1475)은 이선로의 주장을 반대하며 아래와 같이 상소를 올렸다.

> 명당의 물에는 더러운 물건을 던져 넣지 못하도록 금하기로 했다 하옵는데, 신은 반드시 그렇게 할 것이 없다고 생각하옵니다. … 도읍의 땅에서는 사람들이 번성하게 사는지라, 번성하게 살면 더럽고 냄새나는 것이 쌓이므로, 반드시 소통할 개천과 넓은 시내가 그 사이에 종횡으로 트이어 더러운 것을 흘려 내어야 도읍이 깨끗이 될 것이니, 그 물은 맑을 수가 없습니다.
>
> ─《세종실록》권106, 세종 26년 12월 22일

이 주장은 도읍의 땅, 즉 인구가 많은 지역에는 오물이 쌓이기 때문에 이것들을 개천에 흘려보내야 한다는 주장이다. 생활하천으로서 청계천의 기능을 중시한 것이다. 조선은 예禮를 중시했기에 왕도를 가로지르는 청계천은 명당의 물이며, 이를 깨끗이 유지해야 한다는

087

주장이 힘을 얻었을 것이다. 그러나 세종은 놀랍게도 어효첨의 안을 택해 그 성격을 '도성의 오물이 소통하게 하는 곳'으로 규정했다. 그후 청계천은 오랫동안 도성의 생활하수와 오물을 처리하는 역할을 담당한다.

그러나 조선 후기에 청계천은 점차 기능을 잃기 시작했다. 조선 초기에 비해 조선 후기는 서울의 인구가 급증하고 도성의 범위가 확대된 시기였다. 결국 영조 때에는 청계천이 막혀서 둑의 높이와 같아져 버렸고, 장마철에는 홍수가 크게 일어나고 말았다. 결국 영조는 '오물이 쌓인 개천이 장마 때 범람할까 근심'해 준천사瀋川同를 설치했다. 준천사는 청계천의 바닥을 해마다 깊이 파서 하천이 잘 소통하도록 했다.

'오물이 소통하는 청계천'이라는 인식은 대한제국 시기에도 이어져 내려왔다. 《제국신문》 1902년 7월 15일 기사를 살펴보면, 오랜만에 내린 비로 '각처의 오예물汚穢物(오물)이 일신되었다'는 내용을 볼 수 있다. 이는 비가 와서 하천의 오물이 씻겨 내려갔다는 의미이다. 대한제국 시기에도 여전히 청계천을 생활하수를 처리하는 곳으로 생각한 것이다. 한편 1905년 〈을사조약〉 이후 대한제국은 '시정개선에 관한 협의회'를 통해 일제의 내정간섭을 받았다. 이때 이토 히로부미는 대한제국 관료를 한자리에 모아 두고 위생회가 필요하다는 것을 강조했다. 전염병을 예방하기 위해서는 정기적으로 오물을 청소해야 한다는 생각이었다. 그러나 대한제국 관료들은 그 주장을 듣고 나서도 오물이 쌓인 하천을 준천瀋川하는 것이 중요하다고 보았다. 그들은 서울을 청소하기 위해 위생회를 설립하는 것보다 청계천을 준천하는 것이 더 익숙했던 것이다.

복개 논의의 시작

일제강점기 이후 진행된 도시화로 서울의 인구는 급증했고, 그 결과 청계천이 오염되었다. 직업을 갖고자 무작정 상경한 사람들은 도시빈민이 되어 청계천 제방 주변에 토막土幕이나 판잣집을 짓고 살았다. 청계천 남쪽에 놓여 있던 광교와 수표교 사이에는 특히 많은 인구가 거주해 하천에 오물을 투기하고 하천 변을 오염시켰다.

그러나 1910년대 초만 해도 일제는 청계천에 별다른 관심을 보이지 않았다. 총독부 기관지의 한 기사는 이 같은 상황을 두고 '근래에 와서는 다른 것은 모두 혁신이 되고 문명이 되어 오지마는 한갓 간천 같은 것은 손을 대일 생각을 아니'한다고 비판할 정도였다. 일제는 1918년에 이르러서야 일본인이 다수 거주하던 청계천 남쪽 일대의 지류만을 개거식開渠式과 암거식暗渠式으로 개수해 청계천이 하수구로 이용되도록 했다.

1920년대에는 경성에서 청계천 개수改修 문제가 중요한 현안으로 떠올랐다. 1924년 청계천에서 도로 폭이 좁아 광화문우편국 집배인 고영복이라는 사람이 낙상한 일이 있었다. 이 이후에도 인명사고는 끊이지 않는데, 문제는 청계천의 천변 도로를 이용하는 사람이 주로 한국인이라는 것이었다. 경성에 거주하는 한국인은 이 사건들을 두고 경성부가 청계천 정비를 소홀히 하여 일어난 문제라고 보았다.

〈수문상친림관역도〉, 《어전준천제명첩》, 부산박물관 소장

그리고 이 문제를 그들이 주로 거주하던 북촌 정비 문제와 연관 짓기 시작했다. 경성부가 항상 예산을 이유로 북촌을 정비하지 않는 것은 한국인을 차별하기 때문이라는 것이다. 결국 청계천 문제는 '민족 차별'의 문제로 비화하고 만다.

한국인의 여론을 의식했는지 일제는 청계천을 정비하기 위해 다양한 논의를 했으나 그저 논의에 그친 것이 많았다. 한강을 끌어들여 경성부의 오물을 청계천 하류로 흐르게 하는 방법 등이 지속해서 거론되었다. 그러나 조선총독부 토목국장 등의 관료들은 막대한 비용을 이유로 들어 이를 반대하곤 했다. 결국 비용 문제로 청계천 개발 문제는 일제강점기 말에도 해결되지 못했다.

일제가 중일전쟁을 일으키고 본격적으로 대륙병참기지화 정책을 펼치기 시작한 1937년, 청계천은 일부 복개되었다. 복개된 구간은 태평로에서 광통교에 이르는 구간이었다. 일제는 이후에도 청계천 복개를 완수해 도로를 확장하고 교통로를 확보해 물자수송을 원활히 하고자 했다. 그러나 이 공사마저 계속해서 지연되어 이처럼 '1년에 기껏해야 70, 80미터씩 공사가 되어 나간다고 하면 40년 후에나 복개가 완료'될 것이라는 비아냥이 퍼져 나갔다.

본격적인 복개사업

광복과 한국전쟁을 거치면서 서울에서는 청계천 문제가 다시 거론되기 시작했다. 전쟁으로 도시빈민층이 급증하면서 청계천 변으로 인구

유입이 가속화되었다. 그 결과 청계천은 심각하게 오염되어 전염병의 원인으로 지적된다. 서울시는 1955년에 기존의 도시계획을 재검토하기 시작하면서 '대서울의 도시계획'을 수립하고자 했다. 이 일환에서 '한강 물에 역류하는 청계천의 물 흐름을 마포한강 쪽으로 흐르게 조처'하는 것을 검토했다. 하지만 이는 실현되지 못했고 소규모 준설작업만 시행되고 말았다.

그러다가 1957년 말 서울시장으로 허정이 부임하면서 시정 과제의 하나로 청계천 복개가 다시금 논의되었다. 이때 허정은 단지 문제가 되는 청계천을 '덮는 것'에서 나아가 '시민 복지'를 위한 "도로 행정"을 언급했는데, 이를 주목할 필요가 있다. 실제로 서울특별시 건설국의 〈청계천복개사업계획서〉를 살펴보면, 1957년부터 1961년까지의 복개사업을 '1차 계획사업'으로 지칭했다. 복개된 구간은 광교에서 오간수문까지의 구역이었다. 복개 폭은 18~54미터에 달했고, 총 연장 2300미터 정도였다. 소요된 공사비는 23억 3252만 환圜이었다. 1957년 당시 쌀 한 가마니(햅쌀 상품上品)의 값이 1만 7100환 정도였던 걸 생각하면 계획의 규모를 짐작해 볼 수 있다. 그러나 '시민 복지'를 위한 도로행정은 나타나지 않았고, 단기간에 도시화와 산업화를 이룩하려는 관점에서 청계천 개발은 복개사업을 중심으로 진행되었다.

5·16 군사쿠데타 이후 서울시의 청계천 복개사업은 더욱 본격화되었다. 1962년에는 1961년에 완공한 복개도로를 연장할 계획을 세웠다. 오간수교부터 제1청계교까지 512미터의 하천을 덮어 복개도로를 연장하고자 한 것이다. 총공사비용은 1억 5000만 원으로 계획되

었다. 이때 부족한 자금을 충당하기 위해 민간자금을 동원하려는 논의가 시작되었다. 일반경쟁의 방법을 통해 해당 공사의 시공을 자비로 부담할 수 있는 업체를 선정하고자 한 것이다. 다만 시는 시공을 위한 판잣집 철거와 보상 조치를 담당한다고 했다. 그러나 이러한 대규모 공사를 담당할 수 있는 민간자본은 많지 않았다. 결국 1962년에는 공사 입찰이 네 차례나 무산되어 공사가 진행되지 못했다.

뒤이어 1964~1967년 동안 '2차 계획사업'으로 청계천 복개사업이 이루어졌다. 복개된 구간은 오간수교에서 제2청계교 사이로, 복개 폭은 54~60미터이며 총길이는 1238미터였다. 소요된 경비는 8억 원에 달했다. 그러나 이 계획 또한 판자촌 철거 문제와 비용 문제 때문에 순조롭게 진행되지 못했다. '3차 계획사업'은 1968~1971년에 제2한강교(현재의 양화대교) 마장교 구간을 복개하는 것으로 계획되었다. 1차 사업과는 달리 2차, 3차 사업에는 국고보조 및 원조물자가 지원되지 않았기에 서울시는 하천 부지의 매각비로 그 일부를 충당하고자 했다. 이 막대한 비용을 시의 부담에만 의존한다면 재원확보가 곤란해져서 공사를 완료하기 어렵다고 판단한 것이다. 시는 해당 사업을 시행해 하천 중앙에 폭 54미터의 복개도로를 설치하면 주변에 있는 연안도로와 하천 부지 2만 9660평이 발생한다고 예측했다. 또한 이 사업으로 청계천 연안의 무질서한 무허가건축물을 완전히 정리해 환경을 정화할 수 있다고 보았다. 그러므로 서울시는 본 사업을 '기필期必 시행'한다는 입장이었다. 하지만 이 계획에서 전혀 고려되지 않은 사안이 있었다. 바로 청계천 변에 거주하는 사람들이었다.

청계고가도로의 건설

3차 사업은 김현옥 서울시장이 부임하면서 더욱 가속화되었다. 서울시는 1967년을 "돌격의 해"로 지정하고 시 예산의 3분의 2를 건설 사업에 쏟기로 결정했다. 김현옥 시장 시기 복개사업의 특징은 바로 고가도로의 설치이다. 1967년 8월 8일 기자회견에서 김현옥 시장은 〈유료고가도로건설계획〉을 발표했다. 총공사비 35억 원을 들여 청계천을 관통하는 유료 고가도로를 건설하는 3개년 계획을 추진해 1969년 말에 완공한다는 것이었다.

하지만 당시 서울의 자가용 수가 4075대밖에 되지 않았기 때문에 해당 계획은 처음부터 비판에 부딪혔다. 또한 이 계획은 무예산, 무설계 상태였기 때문에 일단 기공을 한 후 설계를 하면서 공사를 추진하는 방법을 택했다. 결국 서울시가 이 사업에 대해서 기공만 해 놓고 뒷짐을 지고 있다는 비판이 제기되었다. 전시 효과만을 노리고 과잉 홍보만 한다는 지적이었다. 더욱 심각한 문제는 예산이었다. 고가 건설을 위해 서울시는 시채市債 30억 원을 발행하고, 이 시채를 다시 담보로 해서 외국 차관 1만 달러를 신청하기로 한 것이다. 한마디로 '빚 내고 빚 놓기'였다. 사업은 결국 무교동-신문로-서대문 로터리를 거쳐 신촌과 홍제동으로 이어지는 당초 계획과는 달리 광교까지만 공사가 진행되었다. 또한 지선을 건설하지도 못했으며 유료화도 물거품이 되고 말았다.

한편 '불도저' 김현옥은 고가도로를 구상하는 것에 그치지 않았다. 그는 상가아파트의 건설을 계획해 민간자본을 적극적으로 유치하

1969년 청계고가도로 공사 현장, 서울역사박물관 소장

고자 했다. 이 계획은 오간수교~제2청계교 사이의 지구를 재개발하는 데 '민간자본을 동원해' 현대식 상가아파트를 건설하려는 계획이었다. 공사로 발생하는 토지를 거주민에게 양도해 하천 복개 공사비로 충당하는 식으로 재원을 마련하고자 한 것이다. 하지만 동대문 상가아파트는 분양가가 높았고 영업장소를 옮겨야 한다는 부담 때문에 입주 희망자가 적었다. 결국 서울시는 소방도로를 확보한다는 이유로 노점상을 강제로 철거한 후 이들이 다시 입주하게 해 상가를 채웠다. 결국 상권은 활성화되지 못하고 그저 말끔한 경관을 형성하는 것에 그치고 말았다.

지지부진한 하수처리장 건설

그동안의 청계천 개발사업이 도로를 건설하기 위한 복개에만 치중된 결과, 하수도로서 청계천의 역할은 점차 사라졌다. 하지만 청계천은 여전히 서울시의 '가장 큰 하수구'였다. 1963년을 기준으로 서울 시민 44퍼센트가 그곳으로 하수를 내보내고 있었다. 1960년대 서울의 도시화가 본격화되면서 인구가 급증하자 하수 설비의 확충은 필수였다. 따라서 복개 공사를 진행해 청계천을 덮는다고 해도 이러한 상황을 무시할 수 없었다.

이미 1962년부터 청계천에 하수처리장을 건설하려는 계획이 진행되고 있었다. 서울시는 우선 500만 원을 들여 기초조사를 수행하

1976년 준공된 청계천 하수처리장, 서울역사박물관 소장

고자 했다. 청계천 배수 구간의 하수를 물리적·화학적으로 정화한 후 하류로 내려보내 한강 일대의 수질을 정화하려는 계획이었다. 이는 제대로 진행되지 않다가 1963년에 들어서야 청계천 하구에 하수처리장을 건설하는 5개년 계획이 입안되었다. 그러나 하수처리장을 건설할 재원이 부족하다는 이유로 시행이 지연되다가 1967년에 이르러 겨우 기초공사를 시작했다.

하지만 민간자본을 적극적으로 유치해 청계천 복개사업을 본격화한 김현옥 시장 시기에도 하수처리장 공사는 매우 지지부진했다. 1966년에 이미 김현옥 시장은 서울 하수시설의 문제를 인식하고 있었다. 그러나 그는 '와우아파트 붕괴 사고'로 임기를 마칠 때까지 '전시 효과'가 뛰어난 도로 부설에만 행정력을 집중했다. 청계천 하수처리장은 1968년에 겨우 시비 3000여만 원을 들여 설계착수만 한 상태였다. 시비와 정부 융자금 등을 확보하지 못해 차질이 발생한 것이었다. 김현옥 시장은 "1970년부터는 30억 원을 하수도 사업에 투입하겠다"라고 공약했으나 1970년도 사업에서 전체 하수도 사업비는 그 절반도 되지 않는 12억 6500만 원으로 책정되었다.

도시계획에서 하수도 건설은 시민의 위생, 환경 관리와 직접 연관된 '기초 사업'이다. 따라서 서울시 행정에서 청계천 하수처리장 건설은 매우 중요한 사안이었다. 그러나 1960년대 서울시의 청계천 개발계획은 복개사업과 도로 건설에만 치중하는 경향을 보였다. 특히 김현옥 시장 시기에 그러한 경향은 매우 두드러졌다. 단기적인 개발의 관점에서 복개사업과 도로 건설은 '개발 자본'을 유치하고 눈에 띄는 성과를 내기 쉬웠기 때문이었다. 당시 서울시는 부지를 매각하거나

099

도로를 건설하고 상가를 건립하는 것이 자본의 생산성을 높여 주는 것이라 여겼다.

'서울이 아닌 서울'

근현대 서울의 역사 속에서 청계천 복개 문제는 행정가들의 골치를 썩였지만 언젠가는 이루어야 할 '숙원'이었다. 반면 그들은 '말끔한' 청계천을 조성하기 위해 행정을 집행하는 과정에서 그곳에서 삶을 꾸려 온 사람들을 애써 외면했다.

광복 후 청계천 변에는 무허가건축물이 급증했으며, 이는 식민지 시기보다도 더 빠른 속도로 진행되었다. 1949년 가을에 서울시는 청계천의 준천을 시도했으나 하천 위의 판잣집들 때문에 공사를 할 수 없었다. 심지어는 서울시마저도 청계천 변을 생계 대책이 막연한 인구를 수용하는 공간으로 여기고 있었다. 청계천 복개 '1차 계획사업' 시기인 1959년 초 을지로 6가는 철거 대상지가 되었음에도 경찰이 가건물 건축을 허용하는 웃지 못할 촌극이 벌어졌다. 말 그대로 '한쪽에서는 헐고 한쪽에서는 새로 짓는' 모습이 나타났다. 또 1960년대 초에 서울시는 내무부 지시에 따라 판잣집을 철거하기 위해 강경책을 시행하고자 했다. 그러나 이는 실행되지 않았다.

1960년대 중반 이후 청계천 복개사업이 본격화되면서 철거작업도 강경해졌다. 1966년에는 대한극장 앞과 청계천 사이 50미터 도로에 있는 무허가건물들을 철거했다. 철거 대상 세대수는 1010세대에

청계천 변 판자촌 전경, 노무라 모토유키
기증 필름, 서울역사박물관 소장

청계천 판자촌 철거 현장, 노무라 모토유키
기증 필름, 서울역사박물관 소장

달했는데, 그중 440세대만이 성북구 상계동으로 수용될 수 있었다. 특히 김현옥 시장 시기에는 각 하천 변에 있는 1만 1000호에 달하는 판잣집을 철거하기로 했다. 그리고 이 철거민을 경기도 광주군에 마련한 대단지로 이주시켜 정착하게 하겠다는 계획을 발표했다. 결국 해당 계획은 1971년 8월 10일 정부의 졸속행정에 반발해 일어난 광주대단지사건이라는 비극을 불러왔다.

한편 1969년 최협이 청계천 변 판자촌 마을에 하숙하면서 작성한 《판자촌 일기》를 보면, 이런 대목이 나온다.

이 둑방의 마장동 판자촌은 서울에 있지만 실제로는 서울이 아니다. 시골보다 좋은 점이 하나도 없고, 만일 시골보다 나은 점이 있다면 사람이 많다는 것이다.

이 대목은 마장동 판자촌에 사는 장씨 부인이 한 말을 옮겨 적은 것이다. 판자촌 생활의 애환이 담긴 이 말처럼, 청계천의 역사 속에서 철거민이 주체가 된 순간은 없었다. 판자촌은 서울에 있지만 서울이 아니었고, 청계천에 있지만 청계천이 아니었다.

청계천에서 이루어진 1960년대 말 '불도저식' 행정은 형태는 다르지만 2000년대에도 반복되었다. 단기간에 복개된 청계천은 오염 문제, 노후화 등의 부작용을 불러왔고, 이를 해결하는 일은 새로운 밀레니엄을 맞은 서울시 행정의 화두가 되었다. 그러나 다시 청계천을 복원하는 과정에서 청계천 위의 상인들은 삶의 터전을 빼앗기고 낯선 곳으로 상권을 옮겨야 했다. 복개된 청계천을 말끔히, 그리고 인공

적으로 복원하는 과정은 아이러니하게도 그 위에 조성된 삶의 터전을
다시 한번 앗아가는 일이 되고 말았다.

청계천, 복개된 삶의 공간

을지로

호텔
스카이라운지의
풍경

이진현

호텔은 19세기 철도와 여행이 발전함에 따라 종래의 여인숙과 귀족의 옛 저택으로는 숙박시설에 대한 수요를 더는 충족할 수 없어 도입되었다. 1829년 미국에서 최초의 현대식 호텔인 트레몬트호텔Tremont Hotel이 문을 열었으며, 20세기에 이르러 늘어나는 여행인구에 대응하기 위해 호텔은 더욱 많아졌다. 고급스러운 시설을 갖추고 부유층을 대상으로 영업을 하는 호텔과 철도역 주변에 허름하게 들어선 서비스가 부족한 소규모 호텔 사이에 중산층을 대상으로 한 호텔이 등장하기 시작했다. 호텔왕이라 불리는 스타틀러Statler는 근대호텔 서비스의 표준을 마련했으며, 상용商用호텔의 효시가 되었다.

우리나라 최초의 호텔은 인천의 대불호텔大佛Hotel이다. 대불호텔은 1880년대부터 일본인 호리 히사타로堀久太郎와 그의 아들 호리 리키타로堀力太郎가 운영했으며, 침내 객실과 다다미 객실을 갖추고 있었다. 그 외에도 중국인 이타이怡泰가 운영한 스튜어드호텔Steward's Hotel, 오스트리아계 헝가리인 스타인벡Joseph Steinbech이 주인이었던 꼬레호텔Hotel de Coree 등이 있어 개화기에 인천항을 통해 조선을 방문한 사람을 위한 숙박시설로 활용되었다. 1900년 무렵 서울에도 호

을지로, 호텔 스카이라운지의 풍경

텔이 들어섰다. 경운궁과 인접한 지역의 서울호텔Seoul Hotel, 경운궁 대안문 앞의 팔레(프렌치)호텔Palace Hotel과 임페리얼호텔Imperial Hotel, 그리고 서대문 정거장 부근의 스테이션호텔Station Hotel 등이 개업했다. 손탁은 1896년을 전후한 시기에 손탁호텔의 영업을 시작했고, 1902년에는 2층으로 된 서양식 벽돌 건물을 신축해 궁내부의 프라이빗호텔의 형태로 운영했다. 하지만 이러한 호텔들은 규모가 크지 않았으며, 서양식 숙박시설 그 이상의 의미를 갖지는 못했다.

식민 지배의 상징,
조선호텔

본격적으로 호텔이라고 부를 수 있는 최초의 호텔은 1914년에 건립된 조선호텔이다. 1911년 무렵부터 철도호텔이 계획되고 건립되었는데, 조선호텔의 규모와 위상은 다른 어느 철도호텔과 비교할 수 없을 정도로 압도적이었다. 지상 4층, 지하 1층에 60개의 객실을 갖춘 규모였다. 객실은 2~4층에 있었으며, 고급객실은 2~3층에 일반객실은 4층에 주로 배치되었다. 고급객실에는 개별적인 근대식 욕실과 화장실이 구비되었으며, 일반객실 이용객은 욕실과 화장실을 공동으로 사용했다. 부대시설로는 로비, 라운지, 집회실, 콘서트홀, 특별식당, 대식당, 보통 식당이 있었으며, 대식당과 보통 식당을 합치면 500명을 수용할 수 있는 규모였다. 미국에서 수입된 승강기를 갖추었으며, 난방·세탁·제빙을 위한 설비는 지하에 배치되었다.

조선호텔, 서울역사박물관 소장

원구단 부지를 철거하고 건립된 조선호텔은 단순히 상업적 목적이 아니라 식민 지배의 상징으로 활용하기 위해 건립되었다. 1915년 조선물산공진회에 방문한 외국 귀빈을 위한 숙소로 사용된 것을 비롯해 정무총감, 조선총독 등 식민지 정부의 주요 권력자가 활발히 사용했으며, 업무 회의나 각종 행사가 진행되는 등 조선총독부의 영빈관 역할을 했다. 1921년에는 부대사업의 하나로 용산에 골프장도 운영했다.

시간이 지나면서 민간부문의 이용객도 점차 증가했다. 조선상공회의소, 조선광업회, 조선의사회 등 민간협회의 사용이 빈번해져 1916년 5퍼센트였던 민간부문의 행사가 1924년에는 38퍼센트까지 증가했다. 1922년에는 류인갑이라는 시골 학교 교사가 조선호텔에 머물며 남대문통에 있는 여러 상점에서 1500여 원에 달하는 물건을 절도하고 호텔에서 지내다가 체포된 사건이 있었는데, 이로 미루어 처음 건립 당시와는 달리 일반인의 투숙도 드문 일이 아니었던 것으로 보인다.

이에 발맞추어 조선호텔은 1924년 로즈가든을 일반인에게 개방했으며, 1926년에는 상류층을 상대로 하는 기존의 영업방침을 변경하여 500명을 수용하던 식당을 일반객실로 전환하고 중산층을 흡수하려고 노력했는데, 이로써 경성여관조합의 항의를 받기도 했다.

오피스텔 형태의 상업호텔,
반도호텔

1938년 4월 1일 일본질소비료주식회사의 사장인 노구치 시타가우野口遵가 황금정 1정목에 건립한 반도호텔이 영업을 시작했다. 반도호텔은 지상 8층 111실 규모의 호텔로 임대용 상가와 사무실, 호텔이 한 공간에 있는 오피스텔 형태의 상업호텔이었다. 반도호텔은 조선호텔보다 규모가 큰 것은 물론이며, 동양에서 4번째로 규모가 큰 호텔이기도 했다. 호텔 운영 면에서도 위에서 언급한 스타틀러호텔의 상용호텔 양식을 도입해 일반인을 상대로 한 영업을 시작했다.

반도호텔은 1945년 해방 이후에는 미군정이 사용했고 정부 수립 이후에는 경제협조처(Economic Cooperation Administration, ECA) 사무실로 사용되기도 했다. 1949년 4월 20일 한·미 양국 정부의 공영과 협력을 상징하는 반도호텔 양여식讓與式이 반도호텔에서 거행되었다. 정부는 반도호텔을 미국에 증여했으며, 미국은 서울 내 별도의 호텔을 건축하는 비용 300만 달러를 기증했다. 하지만 1953년 한국전쟁의 휴전 이후 정부는 다시 반도호텔을 매입하여 1년에 가까운 기간 동안 수리를 했다.

폭격으로 훼손된 건물의 수리는 육군 제1201 건설공병단이 담당했는데, 당시 이 정도 규모의 공사를 진행할 중장비를 갖춘 민간회사가 없었기 때문이었다. 설계는 현대건축의 거장 미스 반 데어 로에 Ludwig Mies van der Rohe와 함께 건축을 공부한 시카고 출신의 노먼 더한Norman R. DeHaan이 담당했다. 노먼 더한은 한국전쟁 동안 미 육

을지로, 호텔 스카이라운지의 풍경

반도호텔, 서울역사박물관소장

수리를 마친 반도호텔, 서울역사박물관소장

군에 복무하며 도로를 건설하는 일 등에 참여했으며, 전쟁이 끝난 뒤 이승만 대통령의 보좌관으로 국가재건사업을 돕기도 했다. 프란체스카 여사와 친분도 있었던 것으로 알려져 있다.

재건공사에 사용된 자재는 주로 미국에서 수입되었으며, 세련된 미국식 디자인이 도입되어 동측 옥상에 스카이라운지가 만들어졌다. 입면이 모두 유리로 되어 있어 일명 '유리집'으로 불린 이곳은 당시 한국에서 가장 높은 반도호텔 내에서도 특별한 공간이었다.

반도호텔은 철저히 외국인을 위한 공간이었다. 호텔 저층의 임대 공간은 대부분 외국인 상회에 임대되었으며, 투숙객도 거의 외국인이었다. 물론 특권층의 한국인도 출입할 수 있었다. 호텔 내에서는 영어가 기본적으로 사용되었으며, 숙박비는 미국 달러로만 지불할 수 있었다고 한다. 스카이라운지 또한 외국인이 주로 이용했으며, 그들이 유리창 너머로 도심을 내려다보는 장면이 가끔 신문에 소개되기도 했다. 완전한 도심 내 이방 공간이었다.

1958년 5월 2일에 있을 민의원 선거를 앞둔 3월, 800여 명의 인사가 자유당의 공천을 신청했고 최종 230명을 선별하기 위한 공천심사가 반도호텔 스카이라운지에서 진행되었다. 휴식을 제공하는 스카이라운지가 공천심사장으로 사용된 것은 흥미로운 일이었다. 《경향신문》의 기사를 살펴보면 그날의 상황을 좀 더 자세히 알 수 있다.

한국에서 제일 높은 반도호텔 옥상에 유리로 지은 스카이라운지, 유리의 장막을 내린 채 자유당 당무위원들은 3일에도 제2차 공천심사를 속행 중이다. 맨 아래층 커피숍에는 도당위원장들이 기다리고 앉았다가,

을지로, 호텔 스카이라운지의 풍경

옥상에서 부름이 있으면 서류뭉치를 들고 올라간다. 면회는 물론 일절 사절, 반도호텔 근처를 서성거리는 공천 신청자들은 문자 그대로 높은 데 보좌寶座를 정한 고위층을 향하여 가슴속으로 두 손을 비비는 형편, 언제부터 자유당에 이처럼 '높은 사람들'이 생겼나? …

-《경향신문》1958년 3월 5일

… 800여 개의 애타는 가슴을 태운 호텔의 엘리베이터는 그들 전원을 심사실까지 싣고 올랐으나 그중 600은 낙천자라는 딱지를 등에 붙이고 9층 들창 밖에서 까마득한 지상으로 내던져졌다. 공천과 함께 민의원이 될지도 모른다는 순간의 꿈을 가진 낙천자들은 그야말로 낙동강 오리알 떨어지듯 아니 반도호텔 공천 떨어지듯 낙망의 구렁텅이로 떨어진 것이다.

-〈4291년도 새 속담 '반도호텔 공천떨어지듯한다'〉,

《경향신문》1958년 12월 21일

앞서 설명한 것과 같이 이 호텔은 외국인 전용으로 소수의 한국인을 제외하고는 출입할 수 없었다. 그 소수의 한국인 중 한 명이 이승만 대통령의 비서를 지낸 민의원 의장 이기붕이었다. 그는 이 호텔 809호실에 머물며, 자유당 간부회의와 여야 고위 간부 연석회의 등 주요한 의사결정이 이루어지는 회의를 진행하기도 했다.

1960년 4월 19일 반도호텔에서 대중시위를 조작하고 부정선거를 기획한 이기붕이 쫓겨났고, 이기붕이 떠난 809호실은 부통령 장면이 차지했다. 장면은 반도호텔을 집무실과 관저로 사용했는데, 1961년

5·16 군사쿠데타 당시 피신을 권하는 전화를 받고 황급히 떠날 때까지 주요한 정치적 의사결정을 하던 공간으로 활용했다. 정권은 바뀌었지만, 그들에게 반도호텔의 역할은 같았다.

발밑엔 도시의 야경, 실내엔 달콤한 밀어

1959년 7월 31일 조봉암 선생이 서대문형무소에서 형장의 이슬로 사라진 그날, 서울의 낮 기온은 섭씨 33도에 달했다. 사람들은 더위로 지쳐 갔지만, 반도호텔 스카이라운지는 에어컨에서 나오는 시원한 바람으로 실내온도 15도를 유지하고 있었다. 이곳에서 덕수궁을 내려다보며 시원한 맥주나 주스로 더위를 식히는 사람은 대개가 외국인이었으며, 여전히 영어와 미국 달러가 통용되었다.

하지만 외국인과 정치인만으로는 호텔의 경영을 이어갈 수 없었다. 수년간 적자는 계속되었고, 이를 타개하기 위해 1960년 일반인의 출입을 허용했고 우리 돈도 사용할 수 있게 했다. 스카이라운지에는 이방 지대를 즐기려는 시민이 하나둘 드나들었다. 때론 그 낯섦에 동화되기도 하고 때론 창밖으로 보이는 도심의 모습과 현실의 차이로 공허함을 키우기도 했다. 이러한 이미지는 반도호텔 스카이라운지가 당시 신문에 연재된 소설에서 주인공들이 찾는 주요한 장소로 언급되며 확대재생산되었다.

113

을지로, 호텔 스카이라운지의 풍경

그들은 반도호텔 옥상에 있는 스카이라운지로 올라갔다. 그리고 시청 앞 광장이 내려다보이는 곳에 자리 잡고 두 사람은 마주 앉았다. 지금 자기들이 돌아 나온 덕수궁도 바라보았다.

– 박계주, 〈장미와 태양〉, 《경향신문》 1960년 7월 18일

거리는 지금 한창 자동차와 사람의 내용으로 혼잡을 이루고 있을 무렵이었고, 골목과 골목, 집과 집 속에서는 악착같은 인간 생활이 순간의 쉬임도 없이 영위되고 있으련만, 이곳 반도호텔 8층 옥상에 서서 내려다보노라면 그것은 마치 무슨 벌레의 움직임과 같은 착각에 사로잡히는 거다. 득수는 이 착각이 착각임을 알면서도 때로는 자신이 악착같은 인간 생활에서 뛰쳐나가고 싶은 충동에 못 이겨 여길 올라오곤 하였다.

– 안수길, 〈부교〉, 《동아일보》 1960년 2월 10일

한석우와 송계영은 택시를 잡고 반도호텔 스카이라운지로 향했다. 택시 속에서 한석우는 또 물었다. "그날 밤이라니요? 경회원 파티날 저녁 말입니까?" "우리가 같이 만났던 게 그날 저녁밖에 더 있었어요?"

– 이호철, 〈인생대리점〉, 《경향신문》 1964년 2월 25일

반도호텔 스카이라운지의 명성은 그리 오래가지는 못했다. 일반인의 출입이 이루어진 지 채 5년도 지나지 않아 인근에 더 높은 뉴코리아호텔 공사가 진행되었기 때문이다. 반도호텔 스카이라운지에서 정동 쪽을 바라보면 덕수궁이 한눈에 들어왔는데, 이제는 뉴코리아호텔의 객실이 보일 뿐이었다. 뉴코리아호텔은 1965년에 개관했는데

1964년 1월 공사 중인 뉴코리아호텔, 서울역사박물관 소장

15층에는 스카이라운지도 자리를 잡았다. 사람들은 더 높고 새로운 곳으로 옮겨 갔으며, 소설 속 주인공도 그러했다.

택시가 시청 앞에 이르자 상오는 뉴코리아호텔 앞에서 차를 세웠다. 그리고는 호텔 안으로 들어가 엘리베이터 앞에 섰다. "어디루 가게요?" 초희가 물었다. "스카이라운지에 가서 밤서울을 내려다보며 저녁을 먹어." 그들은 십삼층 스카이라운지로 올라가 창가에 있는 자리를 잡았다. … "땅에서 기어 다니며 살지 말구 하늘에서 내려다보는 기분두 가끔 맛보며 살아야지."

― 박영준, 〈고속도로〉, 《동아일보》1969년 6월 17일

서울에 새로 등장한
관광코스

호텔롯데 전망대

호텔롯데 전망대 광고,
《동아일보》1979년 3월 30일

앰배서더호텔, 타워호텔 등 새롭게 개관하는 호텔들과 벌이는 경쟁은 더욱 힘들어졌다. 1970년 영원한 라이벌이던 조선호텔이 최신 시설을 갖춘 호텔로 다시 지어지자 반도호텔의 상황은 더욱 나빠졌다. 이러한 상황을 반영하듯 스카이라운지는 성매매, 퇴폐적 공연행위 등으로 영업정지처분을 받기도 했고 밀수한 양주 90병을 압수당

하기도 했다. 유흥업소로 지정되어 공무원의 출입이 금지되기도 했다. 높이 경쟁에서 뒤처진 결과였지만, 시련은 너무 빠르게 찾아왔고 사람들은 쉽게 잊었다.

1974년 국제관광공사가 소유한 반도호텔을 민영화한다는 정책에 따라 반도호텔은 41억 9800만 원에 호텔롯데에 매각되었다. 동양 최대의 호텔을 새로 짓는다는 계획에 따라 반도호텔은 허물어졌으며, 1979년 3월 10일 한국에서 가장 높은 38층 규모의 호텔롯데가 문을 열었다. 38층에는 전망대가 설치되었는데, 휴일에는 2000여 명이 몰릴 정도로 도심의 명소가 되었다. 또 하나의 스카이라운지였다.

을지로, 호텔 스카이라운지의 풍경

종로

거리의 주인은
누구인가?

박준형

서양식 거리를 거니는 백의의 조선인들

옛 왕궁 경복궁의 정문인 광화문, 그 앞에서부터 남대문에 이르는 50간 도로, 대한문에서 경성일보사 일대까지 정연히 포장된 근대적 도로…, 미키치는 도쿄에서 그중 어느 것에도 필적할 만한 것을 본 적이 없었다.

"아버지, 서양 같아요."

라고 말하자, 아버지는 잠자코 쓴웃음만 지었다. 혼고와 시타야, 아사쿠사 주변밖에 데리고 다닌 적이 없음을 떠올렸는지도 모른다….

우에노의 야마시타, 미야코자, 그리고 '세카이' 앞 주변은 비가 조금만 내려도 물을 들인 논과 같이 되었다. 궁성 앞 이외 어느 곳에 이렇게 넓은 도로가 있었단 말인가…. 게다가 궁성 앞은 흔히 말하는 도로가 아니다.

그 서양 같은 거리를 도무지 어울리지도 않는 백의의 조선인이 느긋이 걷고 있었다.

- 玉川一郎,《京城 鎭海 釜山》, 新小說社, 1951, 65~66쪽

119

종로에 들어선 서양식 건축물인 YMCA와 그 앞을 거니는 조선인들,
박현순 외,《코리안의 일상》, 청년사, 2009

재조일본인 출신 작가인 다마가와 이치로玉川一郎의 자전적 소설 《경성 진해 부산京城 鎭海 釜山》에는, 1917년에 경찰인 아버지를 따라 서울에 당도한 소년 미키치가 느낀 서울의 첫인상이 위와 같이 서술되어 있다. 미키치는 광화문에서 남대문까지 번듯하게 포장된 거리를 보고는 서양에 가 본 적도 없지마는 마치 서양과 같다고 감탄하지 않을 수 없었다. 어린 나이일지라도 제국의 수도 도쿄 태생인 미키치의 머릿속엔 은연중 '도시=일본(인)', '시골=조선(인)'이라는 고정관념이 자리 잡고 있었다. 그런데 그가 목도한 서울 풍경은 그와 크게 차이가 났다. 그뿐만 아니라 도시적 풍경 속 백의의 조선인은 너무나도 어색해 보였다.

그러나 이 거리에서 변한 것은 풍경이지 거리를 거니는 사람이 아니었다. 그럼에도 서양처럼 변해 버린 풍경과 식민자의 선입관이 결합하자 백의의 조선인을 어울리지 않는 존재로, 다시 말해서 이 거리에 있어서는 안 될 존재로 규정해 버렸던 것이다. 1910년 '한국병합'에서 불과 10년도 지나지 않은 시점이었지만, '주객전도'의 상황은 이렇게 무심한 듯 찾아왔다.

'주객전도'는 종로로 대표되는 서울의 이 거리에도 본래 주인이 있었음을 망각하게 하려는 식민권력의 정치적 기획이자 목표였다. 그렇다면 이 거리의 본래 주인은 누구였을까? 백의의 조선인이라고 간단히 말할 수도 있지만, 만약 주인이 주인임을 자각하지 못한다면 주인이라 부르기 어려울 것이다. 청일전쟁이 동아시아의 국제질서를 뒤흔들어 버린 1890년대 후반, 조선은 그 어느 때보다도 '자주독립' 논의가 공론화되어 '자주독립 시대'라고 부를 만한 시기를 맞이한다. 이와 같은 배경에서 거리의 주인에게도 새로운 이름이 부여되었는데, 그것은 바로 '전국인민'이었다.

당대를 대표하는 언론인 《독립신문》은 조선시대 집권자가 피통치자를 지칭할 때 사용하던 '민民'이나 '민인民人'보다는 '인민'이란 용어를 더 선호했다. '민'이나 '민인', 곧 '백성'이 주로 통치의 대상이자 온정의 대상인 수동적 존재로서 호명된 데 반해, '인민'은 상대적으로 의식 및 행위의 주체로서 언급되었다. 더구나 '인민'은 '전국'과 함께 쓰이면서 다음과 같이 '자주독립'을 실현해야 할 주체로서 자리매김 되었다.

> 나라가 독립이 되고 아니 되기는 한 사람에게 달린 것이 아니라 **전국인민**에게 달렸는데 아무 나라도 **전국인민**이 자주독립을 하고 싶어 자주독립이 되도록 주선을 하면 그 나라 안에 설령 한두 사람이 남에게 의지하기를 좋아 하더라도 필경 중론이 서는 법이라.
>
> — 《독립신문》 1897년 7월 27일 논설(강조는 저자)

《독립신문》은 창간호에서 발화 대상이 '전국인민'임을 분명히 했다. "우리는 첫째 편벽되지 아니한 고로 무슨 당에도 상관이 없고 상하귀천을 달리 대접 아니하고 모두 조선사람으로만 알고 조선만 위하며 공평히 인민에게 말할 터"이며, 또 "우리가 서울 백성만 위할 게 아니라 조선 **전국인민**을 위하여 무슨 일이든지 대언"해 주려 한다고 밝혔다. 《독립신문》에서 '전국인민'이란 이념이나 신분, 지역의 차이를 불문하고 전국 단위로 균질화된 국가의 구성원이었다. 그리고 그런 호명의 산물이라고 할 수 있는 '국민'은 주로 '내외'라는 단어와 결합했다. '내외국민'은 우리 '국민'과 다른 '국민' 사이의 경계를 상기시키면서도, 동시에 반대로 각 나라에 속한 '국민' 모두를 지칭함으로써 우리 '국민'을 다른 '국민'과 동등한 세계 일원으로 규정하는 역할을 했다.

1898년 정치적 격변의 중심에 있었던 만민공동회는 거리가 '인민'의 것임을 보여 줬다.《독립신문》에서 "길이라 하는 것은 상하귀천 물론하고 인민이 다 다니"는 곳이라고 말했던 것처럼, 종로 거리를 점유한 '만민'은 그들의 목적을 다음과 같이 밝혔다. "우리 만민은 다만 충군애국 네 글자의 목적으로 황권을 높여 독립의 기초를 튼튼케 하여 대한 강토를 억만 년 무궁히 전하옵시게 하도록 하자는 주의"라는 것이다. 또한《독립신문》의 창간자 서재필은 그러한 '만민'에게 애당초 "인민이 나라의 주인"이었던 기억을 되살리라고 주문했다.

그러나 완전한 '자주독립'이 앞으로의 과제였던 것과 마찬가지로, '전국인민' 또한 이제 막 형성되기 시작한 새로운 인간형에 지나지 않았다. '충군애국' 사상으로 무장한 '만민'은 사실 그 말뜻과 달리 모든 백성을 대표하지는 못했다. "전국인민의 백 분에 칠십 분은 자주독립이 당초에 무엇인지 모르는 백성"이었으며, 그런 탓에 "죽을 때까지 사주독립 권리를 보호하려 할 사람들이 있으려니와 그런 사람이 그렇지 아니한 사람보다 백 분에 일이 못 되"는 상황이었다. 그렇다면 그들이 모인 종로는 물론 전국의 모든 길이 '전국인민'의 것일 수는 없었다.《독립신문》에서 만민공동회에 참여한 사람을 '인민', 그 무리 밖의 사람을 '백성'으로 표현했던 것처럼, '백성'과 '인민' 사이의 간격

123

은 완전히 해소되지 못했다. 거리는 여전히 '백성'과 '인민', 그리고 또 다른 인간형이 경쟁하고 다투는 공간이었다.

'기계 문명의 단말마' 전차의 등장

1899년 5월 4일 전차 개통식 후 불과 반년 전까지만 해도 만민공동회의 '인민'들로 가득 메워졌던 종로를 따라 최초의 전차가 달리기 시작했다. 처음 계획한 노선은 종로 대로에 남대문을 연결하고, 또 동쪽으로 동대문에서 홍릉까지 연장하는 것이었다. 그러나 실제 노선은 1900년에 완전 개통한 경인철도 종착역인 서대문정거장과의 연결을 고려해서 남대문-홍릉이 아니라 서대문-홍릉으로 바뀌었다.

'자주독립의 시대'에 거리가 그러했던 것처럼 전차 또한 '전국인민'의 공간이었다. 전차 사업을 맡은 한성전기회사는 《독립신문》에 실은 〈전차 규칙〉을 통해 전차를 이용하는 기본방법을 일반에 소개하고, 그와 함께 전차를 이용하는 데 남녀노소와 상하귀천이 없음을 분명히 했다. 다만 전차 운행 초기에는 상등·하등의 차량 구분이 있었다. 상등에는 창과 문이 있었지만 하등은 지붕만 덮여 있는 개방형이었기 때문에 비바람을 막을 수 없었다. 이러한 서비스의 차이는 요금에도 반영되어 종로에서 동대문까지 가는 경우 상등과 하등 사이에 2전의 요금 차이를 만들었으나, 1910년 이후 개방형 전차가 상자형으로 교체되면서 이원적 요금체계는 사라졌다.

○한셩 뎐거 회샤 광고를 좌에 긔
지 ᄒᆞ노라

一 은 뎐거를 타고져 ᄒᆞᄂᆞᆫ 사름은
션로 線路 각 병문에 셔셔 기다
리다가 슈레 오ᄂᆞᆫ것을 보고 운
거슈 運車手나 혹 쟝거슈掌車手
의게 손을 들어셔 슈레 멈출
보혀 슈레 멈은 후에 탈 일이며

一 은 남녀로쇼 귀쳔이다 뎐거를
라되 다문 五셰 이하 아ᄒᆡᄂᆞᆫ 어
룬을 ᄯᅡ라 ᄒᆞᆫ씨 타거드면 뎐거
표를 의론치 말 일이며

一 은 슈레 표를 본회 스무쇼와 션
로 각쳐에셔 팔터이나 슈레타기
젼에 슈레 표를 살 일이며

一 은 뎐거를 탄 후에ᄂᆞᆫ 뎐거 표를
쟝거슈의게 ᄂᆡ여 주되 그 쟝거
슈가 그 표에 구멍 ᄯᅮᆯ를 반다
시 불일이며

一 은 뎐거 표를 사지 안코 감안히
라ᄂᆞᆫ 사름은 쟝거슈가 잡아 경
찰 순검의게 보ᄂᆡ여 벌금을 물
녀 밧을 일이며

〈전차 규칙(뎐거 규칙)〉,《독립신문》1899년 5월 2일

1900년대 종로와 피맛길,
홍순민 외,《서울풍광》, 청년사, 2009

《독립신문》은 이러한 전차를 '자주독립국'의 미래상 속에 그려 넣었다. 구체적으로는 "화륜선을 지어 세계 각국에 조선 국기 단 상선과 군함이 바다마다 보이며 국중에 철도를 거미줄 같이 늘어놓아 인민과 물화 운전하기가 편리하게 되며 도로와 집들이 변하여 넓고 정한 길에 공원지가 골목마다 있고 마차와 전기 철도들이 개미같이 왕래하"는 그런 세상이었다. 나아가 그때의 백성은 무명옷 대신 모직을 입고, 김치와 밥 대신 쇠고기와 빵을 먹을 것이라고 전망했다. 이처럼 '자주독립'은 서구문물의 수용을 통한 문명개화의 결과물로 간주되었다. 그리고 "철로가 생기면 필경 인민의 이목을 대단히 개명하여 진보할 마음이 날" 수 있을 것이라면서, 전차나 기차에 문명의 전도사와 같은 역할을 기대했다.

조선시대 법전에 규정된 큰길의 주된 용도는 '전국인민'의 시위 장소도, 전차를 위한 교통로도 아닌, 국왕 행차를 비롯한 국가의전의 무대였다. 따라서 치도의 주된 업무도 그에 대비하여 도로를 깨끗이 치우고 관리하는 일에 그쳤다. 그러나 '자주독립 시대'에 들어 큰길의 용도는 의전보다는 통행 및 상업 번성의 관점, 다시 말해서 의례보다는 기능의 관점에서 재인식되었다. 전차는 바로 이러한 배경에서 등장할 수 있었던 것이다.

그러나 큰길은 종래와 같이 권력 과시를 위한 의례적 공간으로도 계속 활용되었다. 대표적으로 1897년 10월 12일에는 원구단에서 고종의 황제즉위의식이 거행되었다. 황제가 된 고종은 이전과 마찬가지로 제례祭禮와 배릉拜陵을 위해 행행에 나섰다. 어가행렬은 기본적으로 조선 후기의 구도(도가 → 선상병 → 가전 시위 → 의장 → 어연 및 시위 → 수가 관원 → 후상군)를 유지하고 있었지만, 황제 어보의 전면화, 황금색 연의 등장, 황색 의장의 추가, 신식 복색과 무기를 겸비한 무력 배치 등을 통해 새롭게 탄생한 제국으로서의 위용을 떨치고자 했다.

큰길의 의례성은 속도와 편리를 내세운 전차와 대립할 수도 있었지만, 역설적이게도 전차의 개통 자체가 사실은 의례적 용도를 위한 것이었다. 즉 전차를 설치하면 고종이 홍릉(명성황후릉)으로 행차하기에 편리하고 비용 또한 절감할 수 있다는 것이 전차 부설의 명분이었다. 따라서 전차의 최초 노선은 홍릉이 위치한 청량리를 종착역으로 삼았다. 그러나 고종이 실제로 능행에 전차를 이용한 일은 없었던 것으로 보인다. 오히려 고종의 능행 때에는 전차 운행이 중단되었다. 《독립신문》은 '자주독립국' 미래상 속에 그려 두지 않았던 이와 같은 의전 형식의 변경을 정부에 요구했다. 구체적으로는 외국 사례를 들어 실상과 예식의 조화를 위해 행행 규모의 축소를 제안했던 것인데, 아이러니하게도 그것이 실현되는 것은 1909년 통감부 치하에서 실시된 순종의 순행에서였다. 먼저 각종 행행에서 각부 고등관원이 배종하는 예가 폐지되었다. 이어서 행행 의장이 개정되고 시위侍衛하는 인원 또한 대폭 축소되었다. 순종은 어가 대신 마차를 탔으며, 순행할 때에는 기차를 이용했다. 이로써 순종의 어가행렬은 《독립신문》이 말한 세계의 표준에 가까워졌으나, 그와 동시에 '자주독립 시대' 또한 그 마지막 장막을 내리고 있었다.

3·1운동, '전국인민'의 각성

《독립신문》의 '국민' 창출을 위해 기획된 '전국인민' 프로젝트는 앞서 언급한 바와 같이 미완성으로 끝났다. 그러나 '전국인민'이 일상의 두 터운 관성을 깨고 '대한독립만세(또는 조선독립만세)'를 외치며 거리의 진정한 주인으로 나선 때가 있었으니, 미키치가 거리의 조선인이 서양식 풍경과 어울리지 않는다고 말한 때로부터 2년 뒤, 곧 1919년에 일어난 3·1운동이 그것이다.

3월 1일 오후 2시 종로의 파고다공원에서 〈독립선언서〉 낭독이 있은 후, 공원에 모인 군중은 가두시위에 나섰다. 공원을 나선 시위대는 종로에서 두 갈래로 나뉘었다. 한쪽은 창덕궁 앞과 안국동, 광화문 앞, 서대문정을 거쳐 프랑스영사관에 이른 후, 다시 두 갈래로 나뉘어 서소문정을 향하거나 미국영사관, 대한문 앞, 장곡천정, 본정, 종로, 동대문을 차례로 지나갔다. 다른 한쪽은 종로 1정목 지점에서 다시 두 갈래로 나뉘었다. 한 갈래는 남대문정거장, 의주통, 미국영사관, 이화학당, 대한문 앞, 광화문, 조선보병대 앞, 서대문정, 프랑스영사관, 서소문정, 장곡천정, 본정 2정목을 따라 이동했고, 다른 한 갈래는 무교정, 대한문, 미국영사관을 지나 대한문 앞에 이르러, 일부는 광화문, 조선보병대 앞, 서대문정, 프랑스영사관, 서소문정, 장곡천정, 본정, 또 일부는 창덕궁, 안국정, 광화문 앞, 프랑스영사관, 서소문정, 서대문정, 영성문, 대한문, 장곡천정, 본정에 이르는 경로를 택했다. 시위의 목적이 '대한독립'을 선전하고 주창하는 데 있었던 만큼, 시위대는 종로, 광화문통, 태평통, 남대문통 등과 같은 서울의 큰길을 따라 이동했다.

거리를 메운 조선인에 대해 당시 일본인들은 시위에 참여한 대다수 참가자가 운동의 목적도 알지 못한 채 '부화뇌동'한 것일 뿐이라고 간주했다. 그들이 본 3·1운동은 어디까지나 일부 선동가들이 촉발한 우발적인 사건에 지나지 않았다. 그러나 거리에서 만세를 부르며 시위를 하는 행동은 분명 '자주독립 시대'의 정치 문화에서 유래한 것이었다. 더불어

〈서울시민 1919〉한국 공연 팸플릿

1919년 3월 1일부터 5월 말까지 국내외에 걸쳐 일어난 시위 건수만 총 1798건, 시위 참가자 수도 106만 7886명에 달했다는 점을 고려한다면,《독립신문》의 '전국인민'은 3·1운동 시기에 이르러서야 비로소 명실상부한 형태를 취했다고 말할 수 있다.

히라타 오리자平田オリザ가 재조일본인의 30년 가족사를 5편의 연작 연극으로 만들어 낸 〈서울시민〉온 이와 관련해서 흥미로운 장면들을 제공해 준다. 3·1운동을 배경으로 한 〈서울시민 1919〉에서는 3·1운동으로 심상치 않은 집 밖 거리 분위기와 그것을 계속 신경 쓰면서도 오로지 집으로 초대된 스모 선수의 거대한 몸집에만 과히 관심을 보이는 일본인 구성원들의 대화가 묘한 대조를 이루면서 식민지 지배

현실의 부조리를 부각한다. 그들 중 어떤 이는 조선인이 쇠고기를 먹는지 물을 정도로 조선에 대해 철저히 무지했다. 동시에 일본 본토에서 일하는 일본인 노동자를 보고 놀랄 정도로 식민지이기에 가능했던 우월감에 취해 있었다. 따라서 그들은 조선인 하녀들이 3·1운동 대열에 참여하기 위해 하나둘 사라지고 있어도 "쌀 소요 같은 게 났다고 해서 그 애들이 나갈 리는 없잖아", "우리 집에서 밥 잘 먹이고 있으니까"라며 사건의 진상을 전혀 파악하지 못했다. 그런데 이 연극에서 무엇보다 문제적인 것은 '서울시민'이라는 제목 자체이다. 일제 패망 후 한반도를 가리켜 흔히 '돌아갈 수 없는 고향'이라 말하는 재조일본인에게 조선인의 분노조차 이해하지 못한 그들이 진정한 '서울시민'이었는지를 묻고 있기 때문이다.

그렇다면 3·1운동 때 거리의 주인으로 나섰던 '전국인민'의 후예는 진정한 '서울시민'이 되어 있는 것일까.

일상이 된 러시아워, 그리고 유실물센터

3·1운동은 임시정부수립과 같은 성과들을 남기고 마무리되었으나, 그와 무관히 전차는 처음 등장한 때부터 계속해서 거리의 변화를 주도해 갔다. 전차 운행을 위해 거리 한쪽에 부설된 궤도를 따라서는 전신주가 설치되었다. 이후 교통사고 방지를 위해 우측통행을 비롯한 다양한 교통규칙 또한 마련되었다. 개통 초기만 하더라도 전차는 한

양도성의 성문을 통과하는 방식으로 운행되었는데, 순종 즉위 직후 〈내각령〉 1호로 구성된 성벽처리위원회는 남대문 북쪽 성벽을 시작으로 남대문 남쪽 성벽, 동대문 북쪽 성벽, 동대문 남쪽의 오간수문 등을 차례로 철거했다. 이에 따라 전차도 성벽이 헐린 자리의 길을 따라 문을 우회해서 운행했다. 1925년 도로개수사업 때에는 도로 양옆에 인도를 설치해서 차도와 구분하고 전차정거장도 새롭게 설치했다. 그리고 어느새 전차궤도는 도로의 중앙을 차지했다.

이제 거리의 주인공은 '전국인민'도 어가행렬도 아닌 바로 전차였다. 전차는 서울시민의 발로서 시민의 삶에서 빼놓을 수 없는 존재가 되어 갔다. 일제강점기 서울의 대중교통은 전차를 중심으로 하고 있었다. 본래 종로를 중심으로 청량리-마포-용산 등지를 연결하고 있던 전차 노선은 1910년대 초 청계천 이남의 일본인 거주지를 중심으로 재편되었다. 또한 1926년 총독부 청사가 새로 건립되면서 일본인 거주지역이 북쪽으로 확장됨에 따라, 전차 또한 새롭게 광화문선, 안국동선, 태평통선이 개통되었다. 그 사이 전차 승객은 1910년 하루 평균 8800여 명에서 1925년 9만여 명으로 15년 사이 10배 이상 증가했다.

그러나 전차의 차량 수는 같은 기간 2.5배 증가하는 데 그쳤기 때문에, 1920년대부터 전차에는 '만원'이라는 말이 붙기 시작했다. 그러나 한성전기회사의 후신인 경성전기는 이후에도 승객의 증가에 제대로 대처하지 못했다. 1936년 부역의 확장으로 경성부 인구는 67만 명이 되었고, 1940년에는 부역 확장 없이도 93만 명을 기록했다. 그에 비해 경성전기는 새로운 투자 없이 기존 노선 및 시설을 거의 그

대로 유지한 까닭에 심각한 교통난을 야기했으며, 전시체제는 이러한 상황을 더욱 악화했다. 1938년 현재 경성의 하루 전차 이용객은 평균 24만 명으로, 1930년대 경성 시내의 '러시아워' 현상은 이제 일상이 되었다.

요컨대 3·1운동은 거리의 주인 행세를 하고 있던 전차에 진정한 주인이 누구인가를 각인해 주었다. 그러나 '러시아워'가 상징하는, 길 위에서 반복되는 일상의 무게는 다시금 전차에 그 자리를 내주게 만들었다.

전차는 1945년 해방 후에도 변함없이 서울시민의 발이라는 사명을 다했다. 1960년대 후반에 들어 그 자리를 버스를 비롯한 자동차가 대신했고, 1970년대에는 영영 사라질 줄 알았던 전차가 종로의 지상이 아니라 지하에서 지하철 1호선으로 부활했다. 그 과정에서 시민은 큰길을 내주고 지하보도나 육교로 다니기를 마다하지 않았다.

1990년대 끝자락에는 이제 5호선까지 늘어난 서울지하철을 주 배경으로 삼은 드라마가 방영되기도 했다. 〈여명의 눈동자〉, 〈모래시계〉 등으로 유명한 송지나 작가의 옴니버스 드라마 〈러브스토리〉 중 3화 유실물 편의 여주인공(송윤아 역)은 지하철 4호선 충무로역 유실물센터에서 근무하는 인물로 나온다. 옛사랑을 잊지 못하던 여주인공이 그녀를 위해서라면 모든 것을 희생할 줄 알았던 지하철 운전기사와 새로운 사랑을 시작한다는 이 드라마의 '러브스토리'는 일면 진부해 보일 수 있지만, 유실물센터에 보관된 유실물들을 매개로 펼쳐지는 1990년대 서울시민의 일상은 오래되지 않은 과거에 대한 향수를 불러일으켜 주기에 충분하다. 그런데 여기에서 굳이 이 드라마를 꺼

내든 이유는 일상에 매몰된 서울시민의 모습을 재차 확인하기 위해서가 아니다. 아니 그보다는 드라마 내내 여주인공의 입을 통해 반복되는 다음의 대사가 주는 여운 때문이다.

잃어버린 것은 찾을 수 있다. 잃어버린 사람이 그걸 잃어버렸다는 걸 잊지만 않고 있다면 그럼 다시 찾을 수 있다. 그러니까 잊어선 안 된다. 내가 무얼 잃어버렸는지. 그걸 기억하는 동안은 그건 아직 내 거다.

그녀에게 옛사랑이 그랬던 것처럼, 만약 이 거리의 주인이 바로 나였다는 사실만 잊지 않고 있다면, 나는 다시금 이 거리 한가운데에 설 수 있지 않을까. 그렇다면 앞으로의 과제란 일상의 무게를 견뎌 내며 그 기억을 내려놓지 않는 것일 테다. 그것을 기억하고 있는 사람이 바로 이 거리의 주인이며, 서울의 대표 거리 종로는 그 기억을 보관하고 있는 유실물센터다.

동대문

DDP 아래에 묻힌
이야기들

유슬기

서울 한복판에 출현한 UFO,
DDP의 탄생

어릴 적 엄마와 함께 동대문 밀리오레 푸드코트에서 밥을 먹은 적이 있다. 테이블 옆 창문으로 동대문운동장이 내려다보였다. 그곳에서는 한창 고교야구 경기가 진행되고 있었다. '동대문' 하면 '옷을 사는 곳'이라고만 생각했던 나는 그때 처음 동대문운동장의 존재를 알았다. 그 후로 약 15년 뒤인 2008년, 동대문운동장은 사라졌다. 그리고 지금 그곳엔 마치 UFO를 연상하게 하는 커다란 은색 구조물이 들어서 있다. 동대문디자인파크Dongdaemun Design Park, DDP가 그것이다.

동대문운동장에 대한 용도 변경 논의가 시작된 것은 1995년의 일이었다. 1990년에 아트프라자가 들어선 후 동대문 지역에 초대형 패션몰이 대거 들어서면서 동대문 상권은 현대식 의류 도매상가로 도약해 나갔다. 한류열풍과 함께 외국인 관광객 수 증가로 의류 도매하면 동대문을 떠올릴 정도로 동대문시장을 찾는 방문객이 많아졌다. 이때 동대문시장 상인과 전문가 등으로 구성된 '동대문포럼'은 동대문 지역에 방문객을 위한 쾌적한 환경이 마련되어 있지 않다며 동대문운동장을 공원으로 만들자는 목소리를 내기 시작했다. 여러 해에 걸쳐 동대문운동장을 공원화하기 위한 논의가 진행되었고, 이것이 곧 DDP 건설 사업으로 이어졌다. 민선 3기(2002~2006) 이명박 전 서울시장이 동대문운동장 활용방안에 대해 논의해 왔다면, 민선 4기(2006~2010) 서울시장이었던 오세훈 시장은 서울시 발전전략으로 DDP 건설계획을 세우고 공사를 시작했다. 그는 DDP를 통해 강북지역 상권을 살리고, 동대문 주변 패션업계의 산업경쟁력을 강화하며, 디자인 산업을 육성하고자 했다. DDP는 그가 시정의 표어로 삼은 '디자인 서울'의 상징물과도 같았다. 2007년 서울시가 발간한 〈도심재창조종합계획〉에 동대문운동장 공원화 사업의 기본구상이 제시됨으로써 공원화 사업은 본격화되었다.

동대문운동장 부지에 새로운 건축물과 공원을 조성하기에 앞서 문화재 조사가 이루어졌다. 문화재 조사는 대상지에 대한 문헌자료를 수집, 현장 예비조사와 함께 정밀 지표를 조사한 뒤 발굴 작업에 들어가는 순서로 진행되었다. 2006년에 진행된 문화재 조사작업을 통해 하도감과 이간수문, 성곽, 치성이 있던 자리임을 확인했다. 이를 토대로 2007년 12월에 일단 야구장 구조물을 철거하고 시굴조사를 했다. 이어서 2008년 5월에는 축구장마저 철거하고 해당 부지에 대해서도 시굴조사를 진행했다. 이때 생각지 못한 수많은 조선시대 유물이 발굴되었고, 경성운동장 건설 과정에서 사라졌을 것이라 예상했던 이간수문과 치성 등 조선시대 유적도 대거 발견되어 추가적인 발굴 작업이 이루어졌다. 이 과정에서 주변 상권의 특성을 나타내는 '종합디자인 신업지원시설'에 '다목적 시민공원'을 유치하고자 했던 본래 사업 목표를 '역사문화공원'으로 바꾸고 건축물의 설계 또한 그것에 맞게 변경했다. 그 결과 동대문역사문화공원 야외에 서울성곽과 이간수문을 복원하고, 조선시대 유구 전시장과 동대문운동장 관중석을 남겨 두었으며, 동대문 역사관과 동대문운동장 기념관, 이벤트홀·갤러리로 구성된 전시 시설을 두었다. 그리고 2014년 DDP는 문을 열었다.

해방 이전의 역사 지층

서울은 다른 도시와는 다르게 조선시대부터 대한제국을 거쳐 현재에 이르기까지 오랜 기간 수도의 자리를 지켜 왔다. 그 때문에 도시 곳곳에는 다양하고 의미 있는 이야기가 첩첩이 쌓여 있다. DDP 아래에 묻힌 이야기들은 이러한 서울의 역사적 층위를 확인할 수 있는 대표적인 사례로 꼽을 수 있다.

동대문운동장 부지에는 본래 축구장을 가로질러 서울성곽이 지나고, 야구장 자리에는 하도감이 있었으며, 그 밖에도 앞서 언급한 것처럼 이간수문과 치성을 비롯한 염초청, 체성벽, 훈련원 등이 자리하고 있었다.

먼저 사적 10호로 지정된 서울성곽에 대해 살펴보자. 서울성곽의 축성과 관련한 기록은 조선 태조, 세종, 숙종, 그리고 영조와 고종 시기에 찾아볼 수 있다. 태조 때 도성을 일차적으로 축조하고, 세종 때 성곽의 수축공사를 거쳤다. 이후 임진왜란과 병자호란으로 국방 의식이 높아짐에 따라 숙종 때 다시 도성을 수축하고 산성을 축성했다. 영조와 고종 시기에도 도성 수비 문제로 일부 무너진 구간을 수축하며 수비를 확고히 했다. 이처럼 서울성곽은 오랫동안 쌓아 올리고 보수하기를 반복하여 완성된 건축물이었다.

수문은 성곽을 축조하는 과정에서 치수를 위해 마련된 수구시설이다. 지형적으로 동대문과 광희문 사이가 서울 도성 안에서 가장 낮은 지역이었기 때문에, 1396년 도성을 축조할 때 이간수문을 함께 설치했다. 이는 서울성곽에 있는 유일한 수문이었다. 치성 또한 흥인지문과 광희문 사이의 낮은 지형으로 인해 만들어진 시설물 중 하나로, 수비를 위해 성곽보다 더 높이 성벽을 쌓아 올려야 했다.

한편 하도감은 임진왜란 중인 1593년에 수도 방위와 왕의 시위, 지방군의 훈련 등을 위해 신설된 훈련도감의 분영으로서 조총고, 궁전고, 화약고 등과 같은 창고 시설을 포함했으며, 무기와 화약을 제조하는 역할을 담당했다. 1881년 별기군 창설로 구식 군대가 해산된 후 일본 교관이 별기군 훈련장소로 사용하였고, 1882년 임오군란 때에는 청나라 군대가 주둔해 있던 장소이기도 하다. 또한 나라를 빼앗긴 일제강점기에 들어서는 이미 쓸모를 다한 하도감을 대신해서 훈련원 공원이 조성되었다.

1925년에 일제는 히로히토裕仁 황태자의 결혼을 기념하기 위해 경성운동장을 설립했다. 구릉지로 된 이곳의 지형을 활용해 관람석을 설치하면 대규모의 체육시설 건설이 가능할 것으로 판단되었다. 결과적으로 육상경기장과 야구장, 정구장, 수영장, 경마장, 녹지를 갖춘 이 운동장은 수용인원 2만 5800여 명에 7만 5000제곱미터 규모로, 일본

효고현 니시노미아에 있는 고시엔甲子園에 이어 제국 일본 내에서 두 번째로 큰 종합경기장이 되었다. 이를 통해 일제는 조선인의 관심을 스포츠로 돌려 항일의 기운을 꺾고자 했다.

경성운동장 설립 후 한국인들은 스포츠 경기에 대한 갈증을 해결할 수 있었다. 그뿐만 아니라 한국인의 각종 체육행사를 경성운동장에서 개최하기도 했다. 처음에는 일본 측이 개최해 일본인과 공동으로 참여하는 체육행사가 주를 이루었으나, 점차 1920년에 출범한 조선체육회를 중심으로 전조선야구대회, '연보전'(연희전문학교-보성전문학교), 그리고 1929년에 조선일보사 주최로 시작된 경평축구가 한국의 규모 있는 체육행사로 발전해 나갔다.

한국인은 일찍부터 종합운동장의 필요성을 깨닫고 있었다.

… 현대 운동경기는 금전을 요합니다. 돈이 없으면 기구도 살 수가 없습니다. 그 외에 여러 가지 일을 하기가 어렵습니다. 그런고로 될 수만 있으면 각종 운동을 물론하고 한 가지를 주장 삼아 한 단체를 조직하면 상당한 기금을 두고 각 단원에게 큰 곤란이 없도록 하는 것이 좋겠지요. 그러나 지금 우리나라에서 가만히 보면 운동하는 사람들이 너무 지불능력에 무관심한 것같이 보입니다. … **우리는 운동장을 경성 안에 가져야하겠습니다. 이것은 각 단체가 일치협동해서 노력해야 될 줄 압니다.** 조선민족아, 국제적으로 교통이 극히 빈번한 오늘날 이 민족적 치욕의 기록의 하나를 어서 하루바삐 말살합시다. 이번 미군의 내방으로 더욱 통절히 느꼈습니다. **금년에야말로 하나 꼭 실현합시다.** …

– 〈운동계의 회고와 희망〉, 《동아일보》 1923년 1월 1일 (강조는 저자)

비록 일제가 건설한 운동장이지만, 한국인은 자신들이 필요로 했던 운동장을 갖게 된 것으로 생각하고 운동계 양성에 힘썼다. 우민화 정책의 하나로 만든 운동장이 민족정신의 분출구로 활용되어 가는 모습을 보이자, 일제는 1932년에 학생 야구를 제한했다. 한국인에게 경성운동장은 스포츠를 통해 민족의 긍지를 나타내 일본인을 제압하고자 하는 항일민족투쟁의 장이었다.

해방 이후의 역사 지층

해방 이후 경성운동장은 서울운동장으로 개칭되었다. 1984년에 잠실종합운동장이 건설되기 전까지 대규모 인원을 수용할 수 있는 몇 안 되는 시설 중 하나였던 서울운동장은 체육행사는 물론 국가 차원의 기념식과 정치적 집회와 같은 행사를 치르는 공간으로 이용되었다. 예컨대 여운형과 김구 등 민족지도자의 장례식도 서울운동장에서 거행되었고, 3·1운동 기념행사도 이곳에서 개최되곤 했다.

1945년에 조선체육회 주도로 서울운동장에서 개최된 전국종합경기대회는 이전까지 일제가 압제한 체육대회의 맥을 다시 이어나간 행사였다. 또한 조선체육회에서 명칭을 변경한 대한체육회는 1948년 8월 15일 대한민국 정부 수립을 기념하는 체육대회를 서울운동장에서 열었는데, 후에 이것이 '전국체육대회'로 발전했다. 전국체육대회는 1950년 한국전쟁 발발로 중단되었다가 1953년 휴전 후 다시 개최되었다. 당시 스포츠 경기는 한국전쟁으로 입은 심적 피해를 달래 주는 역할을 했다. 박정희 정권 때에는 국가 주도로 스포츠 중흥정책을 펴서 중요한 체육행사와 기념행사가 서울운동장에서 열렸다. 그리고 체육시설의 국제화를 위해 대대적인 보수공사를 진행했는데, 이때 야구장이 모습을 드러냈다.

서울운동장 시기의 대표적인 경기는 박스컵 축구대회였다. '붉은 악마'를 떠올리는 축구 응원의 기원이 여기에 있다는 말이 있을 정도로, 서울운동장은 축구 종목의 대표장소로 자리매김했다. 고교야구 또한 인기를 끌면서 고교야구의 중심지로서도 서울운동장은 그 역할을 다했다.

1986년 아시안게임과 1988년 서울올림픽 개최를 준비하면서 1984년에 잠실종합운동장이 건립되었다. 이후 잠실운동장이 서울운동장의 기능 중 상당 부분을 대신했다. 그와 함께 서울운동장은 한국의 대표 스포츠시설이자 종합운동장으로서의 지위를 잠실운동장에 넘겨주었으며, 명칭 또한 동대문운동장으로 변경되었다. 동대문운동장은 부흥의 길을 찾지 못한 채 학생 스포츠 경기만 열리는 운동장으로 전락해 버렸다. 급기야 2003년에는 동대문축구장에 청계천 복원 사업으로 밀려난 노점상인이 들어와 풍물시장을 형성했으며, 일부 부지는 주차장으로 활용되었다. 이에 따라 동대문축구장은 운동장으로서의 기능을 완전히 상실했다.

야구 경기는 꾸준히 개최되었는데도, 시설이 노후하고 고교야구에 관한 관심이 저하해 2007년 서울시 고교야구 가을철 리그 결승전을 끝으로 동대문야구장에서도 더는 경기가 열리지 않았다. 2005년 동대문운동장에 대한 기능 변경 계획이 수립된 후에도 야구장 이용을

143

지속하려 했으나, 선수들에게 무리가 갈 정도로, 그리고 이용객에게 불편함을 줄 정도로 경기장 시설은 열악했다.

최근 LG와 두산은 역사 속으로 사라지는 서울 동대문야구장에서의 고별경기를 추진하고 있다. … 하지만 일각에서는 잠재된 부상 위험에 대한 우려의 목소리가 높다. 17일 잠실 LG-삼성전에 앞서 LG 더그아웃을 찾은 이종도 KBS N 해설위원은 "역사적인 동대문구장이 사라지는 것은 무척 아쉬운 일이다. 하지만 그렇다고 감정적으로 동대문 고별경기를 추진할 문제는 아니다"라고 보다 현실적인 접근을 강조했다. 2006년까지 7년간 고려대 감독으로 동대문구장을 '애용'했던 이 위원은 **"인조 잔디가 거의 콘크리트 수준이라 잘못되면 크게 다칠 수도 있다. 더그아웃 사정은 더 심각해 선수들이 모두 경기 내내 서 있어야 할 정도다. 화장실 등 시설도 열악해 관중들도 불편하기는 마찬가지"**라고 지적했다. … LG와 두산이 고별경기 상대 팀으로 지목한 삼성도 마찬가지. 삼성 선동열 감독은 "물론 취지는 좋다. 하지만 선수들이 다칠 수도 있고, 몸을 사리느라 제대로 된 경기를 보여 주기도 힘들다"라고 반론을 제기했다. …

– 〈동대문구장 고별경기 현실적 접근 필요〉,

《한국일보》 2007년 8월 17일(강조는 저자)

위의 기사에서 알 수 있듯이, 경기장 시설은 더는 사용이 힘들었다. 새로 지어진 경기장을 두고 굳이 이곳에서 경기를 개최할 이유가 없었다. 동대문운동장은 그 이름만 남아 있을 뿐 운동장으로서의 기

DDP 항공사진,
서울시 항공사진

DDP 아래
동대문운동장

동대문운동장

동대문운동장 아래
조선시대 유적

이간수문

하도감

한양도성

능은 이미 오래전에 상실한 상태였다. DDP 건축 사업이 결정된 후 2007년에는 야구장이, 2008년에는 축구장이 철거되었다. 이로써 경성운동장에서 시작해서 서울운동장을 거쳐 온 동대문운동장의 역사는 막을 내렸다.

DDP 주변의 또 다른 역사, 동대문시장

동대문운동장 공원화 사업이 '역사문화공원'으로 사업 목표를 변경한 것은 DDP가 세워진 땅 아래의 역사적 지층들을 보존하고 기억하기 위함이었다. 현재 DDP는 역사 자원을 복원하고 전시함으로써 공간의 역사를 끌어안은 채, 다시금 패션과 디자인을 주제로 21세기 동대문 지역의 새로운 역사를 만들어 가는 중이다. 그렇다면 DDP 건설을 추동하는 힘이었던 동대문 주변 패션산업이 지나온 역사는 어떨까?

　DDP 주변을 둘러싼 동대문시장의 유래는 정확히 밝혀진 바가 없으나 조선시대 이현시장이 그 기원 중 하나로 지목된다. 이현시장은 18세기 중엽 현재의 혜화경찰서 부근에 형성된 시장으로서, 당시 종로 육의전, 남대문 밖 칠패시장과 함께 한양의 3대 시장으로 불렸다. 육의전의 경우 한양이 조선의 도읍지로 정해진 때부터 상류층을 대상으로 형성된 시장이었기 때문에 대부분 낮 시간에 판매가 이루어진 반면, 칠패시장과 이현시장은 주로 새벽 시간을 이용해서 농수산물을 거래했다. 이곳에는 동대문을 통해 종로로 들어오는 상인뿐 아니라,

당시 북쪽의 대문 역할을 하던 혜화문을 통해 들어오는 상인도 모여들었기 때문에 그 위치가 시장을 형성하기에 적합했다. 1894년 갑오개혁으로 시전상인의 보호막이 되어 주던 금난전권禁亂廛權이 폐지되면서 다양한 상인이 종로와 동대문 등지에서 상권을 형성해 갈 수 있었다. 특히 동대문 주변에 있었던 훈련원과 하도감은 동대문 일대 시장이 포목 거래로 부상하는 데 일조했다. 왜냐하면 그 소속 군관 및 하급 병사는 종종 옷감으로 급여를 지급받기도 했는데, 시장 인근에 거주하면서 그것을 내다 팔아 옷감 거래를 촉진했기 때문이다. 종로 주변의 포목상은 일본과 영국에서 면직물을 수입해 팔기도 했으며, 전국 각지를 상대로 한 포목 도매업 또한 성행했다. 1899년에는 서대문에서 동대문을 지나 청량리로 운행하는 전차 노선도 개통되면서 종로와 동대문을 연결해 상권을 더욱 키워 나갈 수 있었다.

조선 내에서 일제의 영향이 커지자 일본인은 점차 현재의 을지로와 충무로 일대에 터를 잡고 인근 남대문 칠패시장으로도 세력을 넓혀 가기 시작했다. 한편 동대문의 이현시장은 전차 노선 변의 도로를 정비한다는 이유로 철거 위기에 직면했다. 1905년 이현시장의 거상 박승직을 비롯한 종로와 동대문 일대의 상인은 '광장주식회사'를 설립하고 현재의 광장시장 위치인 종로 4, 5가 청계천 변에 새롭게 자리를 잡았다. 이 시기에 설립된 광장주식회사 시장을 동대문시장의 출발점으로 보기도 하는데, 그것은 이 일대 시장이 광장시장, 동대문시장, 그리고 이현시장으로도 불렸기 때문이다. 이후 1920~1930년대 광장시장은 종로 일대의 발전과 더불어 근대적인 상가의 모습을 갖춰 나갔으며, 동대문 포목상이 도소매를 겸하면서 일본 면직물 수출 근

147

거지로 주목을 받았다.

　해방 후 적산敵産으로 분류되었던 남대문시장과 달리, 조선인의 순수 자본으로 발전해 온 광장시장은 더욱 호황을 이루었다. 그러다가 1950년 한국전쟁 발발 후 광장시장 주변으로 무허가 시장이 들어서면서 점차 동대문 쪽으로 영역이 확대되었다. 사람들은 이렇게 청계천 변을 따라 이어진 기존 시장과 무허가 시장을 통틀어 동대문시장이라 불렀는데, 그에 따라 동대문시장의 상징성이 퇴색한 광장주식회사는 동대문시장 대신 광장시장을 대표이름으로 사용했다. 또한 전쟁으로 구호 의류가 유입되면서 시장의 성격도 포목, 옷감 등을 취급하는 의류도매시장으로 바뀌었다. 1961년에는 복개한 청계천 자리에 평화시장이 들어섰고, 1969년에는 통일시장과 동화시장, 성동상가가 세워졌다. 1968년 전차 운행이 중단됨에 따라, 1970년에 전차 노선이 있던 자리에 현대식 건물인 동대문종합시장이 들어섰다. 이로써 동대문 일대 상권을 장악하려는 경쟁이 치열해졌고, 결과적으로 의류와 직물이라는 특정 품목이 동대문시장을 지배했다.

　1970년대에 동대문시장은 원단을 판매하는 역할에서 기성복 시장으로 변화해 갔다. 정부 차원의 섬유산업 육성 정책으로 섬유의 자급자족이 가능해지자, 저가의 섬유가 공급되고 시장에서 만드는 생산 품목의 폭도 넓어졌다. 1980년대에 들어서는 동평화시장, 제일평화시장, 홍인시장, 남평화시장, 광희시장 등 여러 상가가 생겨나 국내 최대 규모의 의류도매시장을 형성했으며, 의류 수출기지로 활용되기 시작했다. 1990년 신설 도매상가인 아트프라자가 생기면서 이제 의류도매업계 최강자로 꼽히던 남대문시장을 뛰어넘었다. 1998년 '밀

1962년 동대문시장, 서울특별시 소장

동대문디자인파크가 들어선 뒤 동대문 풍경
ⓒ한국관광공사 사진갤러리-황선영

리오레', 1999년 '두타'의 오픈은 동대문시장의 대규모화와 현대화를 더욱 촉진했다. 1997년 IMF 경제위기에도 계속해서 호황을 누리던 동대문시장은 디자인-생산-판매가 이루어지는 패션산업의 네트워크를 형성해 '시장'의 이미지를 탈피한 패션산업의 중심으로 떠올랐다. 2000년대에도 대형 쇼핑몰이 대거 들어서고 온라인 쇼핑시장이 생겨나면서 동대문시장의 도매 상권은 성황을 이루었다.

공간의 고고학

2000년대까지만 해도 우리는 역사문화자원에 대한 인식이 부족했다. 동대문운동장을 떠나보내고 DDP를 맞이하는 과정에서, 개발과 보존이라는 논란 속에서 비교적 오래되지 않은 근대문화유산에 대해서도 그 가치를 인정해야 하며, 또 그것을 어떻게 보존하고 활용할 것인가를 학습했다. 문화재의 보존 및 복원에 크게 관심을 두지 않았던 지난 과거와 비교하면, 발굴된 역사 흔적을 무시하지 않고 보존하고자 한 것은 분명 역사문화자원을 대하는 태도의 진일보한 모습이었다. 그럼에도 아직 많은 문제가 남아 있다.

공사 도중 예상했던 것보다 많은 양의 조선시대 유물이 발견되었고, 기록으로만 존재할 것으로 생각했던 이간수문과 기타 조선시대 건물들의 터가 드러나면서, 설계를 변경하고 그에 따라 예상했던 공사비용의 두 배가량이 더 투입되었으나, 변경된 설계는 유물과 유적들의 역사성을 온전히 담아내지 못했다. 하도감터와 일반 집터, 가마터 등이 성곽 밖에서 발굴되었는데, 변경된 설계에서는 이것들을 성곽 안쪽에 유구 전시장을 두어 이전하는 것으로 했다. 유구는 옛 건축물이 남아 있던 구조나 흔적을 말하는데, 이것은 그 자리에 있어야만 장소적 의미를 지닐 수 있다. 더욱이 도성 안과 밖은 그 의미가 확연히 다르다. 그뿐만 아니라 성곽 복원도 원래대로 한다면 이 지역은 다른 곳에 비해 지대가 낮아 성벽이 더욱 높게 치솟아야 했지만, 복원된 성곽은 DDP 건물과 조화를 이루기 위해 성벽 높이가 낮추어졌다. 성인 키에도 미치지 못하는 성벽이 과연 서울성곽의 복원이라 할 수 있을까.

또한 그때 당시 역사성에 대한 고민이 DDP가 세워진 공간에 한정되었다는 아쉬움도 있다. DDP 아래에 묻힌 지난 이야기들은 유구 복원이나 조형물 보존, 기념관 개관 등을 통해 기억한다 하더라도, DDP 주변 동대문시장의 길고 오래된 역사는 얼마나 담아내고 있는가. 애당초 동대문시장을 대표하는 패션산업과 연계해 시너지 효과를 발휘할 목적으로 만들어진 DDP인데 말이다.

다시 말하지만 서울은 오랜 역사를 이어 왔기 때문에 도심부 모든 공간에 여러 시대의 역사 지층이 존재한다. 역사도시 서울이기에 하나의 건축물을 보면서도 과거부터 현재까지 우리가 생각해야 할 이야기는 이렇게나 많다.

2

현장의

삶

황학동

가난 속에서
버텨 낸 삶,
공동묘지에서
만물시장으로

김윤미

한양도성 동남쪽의 작은 문 '광희문', 이 문은 가까이에 청계천이 흘러나가는 수문水門이 있어 속칭 수구문이라고 했으며, 도성 내 시신을 성 밖으로 옮길 때도 사용해서 시구문屍口門이라고도 불렸다. 도성에서 광희문 밖을 나서자마자 마주치는 청계천 변 지역은 낮고 습해서 사람도 거주하기 힘들고, 나무도 스스로 자라기 힘들었다. 단지 겨울 한 철, 나무에 앉지 못하는 두루미만이 고요히 잠시 머물다 가는 땅이었다. 광희문 밖 황학동. 낮고 습해 쓸모없던 그곳이 1970년대 만물시장, 도깨비시장, 중고시장 등 다양한 수식어로 불리기까지, 어떤 일이 있었던 것일까.

동교의 성저십리에서 가장 낮고 쓸모없던 지역, 이름 없는 묘지로 뒤덮이다

도시화에 따른 거주지의 팽창으로 나타난, 도시 바깥쪽에 있는 지역과 촌락의 점이지대漸移地帶를 '근교近郊' 또는 '교외郊外'라고 한다. 근

157

대 서양 이론에서 등장한 'suburb(준도시)'가 전통 공간인 교郊에 대입되면서 비슷한 의미로 혼용되는 말이다. 우리나라의 교 지역은 근대 이전 도성 중심의 권역 체계 속에서 이미 존재하던 공간의 이름으로, 도성을 둘러싼 100리 이내를 교, 성 밖 50리까지를 근교라 했고, 조선 시대에는 이를 좀 더 구분해서 한양도성의 성 밖 10리 이내를 성저십리城底十里라 했다.

'광희문 밖'이라고 불리던 이 지역은 동교東郊 성저십리 권역의 한 부분이다. 성저십리에는 금표禁標가 설치되어 한성부의 규제관리를 받았는데, 함부로 벌목할 수도, 식물과 흙과 돌을 채취할 수도, 작물을 재배할 수도, 묘지를 쓸 수도 없었다. 허가가 있는 경우에만 식물을 채취하고, 채소와 과일을 생산해 도성으로 공급할 수 있었다. '광희문 밖'인 이곳은 그러한 생산력도 갖출 만한 환경이 안 돼서 다른 곳과는 달리 자연경관에 특색이 있었고, 도성의 보호막처럼 존재할 뿐이었다.

변화는 18세기를 전후로 일어났다. 각종 재해 등으로 발생한 기근 때문에 한곳에 머물지 못하고 떠돌아다니는 유랑민이 증가한 시기였다. 이들은 전쟁 이후 허술해진 도성 관리와 규제를 틈타 도성 밖 외진 곳이나 관리들의 시선에서 벗어난 곳에서 연명했고, 광희문 밖은 맞춤인 장소였다. 유민은 양식을 구하기 위해 농산물과 같은 식재료를 비롯해 일상생활에 필요한 갖가지 물건을 도성에 공급하는 일을 함으로써 도성민의 삶에 기여하기도 했지만, 한편으론 질병과 빈곤의 요인으로 인식되기도 했다.

이에 대한 대응책으로 설치된 것이 빈민의 구휼을 담당하는 기관인 활인서였다. 조선 초기 설치된 활인서는 한동안 유명무실하다가, 18세기 중반 서울 주변으로 유민이 몰려들자 이들이 주로 머물던 광희문 밖에 이전 설치되었다. 활인서는 일반 의료 활동 이외에도 무의탁 환자를 수용하고, 전염병이 발생했을 때는 병막을 가설하여 환자를 간호하며 음식과 의복·약 등을 배급하기도 하며, 또한 사망자가 있을 때는 매장도 담당한 기관이었다. 그렇게 활인서가 설치되자 광희문 밖은 습지에 인접한 구릉부터 듬성듬성 묘지가 들어서기 시작했고, 일대는 이름 없는 묘지로 뒤덮인 공동묘지처럼 변해 갔다.

공동묘지 구역이 위치, 면적 등의 규정을 통해 근대적 제도 안으로 들어온 것은 1912년이었다. '허가번호 6. 남부 명철방 수구문 외', 〈묘지·화장장·매장 및 화장에 관한 규칙〉을 통해 마련된 광화문 밖 묘역의 위치였다. 명확히는 '내지인'의 화장장 및 묘지로 공표된 것이었다. 1910년 국권피탈로 일본인의 경성부 이주가 본격화되면서 그들의 생활을 지원하는 기반 시설 중 하나로 들어선 것이었다. 이는 기존에 있던 조선인 공동묘지의 남쪽을 사용하는 것이었고, 그렇게 되자 광희문 밖 일대는 '신당리 공동묘지'로 불렸다.

신당토지구획정리사업에서 제외된 묘산동 토막촌

일제강점기에도 유민은 계속 증가했다. 다만 그 주된 요인이 이전과 달리 일제 동양척식주식회사의 토지수용방식에 따른 농민의 향촌 이

한양도성 밖 묘지,
《東宮殿下韓國行啓紀念》, 光村合資會社, 1907, 국사편찬위원회 소장

날이라는 점에서 조금은 차이가 있었다. 농업에 종사하던 수많은 조선인은 생계유지를 위해 고향을 떠났다. 만주로 이민을 한 경우도 많았지만, 그보다 더 많은 수는 아무런 대책 없이 도시, 그중에서도 경성으로 향했다. 이들은 도심부에서 일하며 세를 얻어 지내는 일도 있었지만, 대부분은 막노동하는 도시빈민이 되어 도시 주변을 떠돌 수밖에 없었다.

당시 총독부는 도시 주변 임야나 하천 바닥과 같은 빈 땅에 움집을 짓고 사는 이들을 토막민이라 규정하는 한편, 이들이 집단으로 거주하는 토막촌을 무허가, 비위생 등의 도시 관리상 위협 요소로 판단했다. 그중에는 신당리 공동묘지도 포함되어 있었다.

신당정 토막 부락(1423호): 경성의 동남쪽에 해당한다. 공동묘지 터의 완만한 구릉과 이를 둘러싼 강으로 이루어진 가장 오래된 토막부락이다. 큰 부락인 데다 단결력이 강하여 해당 부서 담당자도 그 처리에 애를 먹고 있다. 토지 소유자와의 분쟁이 다른 부락민이 비굴하다고 생각될 정도로 심하고 반항심이 강하여 조사를 할 때도 여러 번 곤란에 처하였다. 생활 정도는 대체로 좋다.

— 경성제국대학 위생조사부 엮음, 박현숙 옮김, 《토막민의 생활과 위생》, 민속원,

2010

가장 크고 오래된 신당정 토막촌. 조선인 공동묘지 일대가 토막민의 거주지였고, 묘역을 둘러싼 청계천과 습한 저지대는 토막촌의 울타리였다. 그중에서도 특히 묘산동墓山洞으로 불리는 지역, 신당정

일본인 화장장 인근에서 바라본 광희문 밖, 1909,
서울역사박물관 소장

신당정 토막촌 풍경,《매일신보》1936년 5월 22일

162번지에는 가장 많은 744호, 토막민 3000여 명이 거주했다.

그러나 이 일대 토막촌에서의 거주는 시간이 지날수록 불안정해졌다. 경성부의 급격한 인구 증가는 연쇄반응을 일으켜서 부민의 활동반경 확대, 시가지의 확대, 기반 시설의 확충을 불러왔고, 이로써 경성부 외곽에 주택지를 개발해야 한다는 압력이 심화할 수밖에 없었기 때문이었다.

결국 일제강점기 초반에 기반 시설로 설정된 묘역은 점차 그 자리를 내어 줄 수밖에 없었다. 1928년 일본인 화장장은 홍제동으로, 조선인 묘역은 길음동으로, 일부 묘는 가까운 금호동으로 밀려났다. 그 대신 폐쇄된 묘역과 그 주변에 무단으로 자리 잡고 있던 토막촌을 대상으로 하는 새로운 정비계획이 수립되었다. 이를 주도한 것은 '조선도시경영주식회사'였다.

'조선도시경영주식회사'는 동양척식주식회사가 획득한 토지의 개발과 경영을 목표로 1931년에 설립되었는데, 경성부의 주택지 개발, 그중에서도 신당리 일대 주택지 개발이 대표 사업이었다. 일명 사쿠라가오카櫻ヶ丘 주택지, 1930년대 전원도시 및 문화주택지 개발로 대표되는 전형적인 택지개발사업이었다.

1932년에 1차, 1935년에 2차 사업이 시행되었다. 일본인 공동묘역과 주변 임야와 전답을 대상으로 했다. 그러지 경성부는 〈경성시가지계획〉(1936)을 수립하면서 경성 동남부 지역에 신당토지구획정리지구를 지정하는 내용을 담아 조선도시경영주식회사의 사쿠라가오카 사업을 측면 지원했다. 그러나 신당리 일대 대부분을 포함한 이 토지구획정리지구 범위 안에 '묘산동 토막촌'만큼은 제외되어 있었다.

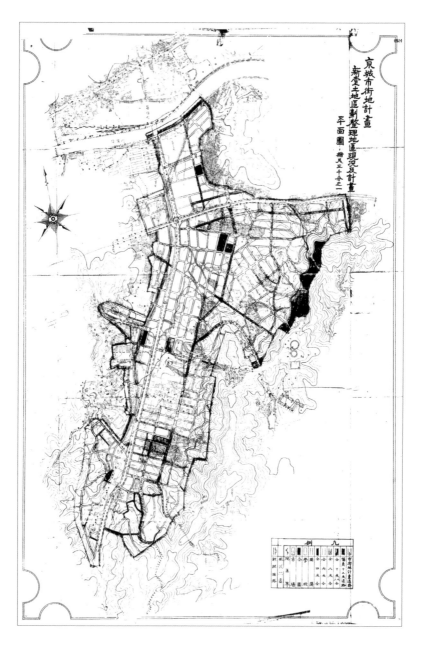

신당토지구획정리지구,

〈경성시가지계획: 신당토지구획정리지구 현황 및 계획〉, 1940, 국가기록원 소장

광희문 밖 신당리,《대경성부대관》, 1936, 서울역사박물관 소장

당시 신당토지구획정리사업은 1945년을 준공 기한으로 했는데, 1942년 부지 중 약 30퍼센트에 해당하는 용지를 환지 예정지로 지정 고시하고, 도로 및 배수 공사 정도만을 완료했다. 이 30퍼센트 역시 대부분 일본인이 소유한 임야와 묘역이 있던 신당리 남쪽 지역에 해당했다.

가난 속에서도 끈질긴 삶, 해방과 함께 맞이한 자유로운 시장

신당리 남쪽에서 일본인에게 공급하기 위해 택지를 정리하고 문화주택을 건설하는 동안, 북쪽에서는 토막민의 삶과 더불어 이곳을 오가는 영세 상인의 삶이 누적되고 있었다.

상업활동은 퇴계로 변 노상에서 시작되었다. 이곳은 송파·왕십리·뚝섬 등 서울의 동남쪽에서 도성의 성문에 들어서기 전 가장 마지막으로 당도하는 지역이었고, 반대로 도성 안에서 청계천이나 을지로를 따라 성 밖으로 나섰을 때 가장 먼저 만나는 지역이기도 했다. 공동묘지가 지척인 데다 토막촌 옆의 습한 저지대는 생산성이 없었지만, 대신 도심과 외곽이 만나는 결절지역이었기에 상업활동의 잠재력이 늘 있었다.

천변 노상에서 시작된 시장은 해방 직후 공식적으로 등장했다. 상인들은 일제 말기 지목 변경이 완료된 퇴계로 변의 대지를 확보하고 1946년 263개의 점포를 갖춘 '성동사설시장'으로 등록을 마친다. 성동사설시장은 서울 동부권역에서 다양한 생필품을 공급하는 자유로운 전통시장으로 손꼽혔으며, 1949년에는 점포 수 309개로 한국전쟁 이전 서울의 사설 시장 중에는 가장 많은 점포를 갖췄던 것으로 기록되었다. 이는 단순 점포만을 대상으로 했지만, 식재료를 중심으로 한 전통시장이라는 점을 감안하면 이 일대의 주된 상업활동은 바닥에 돗자리, 대야 등을 놓고 파는 노점 형태로 운영되었을 것임을 짐작할 수 있다. 해방 이후 자유를 맞은 대부분의 사설 시장이 그러했듯이, 이곳에 진입하는 데에는 별다른 장벽이 없었다. 누구든 와서 자리만 있으면 펼쳐 놓고 팔 기회가 있었다.

성동사설시장과 인접한 조선인의 묘산동 토막촌 또한 해방되자 비로소 '황학동'이라는 명칭을 얻고 법정동으로서 지위를 가졌다. 그러나 그것도 잠시, 한국전쟁으로 황학동의 800여 호는 전소되었고, 성동사설시장 또한 파괴되고 말았다.

포화가 비켜난 자리에 제각기 들어선 시장, 그리고 부흥주택의 건설

한국전쟁 발발 이후 황학동 주변으로 가장 먼저 돌아온 이들은 기존의 성동사설시장 상인이었다. 그들은 서울 수복 직후 바로 시장으로 되돌아왔다. 하지만 그들이 자리 잡은 위치는 기존의 위치가 아니었다. 기존 시장이 전쟁으로 파괴되자 남쪽 간선도로인 퇴계로 변에 자리를 잡고, 1950년 10월 20일 '성동시장'이라는 이름으로 새로운 시장을 설립했다.

　그다음은 양곡 도매상이 들어왔다. 생필품 1순위인 양곡이 거래되는 양곡시장은 생필품 시장에 인접한 신당 교차로에 자리를 잡고 경기 동부권역에서 생산된 양곡을 활발히 공급했다. 이들은 다른 품목에 비해 탄탄한 자본력을 바탕으로 도심뿐만 아니라 서울 전역에서 양곡 유통을 담당했다. 양곡도매시장이 시장의 주도권을 차지할 즈음부터 황학동 남쪽의 퇴계로 변은 '성동시장' 외에 '중앙시장'이라는 이름으로도 많이 불렸다.

　성동시장 북쪽의 청계천 하류 저지대에는 전쟁으로 가족과 터전을 잃어 갈 곳이 없던 사람이 몰려들었다. 이들은 생계를 위해 전쟁 통에 쏟아져 나온 각종 고물을 모아 팔기 시작했다. 이들에게 청계천 변 판잣집은 거주지였고, 청계천 변 노상은 일터였다. 품목도 나사 하나부터 각종 생활용품, 건축 폐자재까지 종목을 가리지 않았다. 때마침 서울로 들어온 미군 부대에서 나온 각종 물품도 이곳에서 거래되기 시작했다. 팔 수 있는 모든 물건이 청계천 변으로 몰려든 것이다. 물건과 사람이 갑자기 몰려들면서 고물상의 영역은 점차 넓어졌다. 고물은 노점뿐만 아니라 점포에서도 거래되기 시작했다. 이들의 영향력은 양곡 및 생필품을 담당하던 성동시장 상권을 넘나들기 시작했다.

　전쟁이 끝나자 피난을 떠났던 사람 대부분이 제자리를 찾아 돌아오기 시작했다. 당장 복구사업이 시급했으나 시간이 오래 걸리는 대규모 계획정리는 시행되기 어려웠다. 그러나 황학동처럼 전쟁으로 전소되거나 주인이 없는 지역은 당장이라도 주택을 건설할 만한 조건이

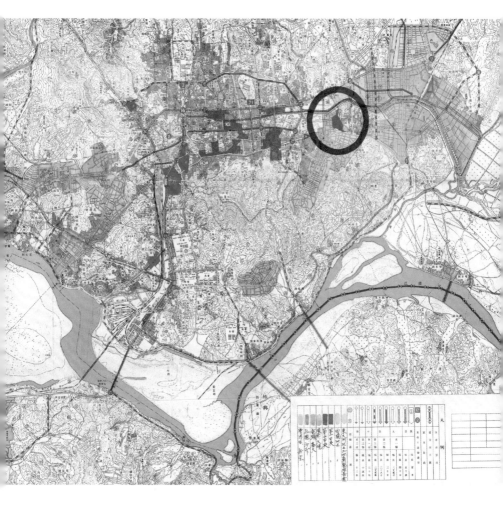

하늘색 구역이 1936년 지정된 신당토지구획정리지구,

빨간색 원 안의 파란색 구역이 1954년 지정된 황학동 제2중앙토지구획정리지구,

〈서울도시계획가로망도〉(1960)에 저자가 표시

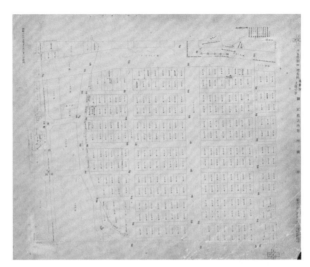

1966년 황학동 부흥주택 폐쇄 지적도(위)와
1973년 황학동 부흥주택 위성사진(아래), 서울역사박물관 소장

2019년 황학동 부흥주택 ⓒ김윤미

되었다. 정부는 일제강점기에 마련된 '신당토지구획정리사업'을 검토하고, 사업지구에서 제외되었던 황학동(묘산동 토막촌)을 '제2중앙토지구획정리지구'로 지정했다.

황학동이 1954년 지구로 지정된 직후 대한주택영단은 부흥주택 사업을 시행했다. 1차 사업으로 1955년에 4호 연립 50동 200호를 건설했으며, 1957년에는 1차 사업지의 양옆에서 2차 사업을 시행했다. 육군공병단과 보건사회부, 국방부, 서울시 등이 관여한 이 공공주택 사업은 서민주택 여부, 뒤늦게 나타난 지주와 갈등, 상하수도 시설 공급 등과 같은 다양한 문제를 드러내는 바람에 주택의 질을 크게 담보하지 못한 채, 1960년대 중반에서야 마무리됐다.

고물에서 금맥 캐는
황학동 시장의 탄생

> 1945년에는 충무로 거리 시대, 1950년 한국전쟁 직전까지는 명동 시대, 1955년까지는 소공동의 백화점 시대, 1960년대에는 무교동 시대였다. … 1967년 이후부터는 종로, 청계천 쪽을 따라 다시 동쪽으로 상가 경기가 이동하고 있다.
>
> － 〈달라질 서울 상가판도〉,《매일경제》 1968년 1월 1일

서울시는 1960년대 말 세운상가를 건설해 시내 중심지 상가가 종로와 청계천로 사이에 밀집되게 하려 했다. 태평로와 종로 1가 부근

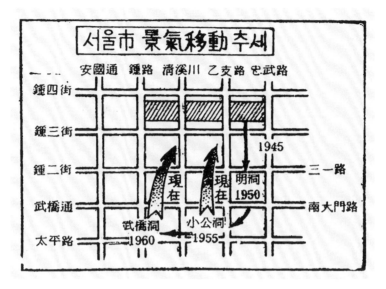

서울시 경기이동 추세, 《매일경제》 1968년 1월 1일

은 업무 중심지, 을지로 일대에는 건축자재 상가, 청계천 2~3가에는
기계 공구 및 자동차용품 상가, 평화시장과 창신동에는 의류 도매상,
중부시장과 낙원상가에는 일부 품목의 도매상 등이 집중되게 함으로
써 서울의 시장을 종로 2가와 동대문 사이에 선형線形, linear으로 형성
하려는 목적이 있었다. 이러한 계획에 따라 실제로 남대문의 화공약
품상이 종로와 을지로 3~5가로 모였고, 봉래동의 철재상도 청계천로
쪽으로 모여드는 등 세운상가 건설 이후 종로, 청계천로, 을지로 일대
의 상업 공간은 청계천로를 따라 흘러나가듯 변화되었다.

　이와 같은 계획은 황학동 일대가 도심부와 관계를 맺는 데 매우
중요한 부분이었다. 1970년대 중반 이후 강남의 개발과 서울 권역의

확대로 서울의 상업활동이 부도심 지역으로 많이 분산되기는 했지만, 해방 이후부터 1970년대 말까지 실제 서울 시내 상업 경기가 주로 을 지로와 청계천로를 따라 이동하는 모습을 보였기 때문이다.

1960~1970년대 이러한 도심 상가 정책 속에서 황학동 일대가 그 영역을 더 확대하고 독특한 성격을 구축해 나가는 데에 도심과 외곽 의 결절지라는 지역적 이점이 크게 작용한 것은 분명했다. 서울의 동 쪽 교외에서 생산된 제품이 황학동에 모인 후 도심으로 들어가 최종 소비되었고, 도심에서 생산된 제품이 황학동을 통해 서울 외곽으로 유통되었다. 도심으로 들어가는 대표 생산품은 쌀, 채소와 같은 식재 료였고, 도심에서 외곽으로 나가는 대표 물품은 중고품이었다. 생필 품 기반 시장은 도심과 서울 동남권에 식재료를 지원했고, 중고품 시 장에서는 폐품부터 각지에서 들어온 만물萬物이 유입되어 재활용되 어 나갔다. 서울 도심에 대한 지원(support)과 재활용(recycle)을 황학동 이 담당했다.

그러나 이러한 상황과 상관없이 황학동 일대에서는 청계천 복개 (1966), 고가도로(1969)와 삼일아파트(1969) 건설과 같은 토목사업이 계 속되었다. 그리고 공공에서 벌인 사업은 지속해서 황학동 상인의 반 발을 일으켰다.

성동구청은 도시계획에 따라 도로 확보를 위해 관내 신당중앙시장 입 구에서 영미교에 이르는 폭 15미터, 길이 300미터의 도로에 있는 노점 (주로 식료품) 철거에 착수하였다. 이날 오전 9시부터 시작하려 했으나, 노점 상인들이 버티는 통에 철거작업이 중단되었다. 현재 시장조합 측과 구청 측이 절충 중이며 노점상인 300여 명이 몰려들어 차라리 이 자리에서 죽여 달라 아우성이다.

 - 〈노점철거에 말썽: 상인들 버티는 통에 좌절〉, 《동아일보》 1962년 9월 17일

이러한 갈등 속에서도 황학동의 주거지역은 계속해서 시장 영역으로 확대되어 갔다. 부흥주택 지역은 오히려 황학동 생필품 시장의 영역으로 흡수되었고, 새로 들어선 삼일아파트와 그 인근 구역은 고물상에서 목재상, 중고품 매매상, 수리점 등으로 다양하게 진화해 갔다. 소방도로를 확보하기 위해 자진해서 노점을 철거하기도 했고, 공공의 속도는 따르지 못했지만, 기준에 맞춘 현대화사업이 추진되었다. 그리고 1970년대에 들어설 때까지 황학동 일대의 상권은 공공의 재정비 압박에도 아랑곳없이 그 영역이 더 확대되었다.

공동묘지에 정착한 이후 이곳에서 가난한 삶을 꾸리며 살아온 상인과 주민은, 이처럼 끊임없는 갈등의 과정을 겪으면서도 그 상황에 맞게 변화해 가며 결국에는 최대의 호황기 1980년대를 맞이했다. 당시 생겨난 만물시장, 도깨비시장, 벼룩시장, 골동품시장, 주방시장 등의 별칭은 가난, 전쟁, 압력 속에서도 버텨 내 결국에 살아남은 황학동 적응기의 다양한 이름이었다.

혜
화
동

일제강점기
신흥 계층의
거주지

유슬기

근대적 시설물의 등장

서울에는 역사문화자원으로 남아 있는 오래된 건물이 사실 많지 않다. 그래서인지 예전에 이곳이 어떠한 공간이었는지, 어떤 의미를 지닌 곳이었는지 알지 못하고 지나치는 경우가 허다하다. 아마 혜화동 일대, 즉 혜화동·동숭동·명륜동·연건동 부근도 그럴 것이다. 이 일대는 현재 공연예술문화산업의 집적지로 특화되어 있는데, 지금의 그 모습은 이곳에 자리했던 서울대학교가 1975년 관악산 아래로 캠퍼스를 이전한 후 문리대 부지에 마로니에 공원이 조성되고 한국문화예술진흥원이 서울대학교 본부 건물에 자리하면서, 각종 문화시설이 뒤따라 들어선 결과이다. 그런 까닭에 공연예술문화만으로는 1980년대 이전의 혜화동 모습을 제대로 설명할 수 없다. 그렇다면 이전의 혜화동 일대는 과연 어떤 모습이었을까?

조선시대까지만 해도 이곳은 마을을 쉽게 형성할 수 있는 지역이 아니었다. 임진왜란 이후 왕의 거처가 된 창덕궁이 가까이에 있어, 현재 서울대병원이 자리한 언덕(당시 명칭은 마등산馬鐙山)이나 낙산에 오르면 궁궐을 내려다볼 수 있다는 이유에서였다. 단지 성균관 인근의 반촌泮村, 즉 성균관 노비가 집단으로 거주하던 곳(현재의 명륜동 일대)이나 정조가 자신의 아버지 사도세자를 기리기 위해 세운 경모궁景慕宮 주변(현재의 연건동 일대)에만 예외적으로 마을이 형성되었다. 따라서 혜화동 일대에는 개발되지 않은 토지가 상당했다. 이미 도성 밖 성저십리까지 사람들의 주거가 빼곡해지는 상황이었지만, 이 일대의 개발은 1894년 청일전쟁과 1904년 러일전쟁을 거치면서 일본의 한국 침략이 본격화되던 시기에 진행되었다.

도성 안에 위치하면서도 아직 유휴지가 충분했던 혜화동 일대는 대규모 부지가 필요한 근대적 시설물들이 들어서기에 제격이었다. 1900년대 이곳에 먼저 입지立地한 대형 기관은 공업전습소와 대한의원이다. 현재 한국방송통신대학 본관으로 쓰이는 건물이 바로 공업전습소 건물 중 하나였다. 실업교육이 필요하다는 인식이 높아짐에 따라 1907년 1만여 평의 부지에 공업전습소가 설립되었다. 교육은 목공과 토목을 비롯한 도기, 염직 등 실습 위주로 진행되었으며, 학생들은 실습 수당도 받았다.

한편 대한의원도 같은 해에 설립되었다. 대한의원은 의학교 기능도 갖춘 대규모 병원 시설이었다. 당시 영희전永禧殿(1899년 사도세자의 신위를 경모궁에서 종묘로 옮김에 따라 경모궁의 명칭을 변경한 것이다) 남쪽의 마등산과 그 인근의 민가를 매입한 약 4만 9000여 평 부지에 설립된 대한의원은 연건동 서울대병원 부지 안에서 여전히 그 자리를 지키고 있다. 당시 대한의원은 진료비 수입으로 연간 예산의 일부를 충당했기 때문에, 환자에게 청구되는 진료비도 적지 않았다. 그래서인지 대한의원을 이용하는 사람의 반 이상이 일본인이었고, 이들의 이용률은 경성에 거주하는 일본인 총인구의 20퍼센트가 넘었다. 이에 반해 경성에 거주하는 조선인의 이용률은 겨우 2~3퍼센트에 지나지 않았다.

1910년 국권피탈 이후 총독부는 이전에 설립한 기관들을 격상하고 규모를 확장해 갔다. 공업전습소의 경우 1912년에 연구기관으로서 중앙시험소를 새로 설립해 공업 기술의 발전을 꾀하고자 했으며, 1916년에는 관립학교로 승격해 경성공업전문학교가 되었다. 대한의원 내에 있던 의학강습소 또한 같은 해에 관립학교인 경성의학전문학교로 승격했다. 당시 총 3개의 관립학교 중 광화문통의 전수학교(관립학교로 승격 후 경성법률전문학교로 개칭)를 제외한 2개의 관립학교가 혜화동 주변에 자리한 셈이었다.

대한의원은 국권피탈 이후 조선총독부의원으로 개칭되면서 규모가 더욱 확장되었다. 처음부터 영희전 자리에 세워졌기 때문에 토지를 매수하는 데 큰 어려움이 없었고, 한적한 데다가 자연 풍광도 우수해 자연 친화적인 병원을 조성할 수 있었다. 총독부의원의 역사를 기록한 아래의 사료를 통해서도 확인할 수 있는 것처럼, 대한의원의 근대적 시설은 일본인은 물론 부유한 조선인의 이목을 끌었다.

> 메이지 43년   의원은 점차 획징 증축을 계획한다. … 영희전 부시 선부를 받았다. … 마등산 꼭대기 일대 미관을 이루어 갔다. … 뒤뜰의 녹수綠樹가 울창해 회춘원 내에는… 이른바 '새너토리엄'식을 본받아 이 병동을 희망하는 조선귀족 환자가 적지 않았다.
>
> — 조선총독부의원, 《조선총독부의원 20년사》, 1928, 12쪽

한국방송통신대학교 역사관 건물(전 경성공업전문학교 건물 일부) ⓒ유슬기

서울대학교 연건캠퍼스 대한의원 본관(전 조선총독부의원 건물 일부) ⓒ유슬기

교통의 정비와
'학교촌'의 형성

혜화동에 들어선 근대적 시설물들은 외관이 서양식이었던 까닭에, 초기 식민지 지배의 성과를 확인하고 싶은 일본인에게도 좋은 관광 거리를 제공해 주었다. 따라서 일본이나 국내 지방 도시에서 온 일본인 경성관광단의 관광코스에는 조선총독부의원과 경성공업전문학교가 빠지는 법이 없었다. 또한 병원이나 학교와 같은 대규모 거점 시설이 혜화동 일대에 자리하면서 이곳을 왕래하는 유동 인구가 급증했다. 이에 따라 사람들의 편의를 위해 도로 정비와 대중교통의 필요성이 제기되었다. 특히 1915년 경복궁에서 개최가 예정된 조선물산공진회는 이를 조기에 실현해 줄 수 있는 계기가 되었다. 이때 박람회장인 경복궁으로의 접근성을 높이는 한편, 경복궁에서 경성 내 다른 곳으로의 이동이 원활하게 먼저 8개 도로가 서둘러 건설되었다. 이 도로 중 하나가 바로 창경궁 식물원에서 총독부의원을 지나 남쪽의 본정本町(현재의 충무로) 및 대화정大和町(현재의 필동)까지 이르게 한 11호선 도로, 곧 의원통醫院通이다. 이와 함께 전차 노선도 구축되었다. 1910년에 경성의 중심도로 축인 종로에서 혜화동 일대까지 이어지는 종로 4가-총독부의원 구간이 신설되었다.

이 지역의 변화는 1920년대에 최고조에 달했는데, 그것은 경성제국대학을 설립한 효과였다. 1923년 청량리에 경성제대 예과 캠퍼스가 설립되었으나, 6~7만 평의 넓은 부지가 요구되는 본과 캠퍼스는 재정 문제로 부지를 확보하지 못하고 있었다. 결국 1925년에 연건동과 동숭동에 본과 캠퍼스를 건설하기로 했는데, 총독부병원 부지도 포함한 캠퍼스 전체 면적은 총 9만 2000평에 달했다. 이때에도 경성의 중심 시가지와 인접해 있으면서도 토지 가격이 저렴히 유지되고 있던 점, 또 그러한 토지가 대규모로 남아 있던 점이 경성제대 본과 캠퍼스가 혜화동 일대에 자리를 잡을 수 있는 결정적인 요인으로 작용했다. 경성제대는 이 일대 변화의 정점을 찍는 대형 핵심 시설로서 역할을 했다. 당시 신문은 경성제대가 들어서면서 주변이 발전하고 토지 가격 또한 큰 폭으로 상승했다고 보도했다.

경성대학을 중심으로 일대가 크게 변화해질 터, 토지 시세 폭등… 근래 그 방면의 중심지라고 볼만한 효제동, 연건동, 숭 4동, 동숭동 부근의 땅값이 갑자기 뛰어올라서 대정 12년 도립상업학교 건축지를 매수할 즈음에는 한 평에 5~6원이었는데 그것이 껑충 뛰어 26~27원으로부터 30원꼴이나 되는데 이로부터도 오히려 오를 것 같은데….

– 〈학생가화할 동촌〉, 《시대일보》 1925년 1월 14일

본과 캠퍼스에는 당시 경성의 주거환경이 열악하고 주택난이 심한 까닭에 대학 교원이 거주할 수 있는 신규 관사 20개 동이 건설되었다. 그러나 관사의 수는 모든 직원을 수용할 만큼 넉넉하지 않았다. 학생 기숙사도 마찬가지로 학생의 수만큼 공급되지 못했다. 더욱이 청량리 예과의 6인실 기숙사 비용이 1인실 하숙 비용과 월 2원밖에 차이가 나지 않았던 상황이라 연건동·동숭동 본과에서도 비슷했으리라 생각된다. 이러한 까닭에 학생으로서는 여러 명이 함께 생활

해야 하는 기숙사 대신 인근 주택가에서 하숙하는 것을 선택했을 가능성이 크다. 2원이면 당시 전차 2회 왕복비용 정도이다. 즉 상당수의 일본인 교직원과 학생이 학교 인근 주거지에 거주함으로써 혜화동 일대를 일본인이 흡수하는 셈이 됐다.

경성제대는 혜화동 일대에 있었던 기존 학교들, 곧 공업전문학교, 의학전문학교, 경학원, 불교중앙학원 등과 더불어 하나의 '학교촌'을 이루었다. 당시 신문을 보면 경성제대 유치로 "지역 내 제복점과 문방구점, 서점, 그리고 여관 등의 상점이 즐비하게 들어설 것으로 전망" (〈경성대학신축과 부근 토지 가격 폭등 예상〉,《동아일보》1925년 1월 15일)했다. 또한 그에 그치지 않고 "학교촌이라 이름을 전하는 혜화문 안에는 머지 않아 신문화촌新文化村이 이루어질 것이라"(〈앵도원에 문화촌 주택지로 개방〉,《중외일보》1927년 5월 24일)고도 예상했다.

도로 정비사업은 1915년 조선물산공진회가 개최된 이후에도 계속되었다. 이 또한 근거지가 되는 지역을 우선 대상으로 삼았다. 재정 문제로 조금 시간이 걸리긴 했으나, 1932년까지 6호선(광화문-돈화문-중앙시험소, 일명 종묘관통선)과 10호선(중앙시험소-종로), 12호선(혜화문-중앙시험소)이 혜화동 일대를 지나는 노선으로 완공되었다. 우리가 알고 있는 대학로는 본래 흥덕동천興德洞川이 흐르던 곳인데, 이때 복개하고 도로를 정비해 생겨났다. 이선까지는 창경궁 앞을 지나가는 현재의 창경궁로가 혜화문과 종로를 이어 주는 역할을 했다.

또한 전차 노선을 연장하고 버스 노선을 신설하기도 했다. 전차 노선은 기존의 종로 4가-총독부의원 구간에서 1939년에 창경원에서 현재 혜화로터리 부근의 경성고등상업학교까지 연장됐다. 그리고

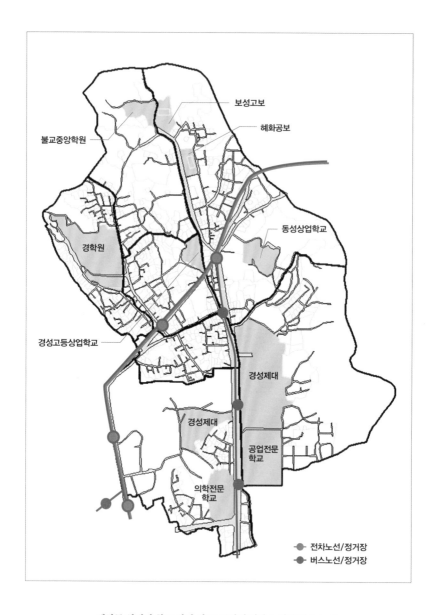

보성고보

혜화공보

불교중앙학원

동성상업학교

경학원

경성고등상업학교

경성제대

경성제대

공업전문
학교

의학전문
학교

전차노선/정거장
버스노선/정거장

혜화동 일대의 학교 위치 및 1940년대 전차 노선과 버스 노선,
〈대경성정도〉(1936)에 저자가 표시

1928년에는 황금정黃金町(현재의 을지로)에서 종로 4가를 지나 총독부 의원을 거쳐 경성고등상업학교로 향하는 버스 노선이, 1933년에는 창덕궁 돈화문에서 창경원과 혜화문을 거치는 버스 노선이 생겨났다.

주거지의 확대

이와 같은 물리적 변화 속에서 혜화동 일대의 정체성은 어떻게 변화해 갔을까? 도시의 물리적 변화는 도시민에게 영향을 미치기 마련이고, 어떤 도시민이 어떤 활동을 하는가에 따라 도시의 정체성이 달라지기도 한다. 종합해 보면 1900년대부터 혜화동 일대에는 총독부 산하의 핵심 시설들이 입지하면서 유동 인구를 고려한 기반 시설의 조성이 추진되었다. 저개발 지역으로 남아 있던 곳에서 이루어진 대규모 신규 개발은 지역 및 지역민의 성격에도 커다란 영향을 미쳤다.

먼저 지역의 주거지화가 진전되었다. 1910년대 총독부는 도심 내 도로를 정비하는 데 드는 공사비를 마련하기 위해 관유지를 매각했다. 이때 관유지가 민간 사유지로, 개발되지 않았던 임야와 밭이 건물을 세울 수 있는 대지로 용도가 변경되면서 민간 주택개발이 이루어졌다. 더욱이 경성의 인구는 계속해서 증가 추세를 보였기 때문에 증가한 인구를 수용할 수 있을 만큼 토지를 집약적으로 사용해야 했으며, 이를 위해 필지의 분할이 이루어졌다. 다시 말해서 개발되지 않은 채 하나의 큰 필지로 있던 땅이 여러 필지로 쪼개지고, 각각의 필지는 민간이 주택지로 개발하는 형태로 이어졌는데, 혜화동 일대에서도 같

185

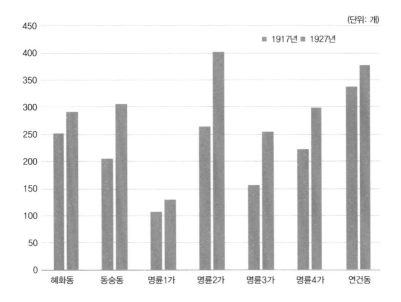

1917년과 1927년 필지 수 변화

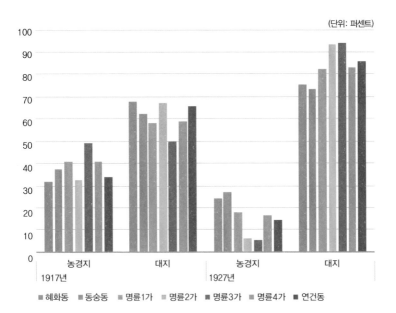

1917년과 1927년 토지의 용도 비율 변화

은 현상이 나타났다. 필지 수를 비교해 보면 1917년에 비해 1927년에 그 수가 확연히 증가했으며, 토지의 용도 비율을 비교해 봐도 농경지 비율은 감소했지만 대지 비율은 증가한 것을 확인할 수 있다.

1930년대에도 개발에 대한 요구는 계속되었다. 국유지 임야를 매각해 주택지로 개발하자는 청원서가 꾸준히 접수되었다. 한 신문은 이 시기에 지역이 변화하는 모습을 다음과 같이 서술했다.

옛날 같으면 숭 2동, 숭 4동 부근은 일종의 특수 부락으로 취급하여 사람이 그리 살지 않았으나, 중앙지의 주택이 조밀해지고 또 학교로 대학이며 의학전문, 고등공업, 보성고보, 불교전문, 동성상업, 고등상업 등여러 학교가 들어서서 완연 학교촌을 이루게 되자 인가도 자연 더 늘어나게 되었다.

– 〈수석조흔 주택지로 인테리촌된 성북동〉, 《조선일보》 1933년 10월 11일

여기서 언급된 숭 2동(명륜 2가)과 숭 4동(명륜 4가)은 조선시대에 성균관 반촌이 있던 곳이다. 앞서 서술한 바와 같이 본래 이러한 '특수 부락'을 제외하고는 혜화동 일대에 인가가 드물었으나, 기사가 작성된 1933년에는 학교가 대거 들어서면서 뒤따라 주거지가 조성되었고 이제는 인가가 넘쳐 도성 밖 성북동까지 주거지가 확대되는 중이라는 것이다.

아래는 새로 지어지는 주택의 특징을 언급한 기사다.

작년 가을만 해도 보성고보에서 버스 종점까지 혜화보통학교 외에는

별로 집이 없었다. 배추 밭이 시퍼런 것을 보고 다녔는데 올가을엔 양관
洋館,, 조선집들이 제멋대로 섞여 거의 공지空地 없는 거리를 이루었다.
… 조선 기와집엔 결코 어울리지 않는 시뻘건 벽돌담을 쌓고 추녀 끝
올려 쌓는다. … 재목材木에 땀 흐르는 얼굴처럼 번질번질 끈적끈적해
보이는 기름칠들을 한다. … 유리창도 편리하기는 하지만 큰돈을 들여
지을 바에는 조선 건물로서의 면목을 죽여가면서까지 유리창에 열광할
필요는 없지 않을까.

- 이태준, 〈집 이야기〉, 《삼천리》 7-8, 1935

빈 곳이 없을 정도로 집이 빼곡히 들어선 새 주거지에는 서양식
집과 조선식 집이 혼재해 있었으며, 조선식 집이라 해도 그 자재는 조
선식에는 좀처럼 어울릴 것 같지 않은 값비싼 건축 재료가 사용되었
다. 혜화동 일대 주거지 개발의 양상을 보여 주는 이 기사는 이곳에
새로 입주한 이들이 어느 정도의 재력을 갖추었는지를 엿볼 수 있게
해 준다.

고급주택지 '문화촌'의 건설

최종적으로는 고급주택지로 대표되던 문화주택지도 혜화동 일대에
들어섰다. 문화주택은 서양식 주거 양식이 혼합된 새로운 형태의 주
택으로, 가격은 평당 20~30원 정도의 고가 주택이었다. 문화주택의

입지 조건으로는 다음과 같은 것들이 제시되었다. 첫째 상업지의 번잡함과 공업지의 비위생 상태의 영향을 받지 않은 곳, 둘째 남향의 토지로 서북에는 산을 등지고 수목이 많아 조망이 좋은 곳, 셋째 시내에 가깝고 편리한 곳 등이다. 이 조건에 따른다면 문화주택지는 주로 도성 밖 교외 지역에 형성될 수밖에 없는데, 혜화동 일대는 도성 안에 위치하면서도 예외적으로 문화주택지가 들어섰다. 무엇보다도 이곳에 남아 있던 유휴지는 개발 사업을 펼치기에 좋은 조건을 제공했다. 거주환경의 측면에서 보더라도 이 일대는 공기와 조망이 좋고 조용하기도 했기 때문에 주택지로서 인기가 높았다. 또한 직주근접의 차원에서도 인근에 경성제대와 병원 등의 주요 대형 시설이 많았기 때문에 해당 시설의 종사자가 주거하기에 좋은 위치였다고 할 수 있다.

새로운 주택지 건설은 주민의 구성에도 영향을 미쳤다. 위와 같이 경성의 사대문 안에서 편리한 교통과 쾌적한 주거환경을 갖춘 혜화동 일대는 주거지로서 상당한 경쟁력을 자랑했으므로 그만큼 일정 수준 이상의 사람이 선호하는 거주지역이었다. 경성제대 학생만 보더라도 매월 50~60원의 학비를 보태야 하는 사정이었으므로, 그 집안은 어느 정도의 재력이 뒷받침되어야만 했다. 더구나 앞서 말한 학교와 병원에서 종사하는 사람 대부분이 일본인이었다. 그렇다면 결국 일본인과 재력을 갖춘 조선인이 이 일대 고급주택지의 주된 수요층이었다고 말할 수 있을 것이다.

당시 기록을 통해 혜화동 일대에 거주했던 인물의 실례를 찾아보았다. 1924년에 간행된 현진건의 대표 소설《운수 좋은 날》에서 김 첨지가 동소문(혜화문) 안으로 들어와 인력거에 태운 사람은 마마님과

혜화동, 일제강점기 신흥 계층의 거주지

교사인 듯한 양복쟁이였다. 실제 인물 중에는 1936년 베를린 올림픽에서 금메달을 획득한 손기정 선수가 연건동에서 전세로 살았으며, 만주국 총영사인 박석윤은 혜화동, 정치인 겸 언론인 최린은 명륜 1가, 소설가 이광수는 명륜 3가 주민이었다. 언론인 이성환은 1928년에 혜화동에 집을 짓고 살다가 명륜 1가로 옮기기는 했으나 혜화동 일대를 떠나지 않았다고 한다. 건축왕으로 꼽히던 정세권 또한 1940년대에 명륜 1가에 거주했다. 이처럼 혜화동 일대 거주민 중에는 상대적으로 교수, 교사, 신문기자, 의원 약제관, 사무관 등의 직업에 종사하는 이가 많았다. 당시 목수나 우마차 인부 등과 같은 노동자의 월평균 임금이 조선인 11원, 일본인 22원이었던 데 반해, 교수와 의원약제관은 월평균 100~375원, 교사와 사무관은 월평균 91~316원, 신문기자는 월평균 60원의 임금을 받았다. 당시에는 월 60원만 해도 상당히 높은 보수로 인정될 수 있었으니, 이 일대 거주민의 경제적 위상은 추측하고도 남음이다.

이상과 같은 혜화동 일대의 위상 변화, 곧 선망되는 주거지역으로의 변화는 당시 기록을 통해 어렵지 않게 확인할 수 있다.

> 소위 문화촌은 어디냐? 동소문 안 근방을 칠까? 그들의 살림은 대개가 간단하고도 정결하다. 대개가 회사원이거니와 그 외 기타 여러 곳에서 월급쟁이로 다니는 사람이 많고 식자층이 한적한 곳을 찾아 새로이 주택을 짓고 간편하고 깨끗한 살림을 하고 있다.
>
> — 〈대경성의 특수촌〉, 《별건곤》 23, 1929

서울 가운데서도 제일 살기 좋은 곳이 혜화정·명륜정이라고 한다. 이
것은 비단 이 정회 사람 이 정 내에 사는 사람들만이 자랑하는 것이 아
니라 사실상 최근 장안에 주택지를 잡으려면 동네가 새집들로 깨끗하
고 공기 좋은 곳을 첫 손 꼽기에 모두들 서슴지 않으리라. … 정 내의 경
제력을 따져 보더라도 혜화정은 장안에서도 유수한 부자 동네로서 이
또한 이곳 정리를 위하여 든든한 일이다.

– 〈혜화·명륜정회 장안에 유수한 부촌 금후 시설을 기대〉,

《조선일보》1938년 12월 13일

당시 부유층과 중간계층이 가장 선호하던 '월급쟁이'와 인텔리가
정갈히 생활하며 문화촌을 이루는 곳, 자연환경과 교육환경이 뛰어나
고 도로의 연결이 잘 돼 있어 거주지로서 인기가 높았던 곳! 비단 혜
화동과 명륜동뿐만 아니라 경성제대가 있던 연건동과 동숭동까지, 혜
화동 일대는 변신을 거듭한 끝에 1930년대에 이르러 선망되는 고급
주택지로서 재탄생했다.

해방 후에도 혜화동 일대는 여전히 대형 시설들이 자리해 있어 고
위급 정치인을 비롯해 언론인과 인텔리 등의 거주지라는 고급주택지
명성을 유지해 왔다. 이후 서울대학교 일부가 이전해 간 뒤 문화예술
사업에 초점을 둔 지역으로 변화해 왔으나, 지금노 여전히 혜화동 일
대 주택가에는 규모가 큰 저택들이 한적한 분위기를 유지하며 남아
있다.

191

혜화동, 일제강점기 신흥 계층의 거주지

여의도

도시개발의
시범이자 반면교사

송은영

도시의 이질적인 섬,
여의도

현대 도시개발의 역사에 따라 구역별로 계급화된 서울에서 여의도는 매우 특이하고 이질적인 공간이다. 서울을 가로질러 흐르는 한강 남측 변의 이 섬은 주변의 다른 지역과 구별되는 정체성이 있다. 여의도동은 행정구역상 영등포구에 속하지만, 공장지대와 서민 계층의 주거지로 구성된 영등포의 다른 동들과 분리되어 있다. 지리적으로 강남에서 멀리 떨어져 있지만, 도시경관, 계급, 문화, 정서의 측면에서는 오히려 강남에 가까운 이 고립된 섬의 정체성은 언제 어떻게 만들어졌을까.

여의도의 정체성은 대림동, 신길동, 분래동, 당산동, 양화동, 양평동 등 영등포의 다른 행정동과 지형상 '섬'으로 분리되어 있다는 이유로 형성되지 않았다. 샛강과 제방으로 자연적 경계가 있지만, 서울교와 여의교 등 짧은 다리는 이들의 생활권을 이어주는 데 무리가 없다. 여의도는 지금처럼 사람이 살게 된 이유와 도시개발의 역사가 달라서 영등포구의 다른 동들과 분리된 것이다.

서울에는 육지이지만 고립된 섬 같은 지역이 여의도 외에도 몇 군데 더 있다. 목동은 양천구 안의 신월동과 신정동, 그리고 바로 인접해 있는 강서구 화곡동과 경제적·문화적으로 정체성이 다르다. 광장동 또한 광진구 안의 중곡동, 군자동, 자양동 등과 구분되는 정체성을 가지고 있다. 목동은 1980년대 안양천 변에 제방을 쌓은 뒤 도시빈민을 내쫓고 신시가지로 개발한 곳이다. 광장동 일대는, 현대건설이 옛 경희궁 터였던 서울고등학교 자리를 서울시에 넘겨주는 대신, 1970년대 제방 공사 후 공유수면을 매립해 택지가 된, 구의지구 일대를 받아내서 1980년대에 거대 아파트단지를 만든 곳이다. 이 두 곳 목동과 광장동의 형성과정은 여의도와 비슷한 데가 있다. 이 지역들은 모두 제방 공사나 수면매립, 원주민 철거 등을 통해 새로 조성한 택지에, 아파트단지 중심의 거주지나 계획된 신시가지가 만들어지고 경제적 여력과 교육열을 갖춘 사람이 이주해 오면서 주변 지역과 구별되는 새로운 정체성을 형성한 지역들이다.

물론 여의도에는 1975년 완공된 국회의사당, 현재는 다른 곳으로 이사했으나 1980년대 초반에 입주한 방송국, 1980년대부터 활성화된 증권가와 금융가 등이 있다는 점에서, 아파트단지 중심의 목동이나 광장동과 다른 특성이 있다. 그러나 고층 건물과 거대 아파트단지 중심의 신시가지 개발을 통해 원래의 역사 및 주변 지역의 정체성과 단절된 공간으로 거듭나는 과정은 비슷하다. 특히 1960년대 후반부터 공사를 시작해 1970년대에 이미 시가지가 거의 완성된 여의도의 모습은, 1980년대의 목동, 광장동을 비롯해 훨씬 더 광범위하게

1973년 한창 건설되고 있는 국회의사당의 모습,
서울역사박물관 소장

도시개발이 진행된 강남의 역사를 선취했다. 현재 지어진 지 50년이 다 되어 가는 여의도 아파트들의 재개발과 재건축을 둘러싼 상황은, 1970~1980년대에 개발된 상류층 거주지역이 공유하는 경제적 관심사이기도 하다. 그래서 거대 아파트단지로 처음 개발된 여의도를 보면, 비슷한 시기에 건설된 이촌동이나 이후 비슷한 전철을 밟은 지역들의 과거와 미래가 동시에 보인다.

비행장을 없애고 택지를 만들어 낸 윤중제 공사

과거의 여의도는 사람들에게 익숙한 이름이 아니었다. 조선시대에 왕의 목축장으로 쓰였던 이곳을 일제가 1916년 비행장으로 만든 이후, 몇 번의 이벤트를 알리는 뉴스나 외국인의 방한 소식에 등장하는 정도였다. 그중에서도 1920년 이탈리아 비행기의 경유 비행과 1922년 최초의 조선인 비행사 안창남의 고국 방문 비행이 유명하다. 1958년 김포공항이 생긴 이후 여의도비행장은 공군기지로 이용되었기 때문에, 일반인이 접근할 일은 더욱 없었다.

그래도 여의도비행장은 도심에서 매우 가까워서 1960년대 중반까지도 사람들의 시야에 일상적으로 포착된 것으로 보인다. 1962년 발표된 김승옥의 소설 〈환상수첩〉에서 주인공은, 서울역에서 기차를 타고 고향으로 내려가다 눈에 띈 여의도비행장의 존재를 이렇게 묘사했다.

영등포도 지났는지 창밖으로는 불빛이 드물게 흘러갔다. 멀리 비행장 있는 쪽에서 서치라이트의 비단결 같은 빛살이 밤하늘을 스쳐 가고 또 스쳐 가고 있었다.

해외여행을 할 만한 경제적 여유도 없고 법적인 권리도 없었던 시기의 여의도비행장은 지금의 인천공항이나 김포공항보다 지리적으로 훨씬 가깝지만, 일반인에게는 그저 이름뿐인 공간에 지나지 않았다.

여의도가 사람들에게 널리 알려지기 시작한 것은 1960년대 후반부터 진행된 제방 공사와 1970년대 초반부터 유명해진 아파트단지들 덕분이다. 이 과정은 1970년 서울시 기획관리관으로 부임해 일했던 도시사 연구자 손정목의 《서울 도시계획 이야기》 2권에 상세히 정리되어 있다. 일제강점기부터 1960년대 중반까지 홍수로 숱하게 수해에 시달렸던 서울시는 한강의 범람을 막기 위해 제방도로를 쌓기 시작했는데, 그 결과로 새로운 택지가 생긴다는 것을 발견하고 한강 개발계획을 수립했다. 그리고 1967년 12월 27일부터 1968년 6월 1일까지 미친 듯한 속도로 윤중제 공사를 마쳤다. 김현옥 시장이 그 유명한 '싸우면서 건설한다'는 표어를 내세우며 공사에 집중한 결과였다.

공사를 통해 새로 생긴 여의도 땅을 활용하기 위해 건축가 김수근 팀은 서울시에 여의도 도시계획을 제출했다. 이 계획은 일본 건축가 단게 겐조丹下健三가 만든 〈됴쿄 계획 1960〉의 영향을 받아 입체적 도시를 구상할 꿈을 담았지만, 그대로 실현될 수 없었다. 그 사이 김현옥 시장의 뒤를 이어 부임한 양택식 시장은 공상 같은 여의도 도시계

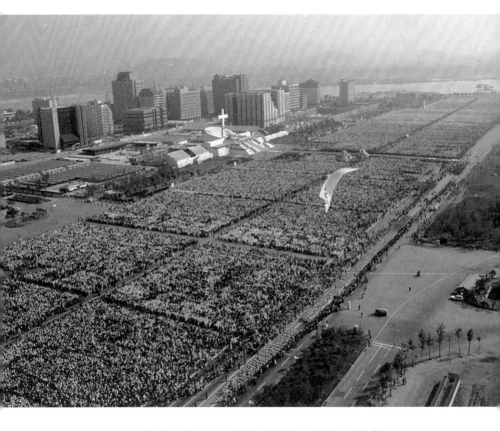

1984년 교황 요한 바오로 2세 방한 당시 여의도 광장에 모인 사람들,
국가기록원 소장

획으로는 그 넓은 평지에 지어진 아파트를 팔 수 없으리라는 좌절감을 느꼈다. 여의도 도시계획은 좌절 속에서 수정과 보완을 거쳤다. 박정희 대통령의 지시로 여의도 중앙을 가로지르는 5·16광장이 만들어졌고, 서울시 건축과의 박병주와 손정목 기획관리관은 서울시의 재정난 때문에 새로운 여의도 도시계획을 세웠다. 손정목은《서울 도시계획 이야기》2권에서 이 과정을 포함해 시범아파트를 비롯한 거대 아파트단지가 만들어진 연유 등에 대해 자세한 이야기를 담았다.

또한 손정목은 "박병주와 내가 1971년에 구상한 그대로의 도시는 아니지만 그렇다고 크게 벗어나지도 않은 시가지가 형성"된 여의도 개발에 대해 몇 가지 안타깝거나 후회되는 점들을 이야기했다. 그럼에도 "나, 손정목은 여의도를 계획하고 실천에 옮긴 것을 자랑으로 생각하고 있다"라고 고백했다. 그가 아쉽게 생각하는 것은 다음의 몇 가지다.

1968년 김수근 팀이 구상한, 자동차는 지상으로 다니고 2층에 보행자 덱deck을 설치하는 입체적 도시계획을 포기해야 했다. 국회 지구-상업/업무 지구-시청/법원 지구의 분할은 몇 가지 수정된 채 유지되었지만, 시청과 법원이 들어오지 못했던 땅 일부에는 시범아파트를 포함한 아파트단지가 침범했거나 훗날 63빌딩이 세워졌다. 그리고 섬의 중앙축에 있었던 상업/업무 지구는 박정희 대통령이 만들라고 지시한 5·16광장 때문에 절단되어야 했다. 게다가 국회의사당 건물보다 주변 건물이 더 높아서는 안 된다는 제약 때문에 여의도 서쪽은 더 고층화, 고밀도화되지 못한 채 '동고서저' 상태로 남았다.

그러나 이러한 아쉬움은 허허벌판이었던 80만 평의 땅에 용도별로 구획화된 현대적 고층 도시, 고밀도 도시를 만들었다는 자부심에 비하면 아무것도 아니다. 그렇다면 여의도 도시개발에 대한 평가는 그럴듯하게 현대도시의 이상을 실현했다는 자랑스러움에 그쳐도 될까. 또는 아쉬움과 부족함은 손정목이 포기했다고 밝힌 몇 가지 사항에 그쳐도 될까.

고층 건물과 블록들을 오가는
가로街路 사이의 기억

1960년대 후반부터 시작되어 1980년대까지 진행된 여의도 도시개발의 역사는 이 섬을 한국 땅에서 현대도시의 경관과 문화를 가장 먼저 실현한 상전벽해의 현장으로 만들었다. 여의도 하면 떠올리는 63빌딩, 국회의사당, 증권가와 금융가의 건물들은 정치의 중심이자 경제의 중심, 현대적 초고층 건물의 밀집지라는 이미지를 이 섬에 부여했다. 단독주택가 없이 고층 건물과 아파트단지로만 이루어진 여의도 주거지역은 목동, 광장동, 강남이 제대로 건설되기 이전에 이미 새로운 삶의 방식을 형성하는 토대가 되었다. 이러한 지역에서 태어나서 성장한다는 것은 어떠한 의미를 지닐까.

　여의도 도시계획의 기본 원리는 오랫동안 현대 도시계획가들이 추구해 온 원칙에 충실했다는 점에서 특별하지는 않다. 각 지역을 용도별로 구획하고, 자동차가 이동하는 데 중심이 되는 도로를 바둑판처럼 건설하며, 블록을 규칙적이고 반복적으로 구획해 동선을 효율적으로 만들고, 주거지역은 근린주구近鄰住區의 원칙에 따라 배치하는 것은 도시계획의 역사에서 익숙한 원칙들이었다. 그러나 당시 한국 사회에서는 이 원칙에 따라 건설된 도시의 모습과 삶이 완전히 새로운 것이었다. 그것은 외부에서 쉽게 접근할 수 없고 안에서 밖으로 나갈 필요가 없는 차단된 폐쇄적 지역사회의 등장이었다.

여의도의 첫 경제적 성공작은 1971년 시범아파트였다. 1970년 와우아파트 붕괴로 아파트에 대한 부정적 인식이 높았던 시기에, 시범아파트는 10평 안팎이었던 서민 전용의 시민아파트와 달리 20평, 30평, 40평 등 넓은 평수의 아파트로 지어졌다. 게다가 높이가 최초로 10층 이상 올라갔으며, 도시가스, 중앙난방 장치, 엘리베이터, 야외수영장, 조경 등의 시설을 갖추었을 뿐만 아니라, 근린주구 개념에 따라 초등학교, 중학교, 고등학교를 주거지 인근에 배치하고 상가, 성당과 교회, 병원, 극장 등 생활에 필요한 시설을 마련했다. 시범아파트는 현재 우리가 알고 있는 아파트의 모습에 가장 가까운, 이후 한국 아파트단지를 건설하는 데 모범이 된 현대식 아파트였다. 1970년대 중반부터 여의도에는 삼익, 은하, 한양, 대교, 공작, 수정, 삼부, 서울, 진주, 화랑, 목화, 장미, 미성, 광장 등 이름도 다양한 여러 아파트가 속속 들어섰고, 인구도 계속 증가했다.

현대화된 넓은 평수의 여의도 고층 아파트에는 경제적 여유가 있는 중상류층과 고학력자가 입주했다. 손정목에 따르면 입주자의 70퍼센트 이상이 대학 졸업자였는데, 당시 한국 사회에서 고학력 집단이 이만큼 밀집된 곳은 드물었다. 거주민의 이러한 특성은 근린주구 원칙에 따른 주거지의 생활 방식과 결합해 더욱 폐쇄적인 문화를 형성

201

1978년 여의도 시범아파트 전경,
서울역사박물관 소장

했다. 근린주구 지역은 좁은 도보생활권 안에서 대부분의 생활 문제 해결이 가능하므로 특별한 볼일이 있지 않은 한 그곳을 벗어날 일이 별로 없다.

여의도의 '특수학군제'는 이를 더 공고히 만든 매개였다. 1984년 강남 8학군이 사회문제가 되기 훨씬 이전에 여의도는 계급에 따라 학력 자본이 상속되는 '특수학군제'로 운영되었다. 그것은 인근 영등포의 가난한 지역 학생이 여의도의 학교에 진학하지 못한다는 의미다. 동시에 일단 여의도에 살면 나란히 붙어 있는 여의도국민학교, 여의도중학교, 여의도고등학교로 이어지는 학창 시절을 보낸다는 것을 의미한다. 초등학교부터 고등학교까지 이어지는 교우관계의 폭은 여의도고등학교의 학생이 여의도중학교 출신인지 윤중중학교 출신인지로 갈리는 정도에서 끝난다. 여의도가 앞서 말한 목동, 광장동, 강남과 공유하는 비슷한 특성 중 하나는 바로 높은 성적과 대학 진학률을 자랑하는 '학군'의 존재였다. 다른 곳으로 이사를 하지 않는 한, 비슷한 성장배경과 계급과 문화를 공유한 사람끼리 접촉하며 살아갈 확률이 높아질 수밖에 없다.

여의도에서 계속 자란 사람은 의식할 수 없지만, 이러한 지역에서 성장한다는 것은 다른 사람과 다른 방식으로 도시를 경험한다는 의미도 포함했다. 예컨대 1970~1980년대의 여의도 학생은 다른 중고등학교 학생처럼 교문을 나서면 펼쳐지는 문구점, 분식집, 서점과 같은 각종 가게와 다양한 사람이 북적거리는 거리를 지나치지 않았다. 그 대신 학생들이 기억하는 것은 대로변의 고층 건물과 여러 가게가 입주한 상가건물이다. 여의도백화점, 라이프쇼핑센터, 한양쇼핑센터, 대

203

교A상가, 우정상가, 홍우빌딩 등 다양한 건물을 중심으로 그 안에 입주해 있던 가게들이 기억 속에 배치되어 있다. 우정상가의 아메리카나, 대교B상가의 모니카의 집, 장미상가의 문방구, 미주상가의 독일빵집, 63빌딩의 웬디스. 이것이 여의도 아파트단지에서 성장한 학생들만의 고유한 기억방식이다.

부모의 입장에서 보면 분식집, 오락실, 만홧가게, 당구장 등 학생을 유혹할 만한 가게가 눈앞에 보이지 않는 것은 매우 안전한 상황일 것이다. 그러나 학생들은 각자 나름의 방식으로 건물과 상가 구석구석에 숨어 있는 가게를 찾아냈고 그 장소들을 토대로 학교 바깥의 생활을 이어 나갔다. 온갖 가게를 학교 앞에서 몰아낸다고 해서 학생들이 그런 장소에 오염되지 않으리라는 것은 착각이다. 따라서 이 학생들의 기억을 삭막하다고 비판해서는 안 된다. 여러 건물 속에 숨겨진 만남과 즐거움의 장소를 찾아내고 방문하기 위해서는 친구들과 맺는 우정이나 입소문 같은 것이 더욱 중요해지기 때문이다.

분명한 것은 여의도 그 시절 학생들은 학창 시절을 다양한 가게가 있는 번잡한 통학길이 아니라, 용도별로 구분된 블록을 가로지르는 대로, 대로변의 고층 건물에 숨겨진 가게, 아파트단지 사이의 주차장과 녹지 사이를 걸어 다니던 것을 기억한다는 사실이다. 도시의 하이라이트가 화려한 쇼윈도, 다양한 상품, 복잡한 길, 다양한 사람의 바쁜 걸음 같은 활력에 있다는 통설을 떠올려 보면, 그 시절 여의도 학생들의 추억은 매우 특이한 것이다.

여의도는 손정목의 말대로 분명히 새로 건설된 "도심"인데, 이곳의 밤은 시끌벅적한 유흥가가 없는 적막한 시공간이다. 이곳은 폐쇄

1971년 5월 22일부터 8월 15일까지 전시된 여의도 시범아파트 모델하우스 개관 현장,
서울역사박물관 소장

적이기 때문에 밥값과 술값이 비싸고, 해가 지고 직장인이 퇴근하면 사람이 보이지 않는다. 여의도 한가운데 자리한 증권가와 각종 사무실이 있는 건물들은 밤마다 직장인이 빠져나가고 난 뒤 전형적인 도심공동화 현상을 겪는 장소가 되어 버렸다. 현재는 카카오 택시 등의 등장으로 사정이 달라졌지만, 한때 한밤의 여의도는 택시가 가려고 하지도 않고, 택시를 잡을 수도 없는 고립된 섬이었다. 인적이 끊기고 상점의 불이 꺼진 밤의 거리는 위험하기 마련이지만, 다행히 여의도는 안전한 편이었다. 미국 도시의 다운타운처럼 슬럼화되거나 우범지대가 되기 좋은 조건을 가졌으나, 서울의 치안이 전반적으로 좋았던 데다가 여의도가 부유층의 거주지였던 덕분이다.

또 다른 여의도 만들기에 대한 의문

이제 지어진 지 50여 년을 향해 가는 여의도 아파트단지는 오래된 것이 내뿜는 분위기, 사람들의 손길이 묻은 사물들, 추억을 상기하게 하는 옛 디자인들, 훌쩍 커 버린 울창한 나무들을 품고 있다. 시간의 축적이 오래된 아파트단지에 선사한 인간적인 흔적이다. 그러나 여의도 아파트단지의 주민들은 더 늦게 지어진 강남의 아파트들은 재건축되는데 더 오래된 여의도 아파트들의 재건축은 왜 지지부진해야 하는지 불만이 많다. 용적률이 더 높은 아파트를 지어 부동산 가격을 올려야 하는 조바심을 무시하는 서울시가 원망스럽기만 하다. 새로 지어진 건물일수록 더 좋고 비싼 것으로 여겨지기 때문이다.

아직도 특유의 철옹성 같은 분위기를 풍기는 여의도의 도시계획은 과연 성공적으로 실현된 것일까? 마천루의 사무실에서 새어 나오는 불빛, 63빌딩과 LG트윈타워 같은 랜드마크 등이 있지만, 누구나 자주 갈 만한 곳은 아니다. 국회의사당 건물은 커다란 도서관을 포함하고 있지만 외진 곳에서 한강을 내려다보며 권위주의적으로 빛난다. 자동차의 원활한 소통을 중시해서 몇몇 도로가 일방통행로인 여의도의 교통체계는, 이곳에 익숙한 사람에게는 아무것도 아닐 것이다. 그러나 목동의 일방통행로만큼은 아니더라도, 적어도 내비게이션이 대중화되기 전까지 처음 여의도에 들어간 사람을 당황하게 하곤 했던 일방통행로와 독자적인 교통체계는 이곳의 폐쇄적인 분위기를 더욱 강화한다.

이곳에서 자란 사람은 스스로 폐쇄적이고 독특한 문화 속에서 성장했다는 것을 깨닫기 어렵다. 도시의 거리가 선사하는 이질적이고 다양한 사람이 서로 부딪치는 풍경과 다양한 상품이 끊임없이 유혹하는 거리, 높낮이가 다른 건물과 낡은 간판으로 가득 찬 거리를 무질서와 혼돈으로 인식하면, 그러한 사람과 상품과 새로운 흐름을 자신의 생활반경에서 자꾸 몰아내고 싶기 마련이다. 여의도의 거주민이 이제 서울 시민에게 활짝 열린 여의도 둔치에 몰려드는 외부인의 소음과 쓰레기를 불쾌해하는 것은 이상한 일이 아니다. 그러나 그렇게 폐쇄적인 사회에서는 외부의 활력이 스며들 여지는 점점 줄어들게 된다.

지방의 소도시에도 여의도 같은 아파트단지를 만들고 싶어 하는

207

사람과 행정가는 이러한 신도심의 문제를 다시 생각해 봐야 한다. 단지 아파트단지를 더 짓는 게 문제가 아니라, 모두 똑같은 직사각형의 건물과 일직선의 도로와 고층 건물과 상가로 가득한 거주지를 더 짓는 것이 바람직한가 하는 것이다. 서울에는 건축 디자인이 서로 다르고 높낮이가 다양한 건물, 북적거리는 골목, 다양한 종류의 가게가 어디에든 존재해야 하고, 출신과 계급이 서로 다른 사람과 만남이 수시로 안전히 이루어지는 지역이 더 많아져야 한다. 그것은 무질서와 혼돈이 아니라 다양성과 활력의 포용이 될 것이다.

강남

서울 사람 아니고
강남 사람

금보운

공간의 형성을 기준으로 한국 사회를 이해한다면 강남의 탄생은 한국 현대사를 이해하는 데 중요한 분기점이 된다. 특정 지역을 대상으로 한 정부의 집약적인 투자와 지원이 적용된 사례로서 이후 신도시 개발, 부동산의 가치증식 수단화, 행정기관의 이동을 통한 주민 분산 등 정부 주도 개발계획의 기원이 되었기 때문이다. 무엇보다 강남은 서울과 함께 한국을 대표하는 공간이 되었다. '강남스타일'은 아니더라도, 강남은 서울 내에 있지만 서울이 포괄할 수 없는 지역성을 띤다. 서울은 정치적·행정적·사법적·경제적·문화적·사회적 기능이 집중된 도시로서 한국의 수도라는 특성 외에도 실질적인 중심도시이자 종합도시이다. 그 안에서도 강남은 강남에 주소지를 두고 거주한다는 것만으로도 특정한 지위와 위계가 부여되는 공간이다.

한국에서 '강남에 산다'는 것은 그 자체로 한 사람의 많은 것을 드러낸다. 이는 한국 사회에서 강남의 의미가 이미 일반적으로 전파되고, 수용되었다는 것을 의미한다. 서울로써 설명할 수 없는 강남의 정체성은 사실 한번에 형성되지 않았다. 처음 개발이 시작된 시기부터 주민이 본격적으로 이동하며 현재의 이미지가 형성되기까지는 도미노 같은 연쇄작용과 사회적·경제적 변화가 반영되는 과정이 있었다. 강남이 본격적으로 개발되기 시작한 1970년대부터 현재까지 약 50여 년의 시기는 서울이 왕도로 정해지고 600여 년 동안 중심도시로서 역할을 해 온 역사에 비하면 턱없이 짧은 기간이다. 하지만 이 시기를 조명하는 것은, 정부가 집중적으로 개발을 시행할 수 있었던 시기적 배경과 더불어 주민의 구성이 이후 도시의 환경을 바꾸고 지역성에 영향을 미쳤음을 확인할 수 있다는 점에서 의미가 있다. 강남의 탄생은 한국 현대사가 지나온 한 시대의 반영이자 현재 사회의 단면이다.

강남은 '어디'일까, '무엇'일까

강남이라고 통칭했지만, 사실 강남이 어디인지에 대해서는 이를 인지하는 사람의 수만큼이나 다양하게 정의할 수 있다. 행정구역으로서 강남구를 말하기도 하고, 일반적으로 통칭하듯 강남구, 서초구, 송파구를 합쳐 강남 3구로서 인지하기도 한다. 강북에 거주하던 주민이 강남으로 이주하기 시작한 계기로서, 강북 소재 학교가 이전하면서 형성된 '강남 8학군'에 속하는 지역을 지칭하기도 한다. 논현동, 신사동, 또는 강남역 주변을 포함해 유흥시설이 집중된 지역을 통칭하는 지역명이기도 하다.

지리적 범위에 대한 의미 외에도 강남이 지닌 상징성을 통해 이

도곡동 타워팰리스와 개포동 구룡마을,
《연합뉴스》 2016년 11월 3일

해할 수 있다. 행정구역상 강남구에 속하더라도, 강남이 개발되기 시작한 시기부터 이른바 '전통적인' 강남 거주자의 거주지역으로서 테헤란로 북쪽에 위치하는 청담동·압구정동(테북)과 남쪽의 대치동·도곡동(테남)을 구분하여 인지하기도 한다. 이러한 구분은 '강남 거주'가 한 개인을 구성하는 요소에 부여하는 이미지, 즉 한국 사회에서 강남이 갖는 의미를 반영한 것이다. 즉 안락한 환경에서 체계적인 사교육을 경험하며, 일상적으로 고급 상품을 소비하고, 거주지 주변에 구축된 편의시설의 혜택을 받으며 형성된 하나의 생활 습관 또는 취향 그 자체를 의미한다.

물론 강남을 '무엇'으로 칭할 때 그 성격은 정반대의 것으로 설명되기도 한다. 클럽과 유흥업소, 명품매장 등 향락적이며 화려한 유흥과 소비의 문화로 상징된다는 것이다. 이러한 인식적 개념은 분명 강남지역 전체의 실제상을 반영하지 않는다. 이미 강남에 대한 다양한 인식과 이미지가 형성된 2006년만 하더라도 서울의 비닐 집 거주자 중 90퍼센트가 강남권에 집중되어 있었다. 2016년 서울시 개발계획에 포함될 때까지 강남 내 '판자촌'으로 일컬어진 구룡마을은 도곡동 주상복합아파트 타워팰리스를 마주 보고 있었다. 다시 말하면 강남이 갖는 이미지와 실제 주민 구성원 및 생활상에는 차이가 있다는 것이다.

처음 강남이라는 명칭이 등장했을 때 이는 한자 그대로 한강의 남쪽(江南)을 의미했다. 1963년 행정구역이 개편되며 경기도 광주군 구천면, 언주면, 대왕면, 중대면이 서울특별시 성동구로 편입되었다. 즉 지금의 강남지역은 사실 성동구에 포함되었다. 최근 강남을 마주한 지리적 위치를 내세워 고급 주상복합 건물이 들어서는 등 새로운 '핫플레이스'로 부상 중인 성동구는 사실 애초에 강남지역을 포괄하던 지역이었다. '한수 이남', '영동永東(영등포의 동쪽)'이라고 불리던 지역이 강남으로 지칭되기 시작한 시기는 1968년 '영동지구 토지구획정리사업 지구선정' 이후였다. 이 시기 '강남'은 정부가 개입한 개발사업 대상 지역으로 특정되며 호명되었고, 행정구역의 이름으로 공식화된 때는 1975년이었다. 이때의 강남구는 지리적으로 한강 이남 지역인 영동지구, 천호지구, 잠실지구의 18개 동을 의미했다. 이후 1979년 관악구에 속해 있던 지역이 동작구로 구분되었고, 관악구에 속해 있던 반포아파트지구와 방배지구가 강남구에 편입되었다. 강남구에 속해 있던 잠실 1~4동은 탄천을 경계로 강동구로 분할되었다. 이후 1987년 강남구에서 서초구가 분리되었고, 강동구에서 송파구가 분할되었다. 흔히 '강남 3구'라고 불리는 강남구, 서초구, 송파구는 사실 강남구가 1975년 행정구역으로 공식화된 이후 강남구와 강동구에서 분리된 것이었다. 이러한 유래에도 강동구를 포함한 '강남 4구'가 아니라 '강남 3구'로 지칭되어 온 것은 역시 지리적 구분이 아니라 해당 공간이 내포한 지역성을 반영한 명칭임을 드러낸다. 강남에 대한 경계와 그 경계로 형성된 공간의 성격을 구분하면 〈표〉와 같다.

다만 거주자의 인식과 비거주자의 인식, 거주자 중에서도 거주 시기, 지역에 따라 강남을 정의하는 범위는 달라진다. 예컨대 인터뷰를 통해 강남에 대한 '심상 지리'를 분석한 연구에 따르면 강남 거주자는 자신이 거주하는 지역을 중심으로 강남의 범위를 좁게 설정하는

〈표〉 '강남'에 대한 다양한 경계 정의

	자치구 단위 영역	비고
한강 이남	한강 남쪽에 있는 11개 구(강서구, 양천 구, 구로구, 영등포구, 금천구, 동작구, 관악 구, 서초구, 강남구, 송파구, 강동구)	문자 그대로 해석
		자연 환경적 기준
		종종 강북이 아닌 지역을 언급할 때 사용
영동	영등포구의 동쪽 또는 영등포와 성동 중 간 지역(서초구, 강남구, 송파구, 강동구)	도시화 개발 초기 계획상 지명으로 사용
강남 4구	서초구, 강남구, 송파구, 강동구	고급아파트 대단지 중심의 신도시
		사회계층, 문화집단에 관한 사회과 학적 연구에서 사용
강남 3구	서초구, 강남구, 송파구	상위계층의 집중 거주지
		사회계층, 문화집단에 관한 사회과 학적 연구에서 사용
8학군	서초구, 강남구	명문 고등학교 집중지
		입시 위주 교육환경

*출전: 정수열, 〈강남의 경계 긋기〉, 《대한지리학회지》 53, 2018, 178쪽.

데, 이때 그 기준은 안락한 거주환경 및 교육 수준뿐만 아니라 고급문
화 소비 성향, 사회적 지위였다. 강남은 실제 거주하는 주민과 대중적
으로 전달된 이미지를 소비하는 비거주민이 설정한 이미지이자, 공간
의 정체성이고, 지역성이다. '강남사람'은 한국 사회에서 자신을 설명
하는 데 활용되고, 자신을 스스로 위치 짓는 기제가 되었다.

안보와 정치,
강남으로 눈을 돌리다

'강남'이 일정한 공간을 지칭하는 것이 아니라 생활환경과 문화적 수혜, 한국 사회에서 한 개인의 지위를 상징하는 용어로 등극한 배경은 강남의 형성과정을 통해 살펴볼 수 있다. 강남의 탄생은, 한국 정부가 해결해야 하는 문제라고 파악했던 현상들의 타개 방안으로 개발 카드를 제시하면서 시작되었다. 그 문제는 도시의 인구 급증과 주거환경의 불안이었으며, 그 근간에는 분단으로 북한과 벌이는 체제경쟁이 있었다. 1960년 '4월 혁명'과 이승만 대통령의 하야를 촉발한 계기 가운데 하나였던 도시문제의 심화는 1950년대 내내 축적되어 온 농촌문제의 귀결이기도 했다. 저곡가 정책과 농지개혁의 실패로 발생한 농가 경제의 몰락은 이농과 도시인구의 집중으로 이어졌다. 특히 서울 인구의 급증은 판자촌과 빈민 인구의 확대를 가져왔다. 그중 도심 기능이 집중되어 있던 한강 이북 지역에 인구가 집중되었다. 도시인구의 생활이 안정되지 못한다면 사회적 불안으로 이어질 수 있었다.

도시인구로 인한 사회적 불안은 분단하 안보 측면에서 박정희 정부에 위기로 인식되었다. 당시 정부에 위기로 인지된 상황은 두 지점에서 비롯되었다. 하나는 사회적 불안정 자체가 북한에 대한 남한의 우월감을 주장하는 데에 장애가 될 것이라는 점이었다. 분단 상황에서 남북 간 체제경쟁이 전개되는 가운데 1960년대 들어 박정희 정부는 반공을 넘어 '승공勝共'을 내세우며 관련 정책을 시행했다. 특히 경제발전을 통한 체제의 우월성을 선전하고 정권의 정당성을 강조하는

1971년 제3한강교, 국가기록원 소장

것은 쿠데타로 집권한 박정희 정부의 국가 운영 방식이기도 했다. 이러한 목적에서 보면 도시문제의 심화는 사회 불안정으로 이어질 수 있었고, 이는 냉전 상황에서 체제의 우월성을 선전하며 정권에 대한 대중의 지지를 확보하고자 했던 목적을 달성하는 데 위기로 작용할 수 있었다.

다른 하나는 군사분계선에서 불과 40킬로미터밖에 떨어져 있지 않은 강북지역에 인구와 시설이 밀집되는 것에 대한 불안감이었다. 정부의 불안감은 실제 대책을 수립하는 것으로 이어졌는데, 위기 상황 발생 시 한강 이북에 집중된 인구가 쉽게 이동할 수 있도록 다리를 건설한 것이다. 실제로 1966년 제3한강교(현재의 한남대교)가 착공되었다. 당시 제2한강교(현재의 양화대교)는 군 작전용으로만 쓰게 되어 있어 피난이 가능한 한강 다리는 제1한강교(현재의 한강대교)와 광진교밖에 없었다. 이러한 상황에서 제3한강교는 불어난 강북인구의 대피를 위한 수단으로 사용될 수 있었다. 제3한강교는 1966년 건설될 때부터 북한을 의식하며 평양 대동강에 건설된 교량의 폭보다 넓게 지어야 한다는 군부의 요구가 반영되었다. 군사분계선과 가까운 한강 이북 지역에 인구가 집중되는 것을 막고, 한강 이남으로 분산하는 것은 잠재적인 위기 상황의 대비책이었다고 볼 수 있다. 다시 말하면, 당시 한국 정부 및 서울시가 인구 분산 문제에 직면했을 때 이를 안보와 연계해서 이해하며 해결하고자 했다는 것이다.

특히 한강 이남의 본격적인 개발은 박정희 정부가 승공을 목적으로 전개한 경부고속도로 건설사업에서 시작되었다. 경부고속도로 건설은 박정희 정부가 내세운 주요 공적 중 하나였는데, 1967년 대통령선거 공약에 따라 경부고속도로의 시작점이 제3한강교로 결정되었다. 앞서 언급했듯이 제3한강교는 평양 대동강 교량을 견제하며 넓게 건설되었기에 다수의 차량이 이동할 수 있어 고속도로의 출발점으로 적당한 요건을 갖추었기 때문이다.

하지만 경부고속도로 건설에 필요한 자원이 부족했다. 이때 부족한 자원을 충당하기 위해 제3한강교와 연결되는 영동지역에서 대규모 토지구획정리사업을 시행했다. 한국 정부는 이 사업을 통해 제3한강교에서 남쪽으로 7.6킬로미터에 달하는 고속도로 용지를 재정 투입 없이 무상으로 확보하고자 했다. 현재의 압구정동과 신사동 등지에 해당하는 영동지역의 구획정리사업은 당시 도로용지를 확보하기 위한 목적으로 시행되어 면밀한 계획이 수반되지 않았다. 이에 1968년 약 313만 평으로 잡혔던 구역의 면적이 1969년에는 429만 평으로 약 100만 평이 확대되기도 했다. 당시 일반적으로 구획정리하는 면적이 15~30만 평이었던 것에 비하면 약 10배 이상의 면적이 정리 대상으로 설정된 것이었다. 이는 정부가 적극적으로 추진하려는 의지가 반영된 것이라 할 수 있다.

이처럼 한강 이남 지역의 개발은 분단 상황에서 한국 정부가 서울의 인구집중 현상을 안보 위기 및 체제경쟁 측면으로 인식하면서 강조되었다. 위기 상황이 발생했을 때 인구 분배와 경제개발을 통해 승공하려는 목적으로 건설된 다리와 고속도로는 한강 이남 지역으로 이동을 수월히 했고 동시에 정부 주도 개발의 시발점이 되었다. 하지만 그 이면에 박정희 정부의 정치자금과 관련된 배경이 추정되기도 한다. 당시 정부의 강남 개발계획이 토지 투기와 관련이 있다는 것이다.

관련 연구는 영동지역에서 기존의 구획정리사업 외에 새로운 대규모 구획정리사업을 추진했다는 점에서 그 근거를 찾는다. 1970년 서울시 도시계획국장 윤진우가 땅을 매입한 이후 1971년 5월까지 약 18만 평을 평균 1만 6000원에 매각해 약 20억 원의 정치자금을 조성했다는 것이다. 윤진우가 제공한 자료를 근거로, 당시 서울시의 영동 2지구 구획정리사업 계획이 없었다면 1년 정도의 짧은 기간에 대규모의 토지를 매매해서 거액의 자금을 마련하는 것은 불가능했을 것이라는 섬에서, 이러한 추정이 제기되었고 이를 수용한 연구도 확인할 수 있다.

강남의 탄생, 행정적 지원과 교육의 결정타

이처럼 강남은 행정력과 자본을 통제할 수 있는 정부의 주도로 탄생했다. 다만 인구의 분산과 새로운 생활권 창출을 통해 사회안정을 이루는 것이 아니라 안보 및 정권 안정과 경제개발에 근본적인 목적이 있었다. 강남 개발은 정부가 사회적 역할을 하기 위한 목적으로 시작된 내실 있는 계획이라기보다 체제경쟁 및 성권의 안정적 유지를 목적으로 시작된 안보·정치적 목적의 계획이라고 할 수 있다. 이 같은 성격은 계획을 시행하는 과정에서 행정권을 활용하여 무리하게 개발을 추진하는 결과를 가져왔다.

우선 집단택지 확보를 위해 한강을 매립했다. 1968년 '영동지구

221

토지구획정리 사업지구 선정' 등의 개발계획으로 투기가 성행하면서 정부는 토지 매각을 통한 자금을 확보할 수 있었지만, 군소 지주들이 늘어나면서 집단택지를 확보하는 데 어려움이 있었다. 이에 정부는 한강을 매립하여 주택지구를 마련해 주었고 건설사가 주거단지 건립에 참여하여 정부의 주택단지 확보 계획이 시행되었다. 구체적으로 강남 최초의 아파트단지인 반포아파트 대단지는 1974년 경인개발이 매립한 토지를 대한주택공사가 일괄 구매하여 건설한 것이며, 현재의 압구정 현대아파트단지는 1975~1977년 현대건설이 매립한 압구정지구에 설립한 것이다.

이 외에도 정부는 강남 개발을 촉진하기 위한 지원정책을 추진하였다. 1970년 11월 양택식 서울시장이 추진한 〈남서울개발계획〉에 따라 1973년부터 영동-잠실지구에 대규모 주택이 건설되었다. 이에 1973년 영동 구획정리 지구가 개발촉진지구로 지정되면서 이 지구의 매매에 대한 각종 세금이 면제되었다. 면세 항목에는 부동산 투기 억제세, 부동산 매매에 관한 영업세 등의 국세를 비롯해 취득세, 등록세, 재산세, 도시계획세, 면허세 등의 지방세도 포함되었다. 토지 매매에 대한 세금 부과는 부동산 투기를 막기 위한 대표적인 방침이라는 점에서 부동산 매매에 관한 면세는 정부가 적극적으로 해당 지역에 대한 투기를 방조했다는 점을 드러낸다.

이에 앞서 1971년에는 박정희 대통령이 부천, 소사, 능곡, 구로, 광명 등 당시 발전하고 있거나 개발계획이 있던 지역을 그린벨트로 지정해 파장을 일으키기도 했다. 1972년부터 1973년에 이르는 기간에는 서울을 포함한 대도시 지역에 '특정시설제한구역'을 지정하고 공

1973년 말죽거리, 국가기록원 소장

장, 학교, 도매시장 및 터미널의 신설을 금지했다. 또한 정부는 한강 이북 지역에 도심재개발 지구를 지정해 일반건물의 신축, 개축, 증축을 금지했다. 이러한 정부의 지침에 따라 다른 지역에는 설치가 금지된 시설들이 1970년대 중반 이후 강남에 건설되기 시작했다는 점에서, 이러한 제한은 개발과 건설 투자를 강남에 집중하려는 조처라고 볼 수 있다. 정부가 주도해서 추진한 강남 개발은 영동지구에 이어 1976년에 잠실지구도 개발촉진지구로 지정되며 계속되었다.

이와 더불어 1975년에는 아파트지구제도를 도입했다. 개발이 시행되기 이전에 이미 땅을 구매한 개인 소유자가 있어 대규모 택지를 확보하는 데 어려움을 겪자, 정부가 임의로 지정한 지역에는 아파트 외에 다른 건물은 건설하지 못하게 제약을 가한 것이다. 공유수면을 매립하는 방식으로 대응하면서도 정부의 행정력을 이용해 개인의 토지 활용 권리를 제한한 것이다. 이때 지정된 아파트지구 중 강남지역은 총 6곳(반포, 압구정, 청담, 도곡, 잠실, 이수)으로 약 313만 평이었는데, 이는 전체 아파트지구 약 372만 평의 84퍼센트였다. 영동지구만 보았을 때도 약 236만 에 이르렀다.

같은 해 한국 정부는 서울시청을 강남으로 이전하는 계획도 수립했다. 이 계획은 대법원 등 각급 법원과 검찰청, 관세청, 산림청 등 14개의 2차 관서, 한국은행, 산업은행, 외환은행 등 8개의 금융기관, 한국전력 등 정부출자기업체, 서울역 등 주요 철도역까지 모두 112개 기관을 강남으로 이전한다는 것이었다. 정부는 이를 인구분산을 유도하기 위한 정책으로 발표했다. 하지만 실제 목적보다 투기 확대의 결과를 가져왔는데, 서울시청 이전계획의 경우 발표 이후 투기가 성행하고, 지가가 상승하는 등의 부작용이 발생했다는 이유로 일주일 만에 철회되었다.

이와 같이 정부가 집중해서 행정 권력을 남용하고 정책을 시행한 것은 권위주의 정부의 국가운영 방식을 반영하는 것으로 강남 개발을 통해 당시 시대상을 확인할 수 있는 지점이다. 특히 강남으로의 인구이동은 한국 사회의 원동력이자 고질적인 문제인 교육문화를 반영한다. 강북지역에 도시의 모든 기능이 집중된 만큼, 강남이 개발된다고 하더라도 강남으로 생활권을 이주하는 것은 원활히 이뤄지지 않았다. 지지부진했던 인구이동이 본격적으로 시작된 직접적인 계기는 학군의 이동이었다. 한강 이북의 이른바 명문 고등학교가 강남지역으로 이전하기 시작한 것이다.

정부가 원하는 대로 학교가 수월히 이동하지는 않았지만, 정부가 토지를 매입해 학교 건설부지를 제공하고 거기에 기업도 참여하게 하자 1976년 경기고를 필두로 학교가 이전하기 시작했다. 이후 1980년까지 경기여고, 서울고, 휘문고, 정신여고 등 15개의 고등학교가 강남으로 이전했고, 강남 집값 상승의 주요 요인으로 꼽히는 '강남 8학군'이 형성되었다. 8학군은 1974년 학군제가 최초로 실시되었을 때 5개였던 서울시의 학군이 1978년 9개로 늘어나면서 형성되었다. 이 시기 8학군은 서초구, 강남구, 송파구, 상농구였으나 1988년 구획이 조정되면서 강남교육지원청 관할의 강남구와 서초구만 포함되었다.

하지만 '강남 8학군'이라고 칭할 때는 좀 더 세부적으로 구분되는데, 강남구와 서초구에서도 반포, 서초, 영동, 압구정, 개포 지역 일대만을 가리킨다. 이는 강북 지역의 명문 고등학교가 이전한 지역을 중심으로 지칭하는 것으로서, 학군의 이동에 따라 거주지를 이주한 계층이 학교의 기존 지위 및 권위를 폐쇄적으로 유지하고자 하는 심상이 반영된 것이라 할 수 있다. 특히 학군 이동을 계기로 강남으로 이주한 이는 교육을 수단으로 고위직에 오르거나 전문직에 종사하는 사람들이었는데, 세대를 이어 계층을 유지하는 것이 관심사였던 만큼 학군의 권위를 유지하고자 하는 의지가 반영된 것으로 볼 수 있다. 명문 고등학교의 입학이 서열화된 대학의 입학으로 이어진다는 인식이 강화되면서 학군을 중심으로 한 거주지역은 더욱 적극적으로 형성되었다. 이는 다시 '강남 8학군'을 교육 특구로 형성하게 하고, 거주 욕망 및 지가를 상승하게 하는 요인으로 작용했다. 정치와 안보 목적으로 시작된 강남의 개발은 생활권을 도미노처럼 옮기는 데 그치지 않고 집약적이고 특권적인 생활공간을 형성한 것이다.

이러한 생활공간의 특징은 교통망과 같은 기반 시설이 구축되며 이루어졌다. 학교가 이동하면서 거주지를 적극적으로 옮겼고, 이는 다시 교통망의 구축으로 이어진 것이다. 우선 정부는 1976년 기존에 운영하던 강북터미널을 폐지하고 서초구로 고속버스터미널을 옮겼다. 강남 고속버스터미널을 기준으로 주변 반포동, 잠원동 일대 공지에 대규모 아파트단지가 들어섰다. 1974년 재임한 구자춘 서울시장이 고속버스터미널 이용자를 확보하기 위해 주변에 거주 단지를 건설한 것이었는데, 이후 1980년 종합운동장에서 잠실을 거쳐 군자동으로 이어지는 지하철 2호선 구간이 개통되면서 주민 이주를 더욱 적극적으로 유도할 수 있었다. 이처럼 1960년대 후반부터 1980년까지는 교육환경을 따라 강남지역으로 인구가 분산되면서 주거지를 건설하고 교통시설을 구축하는 등 생활환경의 기반을 마련한 시기라고 볼 수 있다.

모여드는 곳,
강남

그 이후 1980년대에는 문화적·경제적·행정적 측면의 기반 시설이 갖추어지기 시작했다. 1980년 서초동에 성모병원이 건립되었고 1985년 도곡동에 영동세브란스병원이 건립되는 등 대형병원이 자리를 잡으며 대형 의료기관으로의 접근성이 좋아졌다. 특히 문화적 측면에서 정부 주도의 국립 문화기관이 설립되었다는 점에 주목할 수 있다.

우선 서초구에 건설된 예술의전당이 있다. 1988년 개관한 예술의전당은 국내 최초의 종합예술센터를 표방했으며, 연면적 8500여 평규모로 건설되었다. 미술관과 자료관, 음악당, 서예당, 축제극장과 야외극장을 갖춘 종합문화센터가 강남에 자리를 잡은 것이다. 물론 예술의전당이 정부 주도로 건설한 유일한 문화시설은 아니다. 1972년 서울시민회관이 화재로 소실된 이후 1978년 세종문화회관이 건축되었기 때문이다. 하지만 세종문화회관이 행정 중심지인 종로구에 위치하더라도 기존의 서울시민회관이 있던 자리이며, 화재로 소실된 이후 재건축의 의미를 담고 있다는 점에서 행정도시의 성격을 강조하기 위한 것이라거나 도시개발을 목적으로 한 새로운 건설이라고 볼 수는 없다. 반면 예술의전당은 새롭게 공간을 구성하며 '국내 예술활동의

227

총본산'을 맡을 건물로 세워졌다는 점에 주목할 수 있다. 정부가 나서서 새롭게 개발하는 지역에 국가적 의미를 부여한 것이다. 예술의전당은 1983년 처음 설립계획이 세워진 이후 문화공보부의 지원을 받으며 부지를 확장하는 등 정부의 적극적인 관심 속에서 건설되었다.

이와 함께 1988년 남산에 있던 국립중앙도서관이 서초구로 이전했다는 점에도 주목할 수 있다. 국립중앙도서관은 총 4만 2000여 평 부지에 3년에 걸쳐 건설되었다. 서초구의 우면산을 비롯해 양재천이 흐르고 있어 녹지가 갖추어진 생활공간으로 소개되기도 했다. 녹지는 도시에서 쾌적한 휴식 공간을 제공한다는 점에서 생활환경의 질을 높이는 데 중요한 요소이지만, 이미 많은 시설이 갖추어져 공간이 부족한 구도심보다 새롭게 개발하는 지역에 계획적으로 조성할 수 있는 공간이기도 했다. 이러한 점에서 양재에 구축된 '양재시민의숲(현재 매헌시민의숲)'에도 주목할 수 있는데, 이는 1986년 서울아시아경기대회와 1988년 서울올림픽대회를 앞두고 양재가 서울 진입로에 위치한다는 점에서 외국인에게 선전하기 위한 용도로 조성되었다. 현재 다양한 기업의 고층 건물이 즐비한 가운데 수목이 조성된 넓은 부지로서 양재시민의숲은 산책과 휴식을 위한 심미적 공간을 제공한다.

행정적으로는 1978년에 서울고등법원 및 각급 지방법원과 서울고등검찰 및 서울지검 등의 검찰청이 이전하기 위해 필요한 토지 8만여 평의 확보를 계획했다. 1985년 조달청과 함께 법원연수원이 옮겨지며 법조단지가 조성되기 시작했다. 이후 부지확보 및 건립과 관련한 논의를 지속하다 1995년에 이르러 대법원 청사가 이전하며 '서초동'의 상징적 의미로서 법조단지가 완성되었다.

경제적으로는 1988년 한국무역협회가 건설한 '한국종합무역센터 (COEX)'에 주목할 수 있다. 한국종합무역센터는 1979년에 개장한 '한국종합전시장(Korea Exhibition Center, KOEX)'의 후신이라고 할 수 있다. 6만 평 부지에 총 55층의 건물이 들어섰고 그와 함께 무역회관, 종합전시장, 호텔, 백화점, 아케이드, 도심공항터미널이 갖추어졌다. 주로 외국 수입상을 대상으로 숙식과 상품 비교, 구매 상담 및 쇼핑, 출입국 절차를 한번에 할 수 있게 갖춘 시설이었지만, 시대의 변화에 따라 대형 영화관, 유명 식당 및 업체가 입점하면서 2000년대 서울의 중심 문화공간 역할을 하기도 했다. 특히 도심공항터미널은 한국종합무역센터를 찾는 구매자의 출입국 수속을 편리하게 하고 해외여행객의 급증에 따른 김포공항의 혼잡을 덜기 위해 건설되었다. 1989년 해외여행 자유화와 함께 해외여행객의 편의를 도모할 수 있는 시설이 강남에 설립된 것이다. 1985년 양재에서 구파발을 잇는 지하철 3호선이 개통되고, 1990년 용산 시외버스터미널이 서초동으로 이전하면서 서울 시내를 넘어 전국으로, 나아가 국외로 소통할 수 있는 모든 교통수단이 강남에 구축되었다.

1990년대 강남역 일대와 압구정동이 소비와 유흥문화, 유행을 주도하는 공간이 된 것은 우연이 아니다. 교육환경을 매개로 한 계층의 이동과 문화적·행정적·경제적 기관의 설립 및 이전, 교통시설의 집중은 강남으로 인구가 집중되게 하고 그와 더불어 소비 규모에 따른 공급 규모의 증가로 이어지게 해 새로운 상품과 문화가 끊임없이 투입되게 했다. 1994년 강남과 강북을 잇는 대표 다리인 성수대교(1979년 준공)의 붕괴와 1995년 초호화 소비시장이었던 서초동 삼풍백화점

(1989년 개관)의 붕괴는 가속화된 개발에 기인한 절차적 비리에 경종을 울렸지만, 강남의 성장은 멈추지 않았다. 이미 조성된 소비 규모와 문화적 향유는 강북에서 강남으로의 인구 이주가 쉽지 않았듯 바뀌기 어려웠다.

강남은 역사적으로 집약된 개발과 교육을 중심으로 한 생활환경의 조성, 소비계층에 따른 유흥 및 상품의 공급 집중, 경제 규모 상승에 따른 투자 및 개발의 집중 가속화 등이 이루어져 왔으며, 시간이 흐를수록 점점 더 지역적 격차를 확대해 가고 있다. 최근에는 강남과 연계되어 있으며, 강남을 바라볼 수 있는 입지로서 옛 강남을 품고 있던 성동구가 새로운 고급 거주지로 주목된다. 하지만 이 또한 근본적으로 강남의 입지를 기준으로 형성된 공간으로서 강남으로 상징된 이미지가 전국으로 수용되기 시작한 것이라 볼 수 있다. 이미 전국에서 '○○의 강남'이라는 말이 일상적으로 사용되는 것처럼 말이다.

강남은 행정구역상 서울에 있지만, 수도인 서울보다 한국을 대표하는 도시가 되었다. 1970년대 서울의 문제를 해결하기 위해 개발된 지역은 비단 강남만이 아니었지만, 강남만큼 행정력이 투입되어 적극적으로 개발되거나 계층이 이주해 오거나 문화적·행정적·경제적 시설이 집중된 곳도 없다. 경제적 호황과 침체를 거치는 과정에서도 강남의 대표 지역은 더욱 정비되고 화려해지고 있다. 오늘날 문화·행정·경제 그 모든 것의 강남은 마치 한국에서 서울보다 의미가 더 큰 듯하다. 역사적으로도 1960년대 후반 강남 개발은 분단 상황에서 안보적·정치적 선택으로 시작되었고, 권위주의 정부가 행정력을 남용해 시행되어 왔다. 또한, 경제성장 시기에 문화·행정·경제·교통 측면의 지원을 집중해서 받을 수 있었다. 이렇듯 강남 개발은 냉전하 권위주의 정부의 개발 정책에서 비롯된 것으로 경제 가속화 시기의 상징이다. 이러한 점에서 강남이 반영하는 시대성은 역으로 현재 한국 사회에서 '강남 개발'식 개발이 이후 도시개발의 본보기가 될 수 있을지 고민의 지점을 제시한다.

강남, 서울 사람 아니고 강남 사람

장위동

못다 한 교외 주택지의
꿈은 현재진행형

이연경

드라마 〈비밀의 숲〉 시즌 1 첫 화. 황시목 검사는 박무성의 어머니 집을 찾아 헤맨다. 오래되어 보이는 동네 슈퍼가 있는 단독주택가. 골목을 따라 걸어가다 보면 인조석 마감 기둥 사이로 짙은 푸른색 대문과 쪽문이 나 있고, 대문 위로는 식물이 자라거나 장독을 올려 두었을 법한 평평한 캐노피가 있는 집이 나온다. 대문 앞에서 바라보면 돌출된 2층 처마에는 한옥의 서까래를 닮은 장식들이, 2층 테라스에는 역시나 한옥의 목제 난간을 닮은 문양의 콘크리트 난간이 보인다. 꽤 널찍한 마당을 지나 반 층 정도 계단을 오르면 노란색 벽돌 모양의 타일로 마감된 1층 현관문에 다다른다. 삐걱거리는 소리가 들리는 듯한 알루미늄 샷시 현관문을 지나 내부로 들어가 보자. 간유리가 끼워진 목재 미세기문과 반짝반짝 잘 닦인 마룻바닥, 부엌과 거실을 구분하는 아치형 목재 개구부, 방안의 장판과 벽지, 장식이 있는 목제 가구. 모두 오래되었지만 정성스레 관리되어 있는 모습이다. 어린 시절의 우리 집 또는 할머니 집을 떠올리게 하는 1970~1980년대 전형적인 서울의 중산층 주택의 모습이다.

황시목 검사는 사건을 신고하며 '후암동'이라고 말한다. 하지만

233

그가 걷던 골목길 풍경 속에 흐릿하게 보이는 '장위교회'라는 돌에 새겨진 글자들. 맞다, 이곳은 후암동이 아닌 장위동이다. 이제는 거의 사라져 버리고 없는, 1970~1980년대 전형적인 주택가의 풍경을 간직하고 있던 곳이자 재개발을 앞두고 빠르게 변모하고 있는 곳. 박무성 어머니의 집 또한 2019년 철거되어 버렸고 지금은 6층 빌라가 신축되어 있지만, 1980년대 꽤나 부잣집 소리를 들었을 이 주택에는, 그리고 이 주택가가 속한 장위동에는 못다 한 교외 주택지의 꿈이 남아 있다.

기찻길을 따라 펼쳐진
교외 주택지의 꿈

장위동은 조선시대에는 한성부 동부 숭신방 장위리로 한성부의 경계에 위치한 동네로, 우이천 주변으로 논밭이 둘러싼 한적한 변두리 농촌이었다. 장위리에는 장위산인이라 불리던 윤용구가 살았다. 윤용구尹用求(1853~1939)는 해평윤씨 윤희선과 그의 셋째 부인 여흥민씨의 둘째 아들로, 덕온공주가 후사가 없이 사망하자 숙부이자 덕온공주의 부군인 윤의선尹宜善(?~1887)의 양자로 들어갔다. 윤용구는 1894년 이후 장위동에 은거하면서 지내 장위산인이라 불렸는데, 이는 덕온공주의 묘와 재사齋舍가 장위동에 있어 장위동에 은거했기 때문이었다. 윤의선이 짓고 윤용구가 1907년 관직을 사직한 이후부터 1939년 사망할 때까지 오래 머무른 장위동 재사는 지금은 김진흥 가옥이라 불

장위동 남녕위재사 ⓒ이연경

리는 남녕위재사南寧尉齋舍이다. 이곳은 제사를 준비하기 위한 재실뿐 아니라 사랑채, 안채, 별채도 구성된 가옥으로, 1977년 서울특별시 민속문화재 제25호로 지정될 당시 소유주의 이름을 따라 김진흥 가옥이라 불린다. 지금은 진흥선원으로 사용되는 남녕위재사는 장위동의 자연촌락 다섯 마을 중 윗마을에 위치했다.

장위리는 우이천에서 분기한 물길을 따라 다섯 마을이 위치했다. 우이천 서측의 위쪽부터 윗마을, 중간마을, 아랫마을, 그리고 북서측 구릉지의 명덕골과 남서측의 활량리로 이루어진 마을 사이사이에는 논밭이 개간돼 있었다. 장위리에는 윤용구 일가를 비롯한 윤 씨와 최 씨, 그리고 한 씨가 모여 살았다. 명덕골과 활량리 그리고 윗마을에는 주로 윤 씨가 중간마을과 아랫마을에는 주로 최 씨가 그리고 중간마을 일대에 한 씨가 집성촌을 이루었다.

일제강점기에도 장위리에는 큰 변화가 없었다. 한성부가 경성부로 명칭이 바뀌었고 1914년 이후에는 경기도 고양군 장위리로 행정구역이 변경되었지만 실제로 도시적 변화는 크지 않았던 것으로 보인다. 그러나 경성부의 인구가 급증하며 주택난이 심화되고, 1936년 〈대경성계획〉이 발표되며 상황은 달라진다. 장위동의 변화에 결정적인 영향을 준 것은 바로 1937년 경춘선 철도의 부설이었다. 지금도 그렇지만 철도 부설은 철도가 지나는 일대의 개발을 불러왔다. 특히 경춘선 철도의 부설은 서울의 동쪽 지역의 주거지 개발이라는 산물을 만들었다. 경춘선은 경성부 성동역과 강원도 춘천역을 오가는 93.5킬로미터의 사설철도로, 1937년 5월 공사를 시작해 1939년 7월 개통되었다. 조선식산은행을 비롯한 조선인 자본가와 조선인 주주 들이 설립한 경춘철도주식회사는 철도부설과 자동차 운수업, 주택지 개발, 유원지 개발 등의 부대사업을 함께 계획했다. 그중 주택지 개발은 금곡, 청량리, 전농정, 장위리, 월곡리 등에서 이루어졌는데, 경춘철도주식회사는 장위리에서 1938년 경춘선 철도가 지나는 선로 북쪽의 활량리 일대 6만 평의 토지를 매입하고 정지整地작업을 시작했다. 그 결과 경춘철도가 지나는 북쪽 위로 직사각형 모양의 블록에 직각으로 교차하는 도로 체계를 가지는 토지구획정리가 이루어졌다. 그러나 당시 어떤 연유 때문인지 정확히 알 수는 없지만, 아마도 전시체제기의 상황 때문에 이 주택지에 실제로 주택은 거의 건설되지 못했다. 1954년까지도 이 일대는 몇몇 주택을 빼놓고는 토지구획만 된 상태로 남아 있을 뿐이었다.

지금도 새로운 철도나 도로가 개통되면 그 주변에는 신도시가 들어선다. 이 같은 개발방식은 근대 이후 보편화된 도시개발방식으로 식민지 조선에서도 마찬가지였다. 특히 일본에서 철로를 따라 교외 주택지를 건설하고자 했던 계획은 조선에도 자주 '전원도시'라는 이름으로 소개되곤 했다. 그러나 식민지 조선의 '전원도시'라는 교외 주택지의 꿈은 사실상, 자급자족하는 소규모 도시, 철도로 연결되는 커뮤니티 기반 공유경제를 꿈꾸는 하워드식 전원도시가 아니라, 철도로 통근이 가능한 서울 외곽의 주택지를 의미하는 것이었다. 그러나 1930년대 말 사회경제적 상황은, 내용은 없고 형식만 받아들인 이 전원도시의 꿈마저도 실현치 못하게 만들었다.

장위동, 못다 한 교외 주택지의 꿈은 현재진행형

재건주택, 부흥주택, 국민주택:
해방 후의 주택공급실험실

해방 이후 경춘철도주식회사 소유의 토지는 운수부로 이관되었다. 경춘철도주식회사가 소유한 장위동 68, 246, 262, 269번지와 산 3번 지 일대의 필지 중 1941년 이후 개인이 소유한 일부 필지를 제외하고는 대부분 운수부 소관으로 국유화되었다가 1954년 무렵부터 일반에 불하되었다. 그러나 이 과정에서 토지의 소유권을 두고 계명의 숙과 대한부흥사의 대표였던 이종현 사이에 소유권 분쟁이 일어나기도 했다. 결국 소송 끝에 이종현이 승리해 경춘철도주식회사 소유의 토지는 대한부흥사의 소유가 되었으나, 1958년 이후 이 필지는 대부분 대한주택영단의 소유가 되었고 이곳에는 재건주택과 부흥주택이 건설되었다.

대한주택영단은 1942년 주택난을 해결하기 위해 설립된 국책회사인 조선주택영단을 전신으로 하는 회사로, 1948년 대한주택영단으로 이름을 바꾼 후 한국전쟁 이후 극심한 주택난을 극복하기 위해 후생주택, 부흥주택, 재건주택 등 다양한 이름의 소규모 주택을 빠른 속도로 대량 공급했다. 장위동 68번지 일대에 경춘철도회사가 정지작업을 해 둔 필지는 재건주택과 부흥주택을 짓기에 더할 나위 없이 좋은 땅이었다. 다만 소규모주택을 짓기에는 기존의 필지가 다소 커 이를 이분의 일로 나누거나 사분의 일 크기로 분할해 각각 4호 연립 부흥주택과 2호 연립 재건주택을 건설했다. 1958년 같은 해에 짓기 시작한 부흥주택과 재건주택은 그 규모와 형태는 다소 달랐지만, 전후 복구와 재건이라는 목적으로 국가가 대규모로 공급하는 소형주택이라는 점에서는 성격이 같았다. 9평 규모의 단층 부흥주택과 17평 규모의 2층 재건주택은 시멘트벽돌로 지어진 조적식 구조의 건물로 연탄 보일러로 난방을 했다.

재건주택과 부흥주택이 말 그대로 전쟁 이후 부족한 주택을 빠른 속도로 공급해 전후 복구라는 목적을 위해 지어졌다면, 이후에 등장한 국민주택은 대한주택영단이 대한주택공사로 이름을 바꾼 이후 공급하기 시작한 주택이었다. 획일적인 모습으로 지어진 재건주택, 부흥주택에 비해 다양한 평형과 평면을 제안한 국민주택은, "과거 수년간 각종 재료와 각양각색의 주택 형태를 금번 새롭게 개량한 주택"으로 "가능한 주방을 넓게 하고 각 실마다 2면을 외기에 접하게 하였으며 마루(거실)를 중심으로 하는 한·양 절충식 형태"를 갖춘 대한주택공사의 야심작이었다(대한주택공사, 《주택》 1, 1959, 47쪽). 장위동에서는 1962년부터 1964년까지 3년 사이에 두 차례에 걸쳐 국민주택단지가 건설되었다. 1962년 처음으로 건설된 국민주택지는 재건주택과 부흥주택 남측인 장위동 66번지와 상월곡동 7번지 일대에 총 108세대 규모로, 1963~1964년 2차로 건설된 국민주택단지는 장위동 246번지 1615평의 택지에 110세대가 장월로를 중심으로 들어섰다. 1차로 건설된 장위동 66번지 국민주택은 8평, 15평의 두 유형이, 2차로 건실된 246번지에는 10평, 11평, 12평, 15평(1, 2 유형), 17평의 6개 유형의 주택이 건설되었다. 국민주택단지는 대지면적 50평 규모의 단독주택으로 비교적 넓은 정원을 가질 수 있었다. 재건주택과 부흥주택, 국민주택이 쭉 늘어서 있는 1960년대 후반 이후 촬영된 사진에서는 마치

재건주택, 부흥주택, 국민주택이 늘어선 장위동 66, 68번지 일대 모습,
대한주택공사,《대한주택공사 주택단지총람 '54-'70》, 1979

부흥주택 일대의 모습,
2020 ⓒ이연경

현재는 사라진, 장위골목시장 쪽
재건주택의 모습, 2020 ⓒ이연경

장위동에 남아 있는 국민주택의 모습,
2020 ⓒ이연경

1965년 장위동에서 일어난
테러사건 검증 당시 촬영된 장위동 국민주택,
국가기록원 소장

주택모형을 레고블록에 가지런히 놓은 듯한, 새롭게 형성된 주거지의 모습을 확인해 볼 수 있다. 그리고 이 주택을 채운 이들은 한국전쟁 이후 장위리에 유입된 외부에서 이주해 온 사람들이었다.

언덕 위의 하얀 집, 아니 언덕 위의 거북이집·독수리집

1958년 이후 장위동에서 재건주택과 부흥주택, 국민주택 등 국책사업으로서 주택 건설이 활발히 이루어졌다면, 1960년대 후반에는 동방생명보험회사 주도로 민간 주택지 개발이 이루어졌다. 현재 동방고개라 불리는 장위 1동 일대는 본래 윤용구 일가가 소유한 토지였으나, 1960년 9월 6일 동방생명보험회사가 윤용구의 후손인 윤명섭에게서 산 3-1번지 일대 토지 10만 7904평을 9600만 원에 매입함으로써 동방주택지라 불리는 주택 개발이 시작되었다. 동방주택지는 경사가 높은 구릉지에 조성되었는데, 1962년 8월 착공해 5년에 걸쳐 5단계로 진행되어 1967년 준공됐다. 공사는 동측의 기존 주택지와 맞닿은 부분부터 시작되어 점차 경사지 상부로 진행되었는데, 동방주택지 조성사업 또한 경춘철도주식회사 주택지와 마찬가지로 택지조성 사업이었다. 즉 전체적으로 격자형의 도로망과 비슷한 규모의 필지를 조성해 나가는 사업으로, 이후 각 필지를 개인에게 분양하고 주택은 각자가 건축하는 방식이었다. 그렇기에 필지 규모는 비슷하지만 각각 다른 다양한 모습의 주택이 1970년대를 전후해 동방고개에 등장할 수 있었다.

동방주택지의 개별 필지는 평균 50평 정도였다. 이는 국민주택의 규모와 비슷했지만, 실제 조성된 택지는 25평에서 150평까지 골고루 나뉘어 동방주택지의 규모는 국민주택에 비해 크게는 세 배가량이 되었다. 특히 동방주택지의 경우 고지대로 갈수록 필지가 커졌다. 장위동에서 가장 낮은 지역인 68번지에는 가장 작은 규모의 부흥주택과 재건주택이, 장월로를 따라 오르는 구릉지 일대에는 1963~1964년에 2차로 건설된 국민주택이, 가장 높은 동방고개 일대에는 100~150평 규모의 동방주택들이 자리를 잡는 양상이 되었다. 즉 높을수록 크고 좋은 집들이 들어선 것이었다. 동방주택지의 개발은 곧 1970년대 장위동이 신흥부촌으로 자리를 잡는 계기가 되었다. 동네주민들은 이곳에서 영화배우 문희, 허장강 씨뿐 아니라 다수의 군 장성도 살아 1970년대 말까지만 해도 별이 57개였다고 이야기한다.

동방주택지에 군 장성이 많이 산 것은 인근 태릉에 육군사관학교가 있었기 때문이라 알려져 있다. 지금은 동방주택지의 주민 구성도 크게 변하여 군 장성도 거의 거주하지 않지만, 그들이 살았던 흔적들은 이곳의 주택지 곳곳에서 찾아볼 수 있다. 독수리 문양의 난간 장식, 거북선 모양의 외벽 장식 등은 군 장성이 살았던 집에서 찾아볼 수 있는 특징들이다. 실제로 거북선 모양의 외벽 장식이 두드러지는 주택은 이순신 장군을 유독 존경했다는 한 해군 장성이 지은 집이라고 한다. 이 집의 주인은 시간이 지나며 여러 번 바뀌었지만, 거북선 모양의 외벽 장식은 여전히 남아 동네 사람들에게 거북이집이라 불린다. 유독 이런 모양들을 동네 곳곳에서 찾아볼 수 있는 것은 그만큼

243

동방주택지의 높은 석축들 ⓒ이연경

동방주택지에서 바라본 월곡산 방향
ⓒ이연경

동방주택에 살았던 군 장성이 많았다는 의미일 것이다.

지금은 '김중업 건축문화의 집'이라 불리는 장위동 230-49번지 주택 또한 1970년 동방주택지에 신축된 주택이었다. 이 주택은 1986년 건축가 김중업이 리모델링해 2016년까지 사용하다가 이후 '김중업 건축문화의 집'으로 재탄생됐다. 경사가 급한 언덕 위에 세워져 차고를 겸한 축대가 높게 서 있고, 그 위로는 수水 공간이 있는 작지만 알찬 정원이 펼쳐진다. 뻗어 나온 콘크리트 처마는 수평 돌림띠를 강조하고, 외벽에 붙여 만든 유리 온실은 정원에 기하학무늬를 만들어 내며 흥미를 더한다. 집 안으로 들어오면 반짝반짝 광내어 닦은 마룻바닥과 목제 난간, 그리고 계단실의 스테인드글라스가 눈길을 사로잡는다. 주변의 많은 동방주택이 뉴타운사업이 해제되면서 빌라로 변모하는 상황에서 김중업 건축문화의 집은 1970~1980년대 신흥부촌이었던 장위동의 기억을 저장하는 장소가 되었다.

또 한 번 새로운 주택지를 꿈꾸는 장위뉴타운

1950년대 후반부터 빠른 속도로 주택이 건설된 장위동은, 도로망과 기타 기반 시설이 갖추어진 다음에 주택지가 형성된 것이 아니라, 주택을 먼저 지었기 때문에 기반 시설이 처음부터 부족했다. 재건주택과 부흥주택, 국민주택 등이 들어선 일대는 도로조차 제대로 개수되지 않은 상황이었고, 고급주택지로 등장한 동방주택지조차도 작은 규모의 동방공원을 제외하고는 아무런 기반 시설이 갖추어지지 못했다. 따라서 1970년대 이후에도 계속 장위동 일대는 도로를 개수하고 공원 등 기반 시설과 시장 및 상가 등 상업시설 등을 확충하며 점차 도시로서의 기반을 갖춰 나갔다. 1970년대 동방주택지의 건설로 신흥부촌이 된 장위동은 1980~1990년대에도 계속 인구가 증가했으나, 강남 등 서울의 여러 지역이 개발되자 유출 인구가 많아졌고, 기존의 주택이 노후화됨에 따라 신흥부촌에서 대표적인 서민주거지로 변모했다.

2000년대에 들어 장위동은 또 한 번의 대규모 주거 중심 개발사업에 직면한다. 바로 "강북 최대 규모의 친환경 주거중심 신도시 실현"이라는 구호를 내건 2003년 장위뉴타운사업이었다. 2008년에 처음으로 그 모습이 구체적으로 드러난 〈장위재정비촉진지구 재정비촉진계획〉은 이후 수차례 변경되다가 결국 원래 계획 중 일부만 진행되었고, 뉴타운이 해제된 구역은 주거환경 개선을 위한 가로주택정비사업 등이 대안사업으로 진행되었다. 그 과정에서 장위 3동 일대는 북서울 꿈의 숲이 바라다보이는 아파트단지로 변모했으며, 장월로와 장위로 일대는 가로주택정비사업이 시행되는 중이다. 한편 뉴타운이 해제된 동방주택지 일대에는 빠른 속도로 신축 빌라가 들어서고 있다.

결국 장위동은 교외 주택지로 성공한 것일까 아니면 실패한 것일까? 아니면 경춘철도주식회사가 80여 년 전 꿈꾼 교외의 한적한 주택지는 '뉴타운'이라는 새로운 이름으로 재탄생한 것일까? 또는 여전히 지연된 채로 머무른 것일까? 20세기 후반 서울에 살았던 사람들의 머

247

돌곶이역 부근에서 바라본 장위동 일대 모습, 2020 ⓒ이연경

릿속에서 자신의 어린 시절을 떠오르게 하는 주택의 집산지, 해방 이후 한국의 주택전시장이라 불러도 무방할 장위동 주택지의 모습은 어디 간 것일까. 주택에 담긴 욕망은 신축 빌라에, 또 신축 아파트에 담겨 계속해서 변모하고 있다. 경성 동부의 교외 주택지라는 꿈에서 시작된 장위동의 이야기는 전후 복구와 재건을 위한 소규모 주택에, 신흥부촌의 명성을 떨치던 언덕 위 저택에, 또한 그 이후 이어진 뉴타운이라는 이름을 가진 다양한 개발사업에 담겨 지금도 이어지는 것은 아닐까.

장위동, 못다 한 교외 주택지의 꿈은 현재진행형

우리 동네와
'작은 미국' 사이

금보운

서울특별시 용산구
미군기지동洞?

유명한 연예인이나 기업인이 산다며 방송에서 유명해진 고급주택가가 즐비한 용산은 경치 좋은 한강 변에 있다. 《신증동국여지승람》에는 용산을 중심으로 주변의 경치를 읊은 시가 많이 소개될 정도로 아름다운 경치로 유명한 곳이었다. 그보다 앞선 시기인 고려시대 때도 이미 왕이 자주 찾아와 연꽃을 구경하면서 머무르기도 했다.《증보문헌비고》에는 예부터 상서로운 동물이라고 여겨진 용龍의 산山이라는 이름의 유래에 대해 백제 기루왕 때 한강에 두 마리의 용이 나타났기 때문이라고 기록돼 있다. 상서로운 동물이 나타났다는 전설을 가진 곳, 그 강을 끼고 있는 용산은 한남동, 갈월동 등 총 16개의 동으로 구성된다. 아니, 어쩌면 17개 동이라고 해야 할지도 모르겠다.

　총 약 80만 평(약 2.5제곱킬로미터)의 대지에, 둘레를 걸으면 후암동, 남영동, 한강로동, 이촌 1동, 서빙고동, 동빙고동, 이태원 1동, 이태원 2동, 용산동 2가 등 9개의 행정구역을 거치는 이곳은 용산 미군기지이다. 전체 용산구 면적 21.87제곱킬로미터의 약 10퍼센트가 미군기지로 구성된 격이다. 이 넓은 대지는 한때 국립중앙박물관, 용산가족공원, 전쟁기념관 등 현재 공공시설이 입지한 부지를 포함하고 있었다. 2021년 용산구가 공개한 자료에 근거해 기준 행정구역별 면적을 비교해 봤을 때 용산구에서 가장 넓은 면적을 차지하는 한남동(3.01제곱킬로미터)에 이어 다섯 번째로 넓다(한강로동 2.9제곱킬로미터, 이촌 1동 2.86제곱킬로미터, 서빙고동 2.8제곱킬로미터). 용산 미군기지는 하나의 동네이자 행정구역의 규모인 셈이다.

실제로 미군 기지는 시설 면에서 행정구역 및 거주지의 기능을 하기에 부족함이 없었다. 서울역, 용산역 등 주요 철도역과 인접해 있어 이동하기 편하고, 교회 및 종교휴양소, 병원, 상점, 극장, 초등학교와 고등학교, PX, 식당, 주한미군방송(AFN Korea) 방송국, 볼링장, 클럽, 레크리에이션센터, 호텔, 우체국, 이발소, 세탁소 등 일상생활에 필요한 시설을 모두 갖추고 있었다. 기지 내에는 육교가 설치되어 있기도 했으며, 기지 내에서 미군 및 미군 가족을 대상으로 영업하는 택시회사(아리랑 택시)가 따로 운영되기도 했다. '만초천'이라는 작은 개울도 흐르는 등 오랜 시간에 걸쳐 구축된 군사용 거주 공간이었다.

미군의 거주 공간으로서 용산기지는 규모가 큰 만큼 주요 기능을 기준으로 크게 세 구역으로 구분되어 있었다. 이는 '메인 포스트main post', '사우스 포스트south post', '캠프 코이너camp coiner'다. 메인 포스트에는 주한미군사령부나 한미연합사령부 등 주로 미군 근무지가 밀집되어 있고, 사우스 포스트에는 주거 및 근린시설이 갖추어졌다. 캠프 코이너에는 미8군을 지원하고 행정업무를 보는 시설이 있었는데, 주요 시설로는 제8인사사령부, 한국계약사령부, 제17항공여단, 제8헌병여단, 제1통신여단을 비롯해 공군 일부 부대가 주둔했다. 이처럼 미군기지는 군사적인 목적을 수행하기 위해 운영되는 하나의 행정구역과도 같았다. 같은 행정구역에서도 행정기능, 금융기능, 쇼핑기능 등이 구분되어 밀집된 것처럼 말이다.

또한 낡은 시설을 재건축하고 정비하는 것처럼 미군기지 또한 꾸준히 재정비하고, 필요한 시설을 갖추어 왔다. 일제강점기에 일본군이 주둔했던 용산기지에 미8군사령부가 이전한 시기는 1953년으로 정전협정이 체결된 이후였다. 전쟁 기간 사용한 임시 막사와 숙소는 안정적 주둔을 위한 벽돌 건물로 대체되어 갔다. 미군기지의 시설 개선 및 확충은 꾸준히 이루어졌지만, 미군은 비용 문제 때문에 적극적으로 진행하지 못했다. 비용 문제 외에도 더 주목할 수 있는 점은 한국 주둔이 언제까지 지속될 것인지에 대한 확신이 부족했기 때문이라할 수 있다.

실제로 미국에서는 미국이 대외정책 비용을 지출하는 것과 관련하여 1950년대부터 꾸준히 미군의 한국 주둔이 비판되었다. 일본 오키나와를 중심으로 대규모 군사가 주둔한 상황에서 한국의 전략적 중요성에도 의문을 제기했다. 미국 내 비판에 이어 1960년대 후반부터 조성된 미·소의 긴장 완화 및 1970년대 초 미·중의 관계 개선으로 미국의 대외정책이 변화함에 따라 해외에 주둔하는 미군의 규모에도 영향을 미쳤다. 주한미군도 예외는 아니었는데, 1971년 2만여 명이 감군되었고, 이후 1979년 미국이 더는 감군하지 않겠다고 발표하기 전까지 3000여 명이 추가로 감군되어 3만 7000여 명만이 남았다. 달

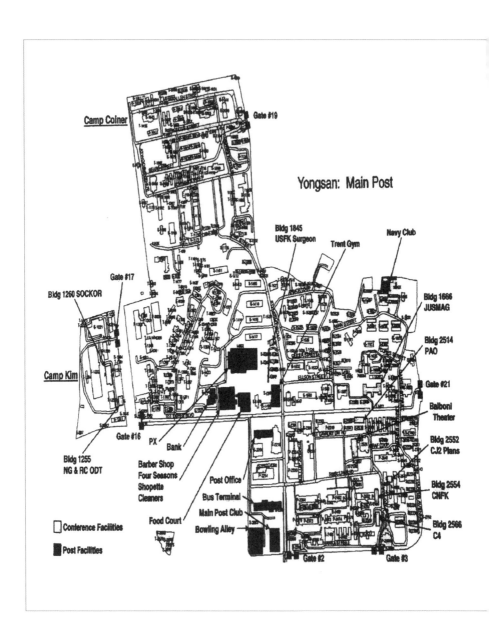

2012년 용산 미군기지의 메인 포스트(좌)와 사우스 포스트(우),
국방부주한미군기지이전사업단,《주한미군기지의 역사: 반환기지를 중심으로》,
국군인쇄창 재경지원대, 2015

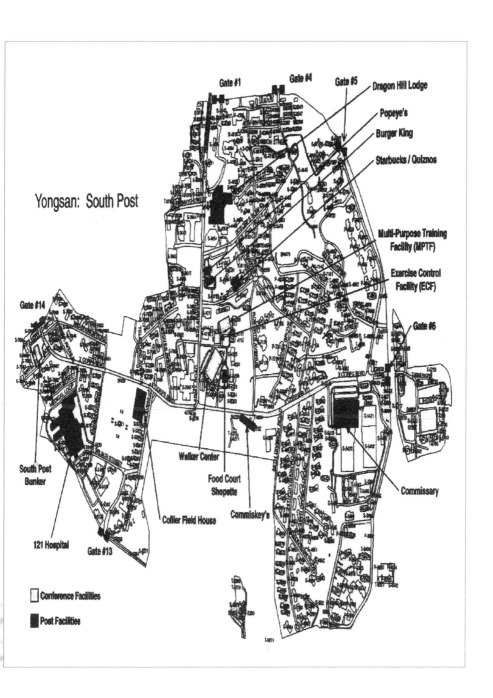

Yongsan: South Post

Gate #1 · Gate #4 · Gate #5 · Dragon Hill Lodge · Popeye's · Burger King · Starbucks / Quiznos · Multi-Purpose Training Facility (MPTF) · Exercise Control Facility (ECF) · Gate #6 · Gate #14 · South Post Bunker · 121 Hospital · Gate #13 · Collier Field House · Walker Center · Food Court Shopette · Commiskey's · Commissary

☐ Conference Facilities
■ Post Facilities

리 말하면 1970년대 후반에 이르러서야 주한미군의 규모가 안정적으로 유지될 수 있었다는 것이다.

주한미군이 현 규모로 실질적인 전투가 발발하지 않는 국가에 장기간 주둔한다는 것은 본격적으로 기지의 낙후된 시설을 개선해도 된다는 신호와도 같았다. 이를 반영하듯 현재 1950년 '6·25전쟁'부터 사용한 임시 막사 시설은 몇몇을 제외하고 모두 철거된 상태이다. 2002년에는 새로운 '커뮤니티센터'가 착공되었는데 3개의 농구장, 실내수영장, 체력단련실, 식당으로 구성된 신식 시설이었다. 거주시설의 재건축 과정처럼 미군기지도 임시로 사용한 시설을 개선해 가며 현대적인 시설을 갖추어 나갔던 것이다. 이때 벽돌, 시멘트 등의 재료를 사용해 장기적으로 활용할 수 있는 건물을 구축했다는 점에 주목할 수 있다. 특히 용산 미군기지는 미8군사령부를 비롯한 한미연합사령부, 미시설사령부 태평양지구 본부, 주한미군수사령부 등 지휘부의 사무실 및 장교와 그 가족의 숙소 등을 갖추었다는 점에서 기지의 건물이 안정적인 업무를 전개할 수 있는 환경이었다고 볼 수 있다.

용산 미군기지에 실제로 거주하는 군인의 숫자를 정확히 파악하기는 쉽지 않다. 미군 및 미군기지에 고용된 미국인으로서 군무원 및 그 가족과 카투사, 한국인 근로자를 포함해 총 2만여 명이 '근무'하고 있음을 확인할 수 있을 뿐이다. 게다가 이는 미군기지를 기준으로 한남동과 이태원동의 외인주택, 미군 전용 아파트를 비롯해 기지 밖에 거주하는 미군 및 군무원과 그 가족을 포함하는 숫자이므로 실제 미군기지에 '거주'하는 인원을 파악하는 것은 어렵다. 이에 거주자를 기준으로 파악된 행정구역의 인구 통계와 비교하는 것은 옳지 않

공중에서 본 미군 제7보병사단 31, 32보병연대 주둔지(현재 용산 삼각지와 전쟁기념관 일대),
신주백·김천수,《용산기지의 역사》2, 선인, 2020

다. 다만 2만여 명이 미군기지를 기준으로 생계 활동 및 일상생활을 전개한다는 점에서 그 규모를 용산구 전체 인구와 비교해 가늠할 수 있다. 1977년과 1987년에 30만 명을 넘은 이후로 2020년 현재까지 23~24만 명을 유지하고 있다는 점에 비추어 용산구 전체 인구의 약 1퍼센트가 주요 생활공간으로 시간을 보내는 곳이라는 것을 확인할 수 있다.

한국의 수도 서울에서 중심지라고 할 수 있는, 남산이 내려다보이는 입지의 용산 미군기지. 이곳에는 하나의 행정구역에 버금가는 규모의 부지에 그에 걸맞은 생활인구가 있으며, 해당 구역을 운영하기 위해 시설을 개선하고, 업무 및 휴양과 일상을 지원하는 시설이 갖추어져 있었다. 가시적인 성격을 살펴보면 이대로 용산구의 행정구역으로서 미군기지동이 되어도 무방해 보이지 않는가?

'작은 미국'의 흔적

하지만 1966년 체결된 〈대한민국과 아메리카합중국 간의 상호방위조약 제4조에 의한 시설과 구역 및 대한민국에서의 합중국 군대의 지위에 관한 협정〉, 일명 〈주둔군지위협정(SOFA)〉에 따라 미군 기지는 미국의 영역으로 간주한다. 미국이 해외에 파견한 군대와 주둔지에서 군사기지를 운영하는 데 미군이 배타적인 권한을 가질 수 있었던 것은, 제2차 세계대전 이후 미국이 수행한 대외정책의 맥락에서 이해할 수 있다. 미군은 1945년 제2차 세계대전의 패전국이자 조선을 식민화했던 일본에 대한 전후 처리의 하나로 한국에 주둔하기 시작했다. 이후 1950년 '6·25전쟁'을 계기로 정전 이후 장기 주둔한 것이다. 그 근거는 1953년 체결된 〈대한민국과 아메리카합중국 간의 상호방위 조약〉 4조, "상호적 합의에 따라 미합중국의 육군해군과 공군을 대한 민국의 영토 내와 그 부근에 배치하는 권리를 대한민국은 이를 허여 하고 미합중국은 이를 수락한다"였다. 미군의 한국 주둔은 전쟁과 상 호방위협정에 근거한 것이기도 하지만, 동시에 미국의 해외 군사기지 운영체제에서 태평양 지역의 안보를 분담하기 위한 목적도 있었다. 미군의 해외 군사기지 주둔과 기지에서의 미군의 권한은 1947년 미 합동참모본부(Joint Chiefs of Staff, JCS)가 정했는데, 미군의 한국 주둔은 한·미 양국의 관계만으로 설명할 수 없으며, 미국의 대외정책 운용이 라는 근본 목적을 수행하기 위함이었다는 점이 반영되었다.

이러한 배경으로 용산기지를 비롯한 주한미군기지는 한국의 행 정구역으로 볼 수는 없으며, 실제 주소도 한국과 다른 별도의 우편번 호를 사용한다. 용산기지의 미군이 평택으로 이전하기는 했지만, 그 이후에도 미군기지의 반환 절차 및 활용방안에 관한 논의가 진행되 었으며, 미군이 계속 사용하게 되는 부지도 있었다. 이미 반환이 완료 된 곳은 현재 용산구청 청사가 신축된 부지와 유엔군사령부 구역, 장 교와 그 가족의 숙소로 사용된 니블로 배럭Niblo Barracks 부지, 현재 용산공원으로 개방되는 장교 숙소 구역 등 일부이다. 2005년 한·미 정부가 체결한 〈주한미국대사관 청사 이전에 관한 양해각서〉에 따라 주한미국대사관이 이전할 부지 또한 미군기지의 영역으로 미국 정부 의 소유이다. 아직은 용산구의 '작은 미국'인 것이다.

259

용산구의 작은 미국이 한국 주소의 용산구로 편입되는 과정은 30여 년 전부터 시작되었다. 용산 미군기지의 이전 및 반환에 대한 논의는 1987년 12대 대통령선거에서 민주정의당 후보 노태우의 공약에서 시작되었다. 노태우 후보가 대통령에 당선된 후 1988년 8월 한·미 정부의 고위당국자 간의 협의가 전개되며 실무위원회의 소집과 논의가 계획되었다. 이 당시 용산기지 이전의 목적은 도심 한가운데에 있는 군사기지를 지방으로 이전하고, 용산기지를 한국 정부가 인수해 공원과 녹지-휴식 공간을 조성한다는 것이었다. 다만 미군이 군사적인 목적으로 활용하는 부지는 제외하고 미군이 위락시설로 활용한 야구장 등만 포함했다. 이를 위해 한국 정부는 미군이 이전할 부지를 물색해야 했으며, 이전 비용을 부담해야 했기에 그 비용을 최소화하는 방안을 모색했다. 그 결과 1990년 6월 25일 한·미 합의각서가 체결되었고, 이듬해 미군 골프장이 폐쇄되었다.

반환된 골프장은 1992년 '용산가족공원'으로 개장되었고, 1993년 국립중앙박물관을 신축하는 부지로 선정되었다. 미군이 이전할 지역은 1991년에 평택으로 결정된 바 있지만, 비용이 과도하게 든다는 문제로 미군의 실질적인 이동 및 부지의 공원화는 진행되지 않았다. 이후 2002년 〈한·미 연합토지관리계획(Land Partnership Plan, LPP)〉과 2004년 〈용산기지이전협정〉이 체결되며 본격적으로 전개되었다. 애초의 계획은 2008년까지 이전을 마무리하는 것이었지만, 10년이 미루어져 2017년 7월에야 완료되었다. 주한미군사령부가 이전한 경기도 평택시 캠프 험프리스에는 용산기지 설비의 95퍼센트, 근무 인원의 92퍼센트가 옮겨졌다. 2022년에는 대중에 기지 일부가 개방됐는

비어 있는 용산 미군기지 '캠프 킴Camp Kim', 《연합뉴스》 2020년 12월 6일
현재 캠프 킴은 한국 정부에 반환된 이후 개발 목적으로 철거된 상태다.

데, 이국적인 분위기를 느낄 수 있다며 줄을 서서 들어가는 '핫'한 장소가 되기도 했다. 무엇보다 한미연합사령부도 이전하면서 용산기지는 사실 비어 있는 기지라고도 볼 수 있다.

한미연합사령부의 평택 이전은 용산 미군기지의 군사적 기능이 축소되었음을 상징한다. 한미연합사령부는 1978년 설립되었고, 1957년 미극동군사령부가 해체되면서 도쿄에서 용산으로 이전한 유엔군사령부의 지휘권을 이어받았다. '6·25전쟁' 당시 이승만 대통령이 이양한 작전지휘권(Command Authority)은 정전 이후 작전지휘권의 하위 개념인 작전통제권(Command Control)으로 바뀌었으나 유엔군사령부에 속해 있었다. 이를 한미연합사령관이 이어받았다. 평시작전통제권은 1994년에 한국군 합참의장에 이양되었지만, 전시작전통제권은 여전히 한미연합사령관인 주한미군사령관이 갖고 있다. 이처럼 미군을 지휘하는 연합체로서 작전통제권을 보유한 한미연합사령부는 주한 미군기지에서 핵심 기구라고 할 수 있다.

한미연합사령부의 이전으로 주한미군의 '평택시대'가 열렸다고 평가될 만큼 용산 미군기지의 군사적 역할은 줄었지만, 기지가 곧바로 한국의 영토로 귀속되는 것은 아니다. 반환협의가 완료되더라도 이를 활용하기 전에 시행되어야 하는 환경오염 조사 및 정화와 관련한 논의는 언제 시작될지도 알 수 없다. 용산의 한 행정구역으로서 편입된다 해도 '작은 미국'의 흔적은 쉽게 사라지지 않을 것으로 보인다.

군사도시, 용산

미군이 용산에서 사라진다 해도 군사도시의 역사마저 사라지는 것은 아니다. 이미 국방부가 용산에 자리한 만큼 수도 서울에서 용산이 군사적인 역할을 담당했지만, 물리적인 시설뿐만 아니라 군사기지의 주둔으로 인한 영향력은 주변 지역의 생활공간 및 구성원과 관계를 형성하는 데도 반영되어 있기 때문이다. 물론 용산의 군사적 의미는 미군의 주둔으로 시작된 것은 아니었다. 이미 1899년 일본이 대륙 침략을 목적으로 경인선을 개통했을 때 용산역은 군대가 이동하고 군수물자를 수송하는 근거지가 되었는데, 1904년 〈한일의정서〉 4조에 따라 주병권駐兵權과 용병권, 군 시설권을 확보한 일본이 군사기지를 건설하기 시작했기 때문이다. 하지만 식민지에서 전쟁을 지원하고 식민지에 거주하는 일본인을 보호하기 위한 목적으로 운영한 군사기지와 주권 정부가 수립된 타국에서 군사적 목적에 따라 운영하는 군사기지의 영향력은 다르다.

특히 주한미군은 전쟁이 중단된 이후 평시에 장기간 주둔했다는 점에서 군사기지의 운영과 주변 지역에 대한 영향력의 특징을 확인할 수 있다. 실제로 주한미군은 전쟁이 일어나지는 않지만 분단 상황에서 이념대립이 전개되던 전장戰場에 주둔하며 기지에 위협이 될 수 있는 요소를 경계했다. 이는 기지를 둘러싸고 형성된 민간인의 생활공간에 직접 개입해 미군의 역할을 각인하고, 유대를 형성하는 방식으로 전개되었다. 군사기지와 주변 지역을 분리하지 않고 미군이 '관리'해 안정적인 기지를 운영하고자 한 것이었다. 이는 미8군이 용산어린

263

이놀이터를 건설하는 데 필요한 시설을 지원하는 것부터 시작해, 대연각호텔의 화재나 한강이 범람하는 수해 등의 재해가 발생했을 때 구호 활동을 하고 원조 물품을 제공하는 것에 이르기까지 넓은 범위에서 일상생활에 개입하는 방식으로 전개되었다.

일상적인 공간에 대한 지원은 직접적인 경제적 이익으로 이어지지는 않았지만, 근본적으로 생활에 필요한 요소를 충족해 준다는 의미에서 미군의 역할을 각인할 수 있었다. 특히 위기 상황에서의 구호 활동은 주한미군의 역할을 인도적인 성격으로 인지하게 할 수 있었다. 주한미군기지 주변에 거주하는 사람들이 일상적으로 미군을 접하고 미군의 역할을 인지하게 하는 것은, 미군에게 군사기지에 대한 위협을 예방하고 기지를 운영하는 데 협조를 끌어내는 필요한 활동이라고 여겨졌다. 또한 미군에 대한 부정적인 인식이 전국으로 확산해 기지를 안정적으로 운영하는 데 방해되지 않게 경계하는 정책이기도 했다.

물론 주한미군이 군사기지 주변에 조성된 주민과 우호적인 관계를 형성한다는 것이, 한국문화에 대한 심도 있는 이해를 기반으로 갈등이 형성되지 않는 상황을 구축했다는 것을 의미하지 않는다. 기본적으로 주한미군 대민정책의 목적은 미군기지의 안정적인 운영에 있었기 때문이다. 이에 정책은 양면적인 성격을 띠었는데, 평소에는 출입이 제한되는 용산기지를 민간인에게 개방해 미군 병사들이 즐기는 축제에 주민이 참여하게 하는 등 우호적인 관계를 형성하며 간접적으로 위협요인을 관리하면서도, 이태원 등 기지 주변의 상업 및 거주 지구를 미 헌병이 일상적으로 순찰하면서 경찰권을 가시적으로 보여 주기도 했다. 미 헌병은 미군을 규율하는 역할을 맡지만, 주한미군의 경우 기지 보호를 목적으로 경찰권을 활용할 수 있으며, 이는 한국인에게도 적용될 수 있었다.

이러한 주한미군의 양면적인 기지운영정책은 주한미군 범죄에서 극단적으로 나타난다. 주한미군 범죄는 기지 주변 민간인을 군사 임무의 완수와 기지의 안정적 운영이라는 공동 목표를 수행하는 데 필요한 파트너가 아니라, 존중하지 않아도 되는 존재로 보았음을 반영한다. 또한 〈주둔군지위협정〉 22조에서 규정된 형사재판권의 한계로 범죄가 발생해도 한국 측이 처벌권을 포기해야 하는 경우가 많았다. 실제로 〈주둔군지위협정〉이 발표된 1967년 2월 9일부터 12월 31일까지 미군 범죄 발생 건수는 전국에서 서울이 1441건으로 가장 많았고, 이 중 한국이 판결권을 포기한 건수는 1356건으로 약 94퍼센트에 달했다. 이러한 협정의 불평등한 양상은 1991년과 2001년에 두 차례 개정됨으로써 한국의 판결권이 보장되고 확대되어 실제 강력범죄를 저지른 미군에 실형을 내리는 상황에 이를 정도로 개선됐다. 그럼에도 개정안 또한 근무 중에 일어난 사고에 대한 판결 및 보상 등에서 한계가 남아 여전히 비판의 대상이 되고 있다.

무엇보다 주한미군이 장기적으로 주둔하며, 기지를 안정적으로 운영하기 위해 주변 거주민과 형성하고자 한 관계와 주한미군이 민간인에게 범죄를 저지름으로써 보이는 관계가 대비된다는 점에 주목할 수 있다. 이는 한국문화에 대한 이해와 인종적 인식의 해체보다는 저개발국가에 지원하면 미군에 협조하게 할 수 있다는 위계적 시각이 반영되었음을 의미한다. 이러한 양면적인 모습은 기본적으로 1여 년

265

의 단기 복무기간을 기준으로 교체되는 인원을 대상으로 시각 및 인식을 바꾸는 것이 비효율적이자 불가능한 일이었기 때문에 나타났다고 볼 수 있다. 그리고 이는 주한미군의 기지운영정책이 한국의 상황에 따라 변화할 수 있었다는 점을 드러낸다.

실제로 한국의 경제 규모가 커지고 사회 각층이 미군의 과도한 권한에 대해 비판하자 미군은 기지운영정책을 소극적으로 운영했다. 1971년 미군 감축과 군사력 재배치 이후 미군은 한국 주민의 일상생활과 밀접한 관계를 형성하기보다는 미군의 활동을 기지 내로 한정하며 갈등 요소를 관리하는 데 중점을 두었다. 한국의 경제 규모가 커지면서 미군의 생활환경 개선에 대한 지원이 헤게모니를 가질 수 없었던 현실도 작용했다. 서울의 난개발로 빈민촌이 형성되고 빈부격차는 존재했지만, 1979년 용산 제1지구가 재개발지구로 선정되는 등 한국 정부의 주도로 생활이 개선되고 있었다. 다시 말하자면 미국의 대외정책 및 한국 사회의 변화가 미군기지운영정책의 변화를 초래한 것이다.

이처럼 주한미군기지는 군사적 목적으로 주변 공간과 구성원이 관계를 형성하는 데 개입하면서도 시기에 따라 주변 공간의 영향을 받기도 했다. 군사기지의 존재 여부만큼이나, 기지가 존재하며 주변 지역에 미친 영향 역시 용산의 군사적 성격으로 볼 수 있다. 군사도시로서의 용산은 외국의 군대가 주둔했기 때문만이 아니라, 군사기지를 중심으로 기지 주변의 민간인 생활공간이 인지되고 군사기지 운영을 목적으로 한 정책의 대상이 되었다는 점에서 의미가 있다. 하지만 이는 미군의 일방적인 영향은 아니었고, 한국 사회 및 서울시의 공간 변화와 조응하며 변화해 왔다는 점에 더 주목할 필요가 있다.

우리 동네, 용산

용산 미군기지의 군사시설이 이전되면서 그 주변으로 높은 건물이 들어섰고, 미국의 대표 커피 프랜차이즈 동빙고점이나 주상복합건물에서 미군기지를 내려다볼 수 있다. 군사 기능이 작동할 때는 상상도 할 수 없던 일이다. 높은 담벼락으로 둘러싸인 미군기지 옆을 걸으면서도 그 안에 군사기지가 있는지 그냥 담벼락인지 인지할 수 없기도 했다. 걷다 보면 마주치는 경찰이나, 미군 구역임을 알리며 출입 금지를 공지하는 푯말을 볼 때면 상기할 수 있었을 뿐이다. 수도 한복판에 군사기지가 주둔하며 민간인의 일상과 접하고 있었다는 것을 쉽게 인지할 수 없을 만큼 군사기지는 용산의 정체성을 형성했다고 할 수 있다. 용산은 이국적인 문화를 느낄 수 있는 젊음의 공간과 이러한 분위기와는 대비되는 한적한 고급주택가가 조성되어 있으며, 외국인 집단주거지가 형성되어 있기도 하다. 그만큼 다양한 모습을 띤다.

　해방 이후 한국을 완전히 떠난 적 없는 주한미군, 그리고 주한미군과 태평양 지역 미군의 구심점 역할을 했던 용산기지는 용산의 공간적 성격의 중심에 있다. 군사적인 공간과 민간인의 생활공간이 기지를 경계로 분리된 것 같지만, 사실 기지의 운영에 따라 공간의 성격을 형성하는 데 영향을 미쳤다. 용산 미군기지가 축소되어 일부는 용산구의 행정구역으로 편입되더라도, 연락사무소는 남으며, 주한미국대사관이 용산으로 이전해 새로운 공간을 조성할 것이라 알려져 있다. 도시가 재개발되고, 재건축하며 공간을 바꿔 가듯이 한·미 간 군사적·외교적 관계와 정책의 결정이 용산 미군기지라는 공간을 바꿔 갈 것이다. 물론 미군의 주둔이 환경오염이든 문화유산으로서의 건물이든 흔적을 남겼듯이 그 변화는 미군 주둔의 역사 위에서 전개될 것이다.

구
로

미싱은 아직도
돌아가는가

이상혁

수출산업기지 '구로공단'의 탄생

우리나라는 일제강점기 35년과 6 · 25전쟁 3년의 시기를 겪으며 가난의 수렁에 빠졌다. 세간에 떠도는 말로 한국이 선진국과 같은 경제 규모를 갖추는 것은 쓰레기통에서 장미꽃이 피는 것과 같았다. 현재 한국의 경제적 위상이 믿기지 않을 정도로 전후 한국은 GDP 순위를 뒤에서 손꼽는 나라 중 하나였다.

전후 세계 최빈국 중 하나였던 한국은 기본적인 의식주부터 자본, 자원 모든 것이 열악했다. 국제연합한국재건단(United Nations Korean Reconstruction Agency, UNKRA)이나 미국 등의 선진국에서 원조를 받아 간신히 전후 복구를 진행하던 상황이었다. 한국 경제에 원조는 상당히 중요했다. 폐허가 된 나라에서 국민은 '당장 먹을 밥'이 필요했고, '잘살아 보자'는 간절함이 있었다. 국민의 간절함은 국가가 경제개발계획을 수립해 한국의 경제 재건을 추진하는 결과를 낳았다. 경제 재건은 나라의 숙제이자 사명이었다. 이런 경제개발계획은 이승만 정부

271

부터 노태우 정부까지 이어졌는데, 경제자립이 궁극적인 목표였다.

구로공단은 이러한 경제개발계획에서 탄생했다. 구로공단은 수출산업의 획기적인 발전을 도모하려는 목적으로 조성되었다. 구로공단이 개발되기 이전에 구로 일대는 논과 밭이 주를 이뤘다. 〈제1차 경제개발 5개년 계획〉을 추진한 박정희 정부는 구로공단을 통해 수출을 증대하고자 했다. 이에 1964년 〈수출산업공업단지개발조성법〉이 공포되고, 상공부가 중심이 되어 공단을 관리했다. 공단으로 선정된 부지의 논밭은 매립되었고, 이곳에 거주하던 농민은 정부에 의해 쫓겨났다. 이후 상공부는 구로공단에 입주를 희망하는 기업 중에서 지정을 하여 허가를 했다. 그리고 법에 맞게 철저히 수출의 의무를 입주 기업에 부여했다.

구로공단은 두 가지 특징이 보이는데, 하나는 중소기업이어야 입주가 가능했다는 점이다. 대기업의 무분별한 잠식을 저지하고 비교적 관리하기 편한 중소기업을 통해 집중적으로 수출액을 끌어올리고자 했다. 최초로 입주한 기업에 연간 25만 달러의 수출실적을 숙제로 내건 것은 수지 개선에 대한 정부의 강력한 의지를 보여 줬다.

다른 하나는 입주한 기업 중 일본에 거주하는 재일교포가 운영하는 기업이 다수 존재했다. 이전까지 한국은 일본과 수교하지 않은 상황이었다. 자본이 필요했던 박정희 정권은 1965년 일본과 협정을 맺고 수교를 했다. 정부는 이 일을 지렛대 삼아 일본의 기술력 있는 자본이 구로공단에 입주하길 희망했던 것이다. 그래서 써니전자를 비롯한 재일교포의 기업이 구로공단에 입주했다.

구로공단은 경공업 제품을 주로 생산하고 수출했다. 시기에 따라

1976년 구로공단 3단지 전경, 국가기록원 소장

업종의 변화는 있었으나 주로 섬유·봉제, 전기·전자, 기계, 출판, 가발 등 노동력이 필요한 경공업이 자리했다. 그중에서도 섬유·봉제와 전기·전자 기업이 주축을 이뤘다. 섬유·봉제 공장에서는 의류, 수출용 원단, 완구(인형) 등이 만들어졌고, 전기·전자 공장에서는 TV, 카세트, 팩스 등이 만들어졌다. 구로공단에 입주한 기업들은 미국, 일본을 비롯한 선진국에서 발주받아 OEM(주문자 상표 부착 생산) 방식으로 제품을 만들었지만, 수출할 때는 '메이드 인 코리아'를 붙여서 판매했다. 오늘날 한국 기업이 해외 공장에서 제품을 생산해 판매하는 방식이었다. 그리고 납품 기한을 맞추기 위해 쉬지 않고 기계를 가동했다. 1965년 영등포구 구로동을 중심으로 하는 약 14만 평에서 개발된 단지는 이후 가리봉동 일대를 포함하며 빠르게 확장되었다. 입주한 기업 또한 처음 지정된 15개에서 200여 개가 넘었고, 노동자 수도 2000명이 안 되었다가 1980년 이후로 10만 명이 넘었다.

오늘날과 같은 자동화 생산시설이 들어오기 이전이었기 때문에 구로공단의 기업들은 노동력을 최대한 활용하는 방법으로 공장을 돌렸다. 때마침 저임금의 노동력도 풍부했다. 1960년대 일자리를 찾아 도시로 몰려드는 이촌향도 현상과 겹친 것이다. 이리하여 구로공단은 성황을 이뤘다. 구로공단은 우리나라 수출액의 약 10퍼센트를 차지했다. 단일 공단의 수출실적으로 주목할 만한 곳이었다. 구로공단은 일자리가 있는 곳이었고, 국가가 주도하는 수출성장 경제를 상징하는 장소였다. 그렇게 구로공단 인근은 대한민국 수도 서울에서 '공업'을 상징하는 곳이 되었고, 가장 인구가 많은 지역 중 한 곳이 되었다.

사계절 반복되는 여공의
애환

구로공단으로 모인 노동자는 강도 높은 노동에 시달려야 했다. 한 생산설비에 약 20명 내외의 노동자가 작업하는데, 작업공정마다 작업반장이 붙어 감시했다. 노동자들은 그들의 고향에서 경험해 보지 못한 삼엄한 경계를 감내해야 했다. 노동자들은 이름을 잃고 생산설비에 부여된 번호로 불렸다. 혹여나 불량이 나면 작업반장이나 감시관에게 한 소리를 들어야 했다. 이러한 환경은 늦은 밤에도 계속되었다. 잔업은 다반사였고 심할 때는 철야 근무를 했다. '너를 대신할 사람은 많아.' 이것은 당시 구로공단에 몰려든 노동자가 놓인 처지를 정확히 보여 주는 표현이었다. 계속된 밤샘 근무에 졸음이 밀려와 사고가 나는 일도 다반사였다. 심하면 졸음을 쫓기 위한 약물을 공장에서 복용하도록 강제했다. 노동자들은 손발이 부르터도 생산설비를 떠날 수 없었다. 그들은 계속해서 제품을 조립하고, 상품을 만들어야 했다. 열악한 환경에서도 노동해야 했지만, 그에 대한 보상은 합당하지 못했다. 구로공단에서 나름 큰 업체였던 대우어패럴에서 근무한 사람도 월급이 쥐꼬리와 같았다고 증언한 점에서 영세한 중소업체에서 근무한 노동자들은 두말할 나위가 없었다.

이러한 환경에서 근무했던 노동자는 주로 여공이었다. 여공은 대개 경제적 형편 때문에 상경해 공단으로 모였다. 물론 농촌에서의 삶에서 벗어나거나 좀 더 나은 교육여건을 확보하기 위해 도시로 떠난 배경도 있었다. 하지만 공단에서 근무한 여공들은 상경한 목적을 달성하지 못했다. 구로공단으로 모인 여공은 주로 지방에서 상경했고, 저학력에 저연령이라는 특징이 있었다. 대다수의 여공이 20대 미만 이었고, 초등학교(당시 국민학교) 졸업 정도의 학력이었다. 이들은 야학 으로 학업을 이어 가려 했으나 하루의 대부분을 팍팍한 공장에서 시 달린 이후였기에 정상적인 학업이 될 리 만무했다. 저임금은 기본이 었고, 여기에 권위적인 공장 관리자와 남성 노동자의 성차별과 성폭 행의 위험에 늘 시달려야 했다. 만약 성범죄가 발생하더라도 구조적 으로 여공을 해고하는 분위기를 만들었기 때문이다. 낮에는 '수출의 역군'이자 밤에는 '야학도'로 치열히 살았던 그들이지만, 그들에게 돌 아온 것은 사회의 차가운 시선이었다. 당시 여공은 '공순이'라고도 불 렸는데, 여공을 얕잡아 부른 단어였다. 증언 중에는 공순이라 불리기 싫어 일부러 화려한 차림을 했다는 기록이 있을 정도였다. 여공은 직 장과 사회에서 만연한 차별적 대우를 받았다. 그런데도 여공은 떠나 지 않고 공장에서 일했다. 일자리를 구할 방법이 달리 없었기 때문이 었다.

> 빨간 꽃 노란 꽃 꽃밭 가득 피어도
> 하얀 나비 꽃 나비 담장 위에 날아도
> 따스한 봄바람이 불고 또 불어도
> 미싱은 잘도 도네 돌아가네

- 노래를 찾는 사람들, 〈사계〉(1989) 중 1절

1989년 노래를 찾는 사람들이 발표한 〈사계〉는 이러한 인간의 기

1972년 구로공단 가발공장, e영상역사관 소장

본적인 권리조차 무시된 여공의 삶을 대변했다. 1970년 절규했던 전태일 열사의 외침이 무색하게 여공들은 1년 365일 내내 공장에 청춘을 바쳤음에도 인간으로서의 대우조차 받지 못했다.

열악한 것은 근무 환경만이 아니었다. 이촌향도로 여공이 서울로 몰려들었지만, 이들을 수용할 만한 주거 공간이 부족했다. 이들은 구로공단 인근에 주거촌을 형성했다. 이 주거촌은 일명 '벌집촌'이라고도 불렸는데, 마치 벌집처럼 쪽방이 다닥다닥 붙어 있는 모습에서 생겨난 말이었다. 2~3평 남짓의 간신히 누울 자리만 있는 비좁은 방에는, 잔업을 마치고 야학을 끝내고 녹초가 된 여공이 겨우 잠을 청할 수 있는 유일한 공간이었다. 그렇지만 충분히 휴식을 취할 수 있는 공간은 절대 아니었다. 화장실은 공용이었으며, 밖에서 들려오는 취객과 비행 청소년의 고성과 소란은 그들의 잠자리를 시끄럽게 했다. 그리고 경제적 여건 때문에 한 방에 3~4명이 사는 일도 있었다. 물론 오전·오후 교대근무로 최대한 공간을 활용하고자 했으나 오늘날처럼 자신을 위한 휴식은 불가능에 가까웠다.

이런 환경에서도 여공이 희망을 잃지 않고 공순이 생활과 야학을 멈추지 않은 것은 자기의 삶과 가족의 곤란한 살림살이에 조금이라도 보탬이 되고자 한 몸부림이었다. 그런 몸부림이 무색하게도 형편이 개선될 기미는 보이지 않았다. 장시간 노동을 했음에도 월급은 너무나도 적었기 때문이다. 후술할 1985년 구로동맹파업의 주요 무대 중 하나였던 대우어패럴에서 근무한 노동자는 하루 평균 2850원을 벌었는데, 그에 비해 월평균 80~100시간에 달하는 잔업과 열악한 근무 환경, 차별대우에 시달렸다. 그렇게 한 달을 죽어라 일했지만 손에 쥐

벌집촌 쪽방, 금천구청 소장

어진 것은 10만 원에도 미치지 않는 월급이었다. 그들이 일한 대가는
절대 정당하지 않았다.

　시간이 지나 1980년 민주화의 봄이 일어나면서 노동자들도 권력
에 저항하기 시작했다. 노동자들의 투쟁은 이전부터 있었지만 각 공
장마다 또는 기업마다 산발적으로 이뤄졌다. 그런데 이제는 연대투쟁
을 시작한 것이다. 이 시기에 여공을 포함한 노동자들도 부당함에 정
면으로 맞서기 시작했다. 1980년 3월 4일 구로공단에 입주한 남화전
자의 노조결성을 계기로 시작된 노동자들의 투쟁은, 전두환을 필두로
한 신군부가 5월 17일 계엄령을 선포하기 전까지 전국으로 확대되었
다. 노조는 노동조건의 개선과 임금인상, 체불임금 청산을 요구했다.
그러나 신군부는 여공을 포함한 노동자들을 가차 없이 탄압했다. 어
용노조를 만들어 노동자 사이에서 내분이 일어나게 하거나 군홧발로

구로, 미싱은 아직도 돌아가는가

1985년 구로동맹파업 당시 공장 창밖으로 현수막을 내거는 대우어패럴 노동자들.
민주화운동기념사업회 소장

노동자의 요구를 짓밟았다. 심지어 평생 가 본 적도 없고, 알지도 못하는 북한과 엮어 불온한 사람으로 만들었다.

　그런데도 여공들은 굴하지 않았다. 1985년 구로공단 지역의 10개 노조가 참여한 구로동맹파업은 여타의 파업과 달리 여성 노동자가 중심이었다는 특징을 보였다. 비록 700여 명에 달하는 여공이 해고되고 노조도 와해되었으나, 단순한 경제적 투쟁에서 민주화 투쟁으로 연장해 발전시켰다는 의의를 남겼다. 물론 여공들의 저항이 전문적이고 정교한 정치투쟁에는 미치지 못했으나 민중운동에서 '연대'라는 씨앗을 심었다. 이는 훗날 87년 6월 민주항쟁에도 양분이 되었다. 87년 6월 민주항쟁으로 이루어 낸 민주화로 여공들에게는 희망이 보이는 듯했다.

시대의 변화, 구로공단의 쇠퇴

그러나 1980년대까지 공업의 메카였던 구로공단은 민주화 달성 이후 급격히 쇠퇴했다. 수출목적의 경공업이 탄력을 잃었기 때문이다. 1970년 이후 정부가 집중적으로 투자한 중공업은 1980년대에 본격적으로 결실을 보았는데, 조선·철강·자동차 등의 중공업 분야로 고개를 돌린 정부가 해당 산업에 집중적인 특혜를 주며 육성한 결과였다. 이때 성장한 중공업 기업들은 현재에도 대한민국 경제의 중요한 축이 되었다. 기존의 경공업은 정부 정책에서 후순위로 밀렸다. 구로공단은 그동안 정부의 보조라는 강력한 무기를 등에 업고 외화벌이에 입지를 다지고 있었으나 점차 그 힘을 잃어 갔다. 그러자 '단군 이래 최대 호황기'라는 1990년대에 구로공단은 호황은커녕 수출 부진에 빠져 도산을 걱정해야 하는 처지에 놓였다.

경제가 성장하면서 과거의 저임금 노동집약적 경영 방식은 통하지 않았다. 1992년 구로공단에 놓인 구인난을 보도한 기사는 구로공단에서는 일당 만 원도 벌지 못하지만, 건설공사 현장의 일용직은 일당이 5만 원이 되었다고 전했다. 노동자들이 더는 열악한 구로공단에서 악착같이 일해야 할 이유가 없어진 것이다. 공단에 입주한 기업들은 노동자를 구하기 위해 여러 방법을 써 보았으나 많은 노동자에게 일용직 일당만큼의 임금을 지급할 여력이 충분치 않았다.

특히 경공업은 적은 자본으로도 추진할 수 있는 분야라 경쟁자도 많고 가격 경쟁도 중공업에 비해 치열한 편이다. 거기에 노동집약적인 구조가 뒷받침되어야 하므로 상대적으로 저임금이 보장되지 않으

281

면 사업을 지속하기 곤란했다. 그런데 1980년 이후 경제성장 속도가 급속히 증가하며 국민의 소득 수준도 급격히 증가했다. 이른바 '마이카 시대'를 달성한 1990년대에 이르자 국민에게는 저임금의 구로공단이 전혀 매력적인 취업처가 아니었다. 그리하여 구로공단을 가득 메웠던 여공은 신기루처럼 다른 직장을 찾아 흩어졌다. 이를 견디지 못한 공단의 많은 기업은 다른 곳으로 이전을 했고 빈자리가 생긴 구로공단은 점차 슬럼가가 되어 갔다.

IT산업단지로 바뀐 구로공단, 계속 돌아가는 미싱

점점 낙후되어 가던 구로공단은 21세기가 되며 다시 태어났다. 1997년 IMF 외환위기는 대한민국 산업의 전반을 개편했다. 기존 재벌도 도산하는 분위기에서 새롭게 주목된 분야가 있었다. 바로 IT산업이다. 김대중 정부는 외환위기를 IT산업을 통해 돌파하고자 했다. IT산업과 인프라에 집중적으로 투자한 정부는 구로공단을 만든 것처럼 디지털단지를 조성했다. 정부는 구로공단 일대를 '서울디지털국가산업단지'로 명명하고 벤처기업을 포함한 IT기업을 유치했다. 이에 맞춰 기존의 낙후되고 자리가 빈 지역에 새로 진입한 IT기업이 입주했다. 여기에 약 7000여 개의 기업이 공단의 빈 구역을 채웠다. 과거 수출산업을 상징했던 구로공단은 오늘날 판교와 함께 대한민국에서 IT산업을 상징하는 장소가 되었다. 즉 구로디지털단지, 가산디지털단지

구로디지털단지 전경

가 탄생한 순간이었다. 최초 7000여 개였던 기업의 수는 점차 늘어나 2021년 기준 1만 4000여 개가 되었다. 여기에 경공업단지가 완전히 사라진 것은 아니어서 두 디지털단지에는 과거 구로공단의 흔적·유산이 함께 공존하고 있다.

과거 구로공단에는 여공들이 있었다면, 디지털난시에는 15만 명에 달하는 IT 노동자가 들어왔다. 첨단기술인 IT를 활용하기 때문에 환상을 가질 만한 이 직종에는 아이러니하게도 과거 구로공단과 같은 문제점이 드러났다. 수출 기한을 맞춰야 한다는 명목 아래 청춘을 바친 여공처럼, 개발 기한을 맞춰야 한다는 명목 아래 IT 노동자들은 자신의 청춘과 건강을 바치고 있다. 정부는 주 52시간으로 법정근로시간을 정했지만, IT기업이 밀집한 지역의 사무실 불빛은 꺼질 줄 모른다. 그리고 '업계의 특성'이라는 명분으로 언제 해고될지 모르는 불안에 놓였다. 여기에 포괄임금제도 더해져 노동의 강도에 비해 저임금을 받고 있다. 비정규·저임금·장시간 노동은 60년 전과 다를 바가 없다. 구로공단을 채웠던 여공은 떠나갔지만, 구로디지털단지를 새로 채운 IT 노동자는 여공에 필적하는 과로에 시달린다. 특히 마감 일정이 임박하면 고강도의 장시간 노동을 하는 '크런치 모드'가 가장 심했다. '크런치 모드'에 들어가면 노동자들은 야근은 기본이고, 주말에도 일해야 했다. 회사 건물은 24시간 내내 불이 켜졌다. 이를 가리켜 '구로의 등대'라는 용어가 등장할 만큼 구로디지털단지의 IT기업 거리는 불이 꺼지지 않았다. 여기에 2000년대 중후반부터 지속되어 온 IT 노동자의 과로사 문제는 사회적 이슈로 떠올랐다.

2010년대 후반 사회적 압박을 받은 IT기업들은 근로 환경을 개선하겠다고 발표했다. 야근 금지, 주말 근무 금지 등 기업마다 다양한 대책을 발표했다. 그러나 법제적으로 보장된 사항이 아니기에 미봉책이라는 비판을 많이 받았다. 특히 근원적인 문제들, '크런치 모드', 포괄임금제, 불안한 고용구조 등의 문제는 여전히 남아 있다. 미싱은 이제 돌아가지 않지만, 컴퓨터는 계속해서 돌아가고 있다.

구로, 미싱은 아직도 돌아가는가

3

공간의

명암

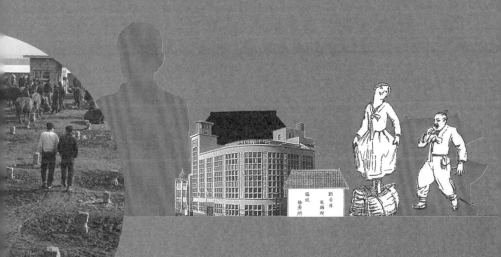

개발과 빈곤의
연대기

서준석

아무래도 난 돌아가야겠어.

이곳은 나에게 어울리지 않아.

화려한 유혹 속에서 웃고 있지만

모든 것이 낯설기만 해.

- 장철웅 작곡, 김순곤 작사, 〈서울 이곳은〉

위 노래는 1994년 MBC 드라마 〈서울의 달〉에 삽입된 주제곡으로, 2013년 tvN에서 방영된 드라마 〈응답하라 1994〉에서 리메이크되어 다시 삽입되기도 했다. 노래는 같지만, 두 드라마의 분위기는 너무나 다르다. 〈서울의 달〉이 당대 서울의 '달동네'를 배경으로 했다면, 〈응답하라 1994〉는 1994년 서울 신촌의 하숙집을 주된 배경으로 한다. 이처럼 두 드라마는 비슷한 연대를 다루지만, 〈응답하라 1994〉는 어느 정도 재력이 있는 중산층에서 자라 남부럽지 않은 대학을 다니며 자기 삶을 기획해 나갔던 새내기들의 이야기이고, 〈서울의 달〉은 빈손으로 고향에서 서울로 올라와 이른바 불량주택가의 어느 방 한 칸을 빌려 고군분투하는 젊은이들의 이야기이다. 그래서 〈응답하라

1994〉 속 인물들에게 저 노래가 그저 당시 유행하는 노래에 지나지 않았다면, 〈서울의 달〉 속 인물들에게는 매일매일 부대끼는 삶에 지쳐 흘러나오는 하소연이었다.

서울시의 인구집중과 무허가정착촌의 확산

서울에 달동네들이 형성된 것은 일제강점기부터였다. 1920년대를 전후해 사대문 안과 그 주변 지역에는 이른바 '토막'이란 주거 형태가 사회문제로 제기되기 시작했다. 토막이란, 땅을 파거나 땅 위에 기둥을 세운 뒤 거적을 덮어 만든 원시 주택이다. 토막은 위생과 치안의 측면에서 문제점이 많았다. 당시의 토막민은 대체로 농촌에서 생계를 잃고 도시로 이주한 이농민들이었으며, 일자리를 구하기 쉬운 도심 인근에 토막을 짓고 날품팔이로 생계를 이어 갔다. 토막민 수는 꾸준히 늘어나 1928년에 1143호 4803명이던 것이 일제 말기인 1942년에는 7426호 3만 7026명까지 불어났다.

그러나 당시 식민 당국은 이들에 대한 적극적인 대책을 마련하지 못했다. 1930년대 중반 식민 당국은 새로운 시가지 계획에 집단거주지를 설정해 토막민을 정착하게 하고자 했으나, 이를 재산권 침해로 인식한 토지소유자들이 반대하면서 계획은 실현되지 못했다. 결국 경성부가 시행한 토막민 대책이란, 경성부 바깥에 집단주거지를 설정하고 토막민을 그곳으로 내쫓는 것이 전부였다. 하지만 경성부 바

일제강점기 토막집, 국립민속박물관 소장

깥에서 일자리를 구할 수 없었던 토막민은 강제 이주를 당한 후에도 끊임없이 도심으로 들어와 당국의 철거를 피해 이곳저곳으로 옮겨 다녔다.

1945년 해방을 맞은 이후 상황은 더욱 악화했다. 해외로 떠나간 사람이 돌아오고, 정치적 불안 속에 38선 이남으로 내려온 사람도 서울에 모여들었다. 게다가 한국전쟁이 끝나고 경제개발이 본격화되면서 서울의 인구는 급격히 늘어나기 시작했다. 해방 직후 겨우 90만 명을 웃돌던 서울의 인구는 1950년 한국전쟁 직전에 약 142만 명 정도로 늘었고, 1970년에는 무려 500만 명을 넘어섰다. 그런데 1970년 5월 현재 서울시의 총주택 수는 58만 977채로 집계되었다. 500만 명의 인구가 서울에 모여 살기에 집의 수는 너무나 부족했다. 특히 맨손으로 서울로 올라온 사람은 도심 하천 변이나 구릉지 등 빈 공간이 있으면 무작정 집을 지어 살기 시작했는데, 당시 무허가 판잣집 등 불량주택의 수는 18만 7000채에 이르렀다.

도심 내 무허가건축에 대한
서울시의 정책

전쟁으로 폐허가 된 서울시를 복구하고 정비하려는 시도는 아직 전쟁이 한창이던 1952년에 처음 나타났다. 서울시는 1952년 3월 〈서울도시계획 가로 변경, 토지구획정리지구 추가 및 계획지역 변경〉이라는 전재戰災 복구계획을 만들어 전쟁피해가 극심한 지역을 중심으로 도시정비를 시작했다. 1953년 8월 1일에는 서울특별시규칙 25호 〈서울특별시 수도부흥위원회규정〉을 제정해 새로운 도시건설의 기틀을 마련하고자 했다. 이어 동월 3일에는 서울특별시공고 24호 〈건축행정요강〉을 발표해 주택을 비롯한 각종 건물의 건축에 대한 기본 요강을 마련했다. 주택과 관련해서는 주택 대지의 최소 면적을 25평으로 하는 한편, 도시계획에 저촉된 건물을 함부로 지을 수 없게 규정했다. 그리고 무허가건축물의 신축을 금지하고 기존 무허가건축물에 대해서도 자진 철거하지 않을 때에는 강제로 철거하겠다고 명시했다.

하지만 서울시의 계획은 제대로 시행되지 못했다. 무엇보다 재정 문제가 컸다. 당시 서울시 재정으로는 도로와 교량의 긴급 복구비, 각급 청사와 학교의 보수비 및 전염병 예방을 위한 보건비, 구호용 양곡 구입비, 공무원 봉급 등에 지출할 수 있는 정도였다. 철거민을 위해 아무런 비용이나 대책도 마련하지 못한 상황에서 무허가건축물을 철거할 수는 없었다. 물론 정부와 시는 무허가건축의 확산을 막기 위해 공공주택을 건립하기도 했지만, 일시적으로 시행되었거나 중간소득층을 위한 것으로 저소득층에게는 혜택이 돌아가지 않았다. 오히려 시가 보유한 대지 일부를 이재민에게 무상으로 대여하거나, 특정 지역에 주택을 지을 수 있게 허용함으로써 불량주거지가 양산되는 계기를 마련하기도 했다.

도심 곳곳에 생겨난 불량주택은 대체로 당시 미군 부대 등에서 흘러나온 목판이나 아연철판, 루핑 등을 활용해 지은 판잣집이어서 화재나 수재에 매우 취약했다. 실제로 1950~1960년대에는 무허가정착촌에서 자주 화재가 발생했다. 이 같은 위험 때문에 정부는 무허가

위 치	지 역
도심 2킬로미터 이내	양동, 도동, 오장동, 남창동, 충무로, 남산동, 효자동, 필동, 낙원동, 관철동, 인현동, 초동, 청계천, 충정로, 정동
도심 2~5킬로미터	광희, 신당, 옥수, 왕십리, 동선, 동소문, 삼선, 보문, 창신, 숭인, 신설, 효창, 용산, 원효로, 신계, 서빙고, 서부이촌동, 동부이촌동, 도화, 공덕, 마포, 만리, 아현, 북아현, 대현, 대흥, 냉천, 현저, 홍제
도심 5~10킬로미터	금호, 행당, 돈암, 종암, 성북, 전농, 제기, 마장, 답십리, 용두, 청량리, 뚝섬, 면목, 이문, 휘경, 노량진, 흑석, 상도, 대방, 신길, 영등포

건축물이 꾸준히 증가하는 것을 그냥 방치할 수 없었다. 이에 정부는 1967년부터 〈제2차 경제개발 5개년 계획〉에 포함된 정책과제로서 서민주택의 대량 건설을 목표로 하는 주택건설계획을 수립했다.

서울시도 김현옥 시장의 주도로 〈무허가건물 연차별 정리계획 (1965~1970)〉을 추진했다. 특히 1967년 주택문제의 근본적 해결을 위해 〈불량건물 정리계획(1967~1969)〉을 새롭게 마련했다. 이 계획은, 첫째 시 외곽에 대단위 정착지를 설정해 도심의 무허가건축물에 거주하는 주민을 집단으로 이주하게 하고, 둘째 주민 자력으로 불량주택 및 주거지역을 개량하되 필요한 비용 중 일부를 시가 지원하며, 셋째 시민아파트를 건립하는 것 등을 골자로 했다.

1967년에 마련된 〈불량건물 정리계획〉은 그동안 시와 정부가 방기해 왔던 주거 문제에 적극적으로 대응하기 위해 마련한 것이었다고 평가할 수 있다. 특히 시민아파트는 시가 직접 아파트를 지어 저소득 무주택 가구에 제공한다는 점에서 매우 주목할 만한 것이었다. 시민아파트 건립사업은 1969년부터 시작되었으며, 1972년까지 서울 시내 32개 지구에 모두 425개 동 1만 7204호의 아파트를 지었다. 그러나 1970년 4월 8일에 일어난 와우아파트 붕괴사고로 서울 시내에 건설사업은 전면 중단되고 말았다. 와우아파트 붕괴 이후 당시까지 건립된 시민아파트 405개 동의 안전상태를 전수조사한 결과 전체의 91퍼센트인 370개 동에 보강 공사의 필요성이 지적되었다.

당시의 시민아파트 건립사업은 애초부터 적은 예산으로 시행된 데다가 짧은 공사기일 안에 지어야 한다는 부담 속에서 졸속으로 계획이 수립되고 시공이 이루어져 시행 초기부터 부실 논란이 제기되었다. 또한 시민아파트는 건설사가 골조 공사만 해 놓았기 때문에, 입주자가 돈을 들여 직접 내부 공사를 해야만 했다. 여기에 더해 입주자에게 15년간 분할 상환토록 했던 분양금을 서울시가 갑자기 일시 지불토록 강행해 입주자의 거센 반발을 일으키기도 했다.

집단이주정착지 건설사업 또한 시가 주거에 필요한 여러 기반 시설을 마련하지 않은 채 무작정 강행한 사업으로 사실 기존의 강제이주정책과 별반 차이가 없었다. 이 계획은 이미 1959년 미아리 집단이주정착지 사업에서 시범적으로 도입되었다. 집단이주정착지 건설사업은 도심지역인 도동(후암동), 명동, 인현동, 광희동, 돈암동, 청계천변 등지에 무허가주택을 짓고 거주하는 사람을 대상으로 이루어졌다. 서울시는 1971년까지 도심 바깥으로 약 4만 3000여 가구를 이주하게 했는데, 그 결과 목동, 상계, 중계, 신정동, 신월동, 신양동, 사당동, 봉천동, 신림동, 천호동, 거여동, 마천동 등 유휴 국공유지에 대규모

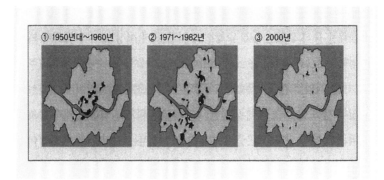

서울시 판자촌의 변천 과정,
김수현, 〈서울시 철거민운동사 연구〉,《서울학연구》13, 1999

집단이주정착지가 조성되었다.

　새로 마련된 정착지는 대부분 미개발지여서 주거에 필요한 기반
시설이 갖춰지지 않았고, 일자리가 있는 도심에서 멀어 주민의 생계
에도 커다란 지장을 주었다. 이주한 주민은 시가 불하한 일정 크기의
토지에 대한 대금을 감당하기 어려워 전매하고 다시 도심지 인근으로
재이주하기도 했다. 집단이주정착지 사업의 부작용을 적나라하게 보
여 준 것이 바로 1970년 8월에 일어난 광주대단지사건이었다.

　주택개량사업 및 주택양성화사업 또한 마찬가지였다. 서울시는
한 지역에 30채 이상의 무허가건축물이 들어서서 집단화된 곳, 도시
계획에 저촉되지 않고 침수지역이 아닌 곳 등의 몇 가지 조건을 충족
한 지역이나 주택에 대해, 주민이 주택을 개량하면 시가 공사비 일부
를 지원함으로써 사실상 점유권을 인정하는 양성화정책을 펼쳤다. 양
성화사업은 비교적 도심지에서 거리가 있는 홍제, 마포, 미아, 성북,

상계 등지의 무허가정착촌을 대상으로 시행되어 1982년까지 약 9만 4000여 채의 주택이 양성화되었다.

양성화사업은 시민아파트 건립사업이나 집단이주정착지 건설사업보다 재정적 부담이 덜했지만, 이 또한 문제점이 많았다. 양성화사업 또한 대부분의 공사비를 주민에게 전가했기 때문이다. 주택개량이라고는 하지만 사실 무허가건축물을 완전히 헐어 치운 뒤에 새롭게 집을 지어야 하는 경우가 많았는데, 경제적으로 어려운 주민이 새집을 지을 정도의 공사 자금을 부담할 수가 없었다. 그런데도 이미 자리잡은 지역에서 강제 철거를 당하는 것이 아니었기 때문에 강제이주책에 비해서 주민의 반발이 거세지는 않았다.

이렇듯 1967년에 마련된 〈불량주택 정리계획〉은 그동안 방치되어 온 저소득층의 주거 문제를 적극적으로 해결하려는 목표를 제시했지만, 실제로는 저소득층에게 재정적인 부담을 전가하는 형태로 진행되었다. 결국 경제적 기반이 취약한 계층은 삶의 기반이 있는 도심에서 밀려나야만 했다.

주민은 돌아올 수 없는 도시(재)개발

서울시의 정책에 따라 시 외곽으로 이주한 주민은 없는 형편에서나마 자신들에게 주어진 공간을 사람이 살아갈 수 있는 곳으로 만들어나갔다. 1980년대 말 재개발사업이 시행된 사당 2동 지역에 관한 연구에 당시 집단이주정착지의 형성과정이 잘 정리되어 있다. 이를 바탕으로 살펴보면, 서울시는 새로 조성된 집단이주정착지로 이주한 주민에게 이주민증을 발급하는 한편, 시유지인 산을 분할해 가구당 10평씩 배분했다. 그러나 새로 옮겨 온 곳은 생계를 이어갈 수단이 없었다. 게다가 일자리를 구할 수 있는 도심까지 가려면 교통비도 많이 들어 처음 이주한 사람 가운데 절반 이상이 배당된 땅을 팔고 떠났다.

철거민의 정착이 끝난 1968년 이후부터는 이농민과 도시영세민이 싼 주거지를 찾아 이전에 마련된 집단이주정착지로 모여들면서 서울시에 매우 커다란 무허가정착촌을 형성했다. 먼저 입주한 주민은 집을 지었고, 나중에 세를 드는 사람에게 미리 돈을 받아 방을 한 칸씩 늘려 가며 집 모양을 갖추었다. 정착 초기에는 주민이 직접 전기를 끌어오고 물도 길어다 먹었으며 버스 종점까지 30분을 걸어서 나가야 했다. 이렇게 사람이 늘고 거주지가 형성되자 정치인들도 집단이주정착지를 중요한 '표밭'으로 인식했다. 그 덕분에 도로가 포장되고, 초등학교와 파출소가 생기기도 했다. 이처럼 집단이주정착지가 하나의 시가지로 형성되는 과정은 이곳으로 이주한 사람의 직접적 또는 간접적인 노동을 통해서 이루어졌다. 그로써 지역의 가치도 상승했다.

서울시의 외면 속에서 형성된 집단이주정착지는 지역주민에게 일상적인 삶을 살아가는 곳일 뿐 아니라, 각자의 생존을 위해서도 중요한 역할을 하는 곳이었다. 앞서 살핀 것처럼 집단이주정착지는 대체로 산기슭에 위치해 물이나 전기 공급이 원활하지 않고 교통이 불편했다. 대신에 주거비가 다른 일반주택과는 비교할 수 없을 만큼 쌌다.

또한 이 지역으로 이주해 온 주민은 처지가 비슷하므로 서로 이해하고 울타리가 되어 주어 심리적 안정감을 느낄 수 있었다. 이 지역에서 형성된 이웃 관계는 서로의 일자리를 구하는 데에도 커다란 역할을 했다. 이곳 주민은 대체로 일용노동자나 행상을 하는 사람이었으며, 그들이 구하는 일자리는 주로 지역에서 맺은 이웃이나 연줄을 통해서 얻을 수 있었다. 따라서 비록 환경이 열악하다고는 하나 저소득층 가구가 살림을 꾸려 나갈 수 있게 지탱해 주는 근거지이기도 했다.

1980년대에 들어 집단이주정착지들도 (재)개발의 광풍에 휩쓸리기 시작했다. 서울을 중심으로 경제개발이 이루어지면서 서울시의 인구는 1983년에 900만 명을 넘었고, 1988년에는 드디어 1000만 명을 넘어섰다. 사람이 늘어나니 신규택지에 대한 수요도 꾸준히 늘어났다. 급기야 1960~1970년대에 서민이 만들어 놓은 주거지역이 재개발 대상지로 물망에 올랐다.

특히 1980년대에는 재개발사업의 시행 주체가 정부에서 민간으로 바뀌면서 사업을 둘러싼 갈등이 예전보다 더욱 첨예해지고 훨씬 더 폭력적인 형태로 나타났다. 한국에서 그동안 시행된 재개발사업은 대체로 전면 철거 후 정책적 목적과 용도 계획에 따라 새 시가지를 건설하는 것이었다. 이때 기존 주거지를 철거하는 과정에서 나타나는 주민의 저항과 철거민에 대한 대책 문제는 정부에게 상당한 정치적 부담으로 작용했다. 이러한 정치적 부담을 해소하고 정부가 의도하는 재개발사업을 추진해 나가는 방안으로 등장한 것이 바로 '합동재개발' 방식이었다.

'합동재개발' 형태의 재개발사업은 정부나 지자체가 사업대상지를 재개발 지구로 지정하면 지역 주민(가옥주)이 재개발조합을 만들고 이를 바탕으로 사업을 시행할 건설사를 선정해 정부나 지자체의 시행 인가를 받으면 재개발사업을 전개해 나가는 형식이었다. 이러한 방식 은 재개발사업의 주요 주체인 정부가 표면에서 사라지고 재개발조합 과 건설사가 전면에 나서게 했다. 즉 실제로는 정부의 도시정비계획 을 바탕으로 재개발사업이 이루어지는 것임에도, 시행 주체에서 정부 가 빠짐으로써 재개발사업 과정에서 발생하는 갈등을 처리하고 해소 하는 비용을 민간에 전가하는 결과를 낳았다.

그런데 정부는 1983년 '합동재개발사업'을 도입할 당시 세입자에 대한 대책을 전혀 고려하지 않았다. '합동재개발' 방식은 건물주만 재 개발조합에 참여할 수 있었기 때문에, 정작 지역에 거주하는 세입자 대다수는 조합에 참여해 재개발사업에 대한 보상이나 대책을 전혀 요 구할 수 없었다. 결국 세입자는 자신들에게도 적절한 보상이 있어야 함을 역설하며 정부와 건설사, 재개발조합을 대상으로 극한투쟁을 전 개해야 했다. 그 결과 1987년에는 방 한 칸 입주권이나 3개월분 생활 비 중에 택일하는 것, 1989년에는 공공임대주택이나 3개월분 생활비 중 택일하는 보상대책이 마련되었다. 오늘날 뉴타운·재개발 대상 지 역의 주택세입자는 크게 영구임대주택과 주거이전비 가운데서 하나 를 선택하며, 이와 함께 임시 수용시설을 제공받고 동산이전비(이사비) 를 청구할 수 있다. 상가세입자에게는 영업 손실보상이 이루어진다.

그러나 2000년대에 들어선 이후 총건립주택 수 대비 임대주택의 건립 비율은 지속해서 줄어들고 있으며, 임시 수용시설 마련이나 주거 이전비 지급 등의 보상 조치는 제대로 이루어지지 않고 있다. 결국 저소득층인 기존 주민은 개발 이후 새롭게 들어선 아파트에 입주할 수 없었고 또 다른 저렴한 주거지역을 찾아 떠나야 했다. 집주인이라 하더라도 개발 이후 높아진 주거비를 감당하기에 역부족인 경우도 있었다.

1980년대 초중반부터 1990년대 후반까지 전개된 도시재개발로 목동, 사당동, 상계동, 돈암동, 신림동, 봉천동 등지에 산재해 있던 무허가정착촌은 이제 거의 남아 있지 않다. 이곳에 살았던 저소득층 주민은 대부분 기존 주거지 인근의 지하 셋방이나 옥탑방으로 옮겨 갔다. 1990년대 초부터 입주가 시작된 영구임대아파트는 비교적 주거 조건이 좋았지만, 공급량이 많지 않아 입주 조건이 까다로워 매우 제한된 가구만 입주할 수 있었다. 이도 저도 어려운 사람은 비닐하우스와 같은 새로운 형태의 무허가정착지로 이주하기도 했다.

2015년 현재 서울에 남아 있는 저소득층 주거지는 모두 31곳으로 파악된다. 이 중 홍제동 개미마을이나 성북구 정릉골과 같이 성북구, 관악구, 서대문구 등에 있는 11개 마을은 한국전쟁 이후에 생겨난 자연발생 정착지이고, 노원구에 있는 백사마을과 같이 1960년대에 조성된 집단이주정착지도 8개 마을이 남아 있다. 이외에 송파구, 서초구, 강남구 등지에 있는 12개 마을은 1980년대 무허가정착촌이 해체되는 과정에서 저소득층 주민이 옮겨 가서 새롭게 자리 잡은 곳이다.

도시재생사업과 주거권

MBC 드라마 〈서울의 달〉에서 보았던 달동네는 이제 서울에서 찾아

보기 어렵다. 1960년대 이후 서울의 많은 지역이 '주거환경 개선과 정비'라는 명목으로 재개발지역으로 지정되어 새롭게 변신했다. 그러나 재개발이 이루어지고 나면 기존 주민은 살던 곳에 다시 발붙이고 살기 어려웠다. 집을 철거하면서 받은 보상비로는 재개발 과정에서 불어난 집값을 지불할 수 없었기 때문이다.

1960년대 중반을 넘어서면서 서울의 인구가 급격히 늘어나고 주택난이 극심해지자, 정부와 서울시는 꾸준히 주택공급정책을 펼쳐왔다. 오늘날 서울시의 주택보급률은 95퍼센트를 넘어섰다. 그러나 서울시민의 자가점유율은 2016년을 기준으로 불과 42퍼센트(전국적으로는 56.8퍼센트)이다. 한편 2016년도 주거실태조사에 따르면, 전국 규모이기는 하나 월소득 200만 원 이하인 저소득층의 자가점유율은 46.2퍼센트로 2014년보다 1.3퍼센트포인트 떨어졌고, 월소득이 400만 원을 초과하는 고소득층의 자가점유율은 같은 기간 4.1퍼센트포인트 상승했다. 이 같은 통계들은 그동안 서울시와 정부가 추진해 온 주택정책이 과연 실제 집이 있어야 하는 사람을 위한 것이었는지를 되묻게 한다. 그뿐만 아니라 2002년부터 서울시가 중점적으로 추진한 이른바 '뉴타운'사업 대상 지역에 거주했던 주민이 사업 이후 재정착한 비율이 25.4퍼센트에 지나지 않는다는 사실은 우리의 의심을 더욱 짙게 만든다. 과연 서울시와 정부의 주택공급정책은 집 없는 서민을 위한 것이었는가?

2000년대 중반에 들어 주거권에 관한 관심이 높아지면서 정부는 새로운 방식의 도시개발을 추진했다. 이른바 '도시재생사업'이다. 2006년 정부는 도시재생사업단을 발족하고 2013년 6월 〈도시재생특별법〉을 제정했으며, 2014년에는 서울시를 5개 권역으로 나누어 도시재생사업을 본격화했다. 이른바 '젠트리피케이션'이라고도 표현되는 이 작업은 노후하고 불량한 것으로 간주된 기존 시가지에 새로운 기능을 도입하고 가치를 창출함으로써 다시금 도시를 소생하게 하고 새롭게 만들어 내는 것이다.

처음에 이러한 작업을 주도한 것은 일군의 젊은 예술가, 인문학자, 문화기획자였다. 이들의 작업을 통해 2000년대 중후반부터 홍대 주변과 합정동, 상수동, 삼청동, 신사동 가로수길 등 개발의 뒤편에 있던 거리가 새롭게 주목되고 지역이 활성화되자 정부도 이를 적극적으로 받아들이기 시작한 것이다.

그러나 도시재생사업 또한 기존의 재개발사업에 못지않은 부작용이 있음이 곧 드러났다. 좀 더 저렴한 곳을 찾아 들어온 젊은 예술가와 문화기획자의 시도로 지역의 가치가 상승하자, 거대 자본이 이를 잠식했고 정작 거리의 새로운 가치를 만들어 낸 주체는 지역에서 내쫓기는 등의 현상이 나타난 것이다. 그것은 처음 '도시재생사업'을 기획하고 시험한 사람의 전망과는 전혀 다른 결과였다. 비록 방식은 달랐을지 모르지만, 도시재생사업 또한 반세기 동안 서울에서 그리고 전국의 도시에서 일어난 도시개발의 모습과 비슷한 결과를 낳고 있다. 즉 '빈곤'한 자의 삶을 개선하고 해결하겠다는 '개발'이 '빈곤'한 자의 삶을 몰아내고 '부유'한 자를 위한 공간만을 창출하고 있다. 도시재생사업의 실패는 그동안 한국에서 이루어진 도시개발이 무엇을 놓치고 있는지 다시금 돌아보게 한다.

동경과 허영의
사이

이상혁

백화점의 등장

백화점은 도시에서 가장 빛나는 공간 중 하나다. 어두운 밤에도 항상 밝게 불빛이 비치고, 점원들은 항상 웃는 얼굴로 맞이하며, 값나가는 상품으로 고객을 유혹한다. 비록 주머니에는 돈이 상품을 살 만큼 충분치 않지만 이른바 아이쇼핑이라는 불리는 윈도쇼핑만으로도 분위기를 한껏 느낄 수 있다.

백화점은 한국 고도성장의 상징처럼 느껴지지만 실제로는 역사가 꽤 오래된 존재다. 잘 알려지지 않은 사실이지만 현재 신세계백화점 본점(서울특별시 중구 소공로 63)은 1931년에 지어진 미쓰코시三越백화점 경성지점을 그대로 사용하고 있고, 한때 미도파백화점으로 유명했던 롯데백화점 영플라자 명동점(서울특별시 중구 남대문로 67)은 1933년 지어진 조지야丁子屋백화점 본점 건물을 현재도 사용하고 있다. 일제강점기에 지어진 건축물이 현재에도 우리의 삶과 공존한다.

2015년에 상영한 영화 〈암살〉은 당시 백화점 내부가 어땠는지 간접적으로 보여 준다. 고증이 정확한지의 문제는 차치하고 약 90년 전

엽서 속 조지야백화점과 미쓰코시백화점 전경,
국립민속박물관 소장

사람도 지금을 살아가는 우리처럼 백화점에서 물건을 구경하고, 착용해 보고, 구매하는 생활양식을 공유했다는 점을 주목해 보자. 지금 이 글을 읽는 독자 주위의 기성세대에게 옛날 백화점, 예컨대 미도파나 화신백화점에 관해 물어본다면 의외로 현재와 크게 다르지 않다는 것을 알 수 있을 것이다. 현재보다 기술적 측면에서는 뒤처질 수 있으나 백화점을 가는 목적과 쇼핑 형태는 90년 전이나 오늘날이나 같다는 것이다.

그렇다면 한반도에서 백화점은 언제 등장했을까? 세계 최초의 백화점은 1852년에 프랑스에서 개관한 봉마르셰Bon Marché다. 그 후 백화점은 19세기 후반부터 20세기 초반까지 열강들을 시작으로 해서 전 세계에 등장한다. 일본의 경우 1904년 미쓰코시오복점吳服店(포목점)이 백화점사업을 선언하며 등장했다. 한국에서는 1930년대 이른바 '5대 백화점 시대'가 열리며 등장했다고 전해진다. 미쓰코시 경성지점을 비롯해 조지야, 미나카이三中井, 화신和信, 히라타平田 등 이 다섯 개의 백화점이 인구 약 30만의 경성을 수놓았다.

이 중 미쓰코시, 조지야, 미나카이, 히라타는 일본인이 경영하는 백화점이었고, 화신만 유일하게 한국인 박흥식이 경영하는 백화점이었다. 그리고 조지야, 미나카이, 히라타는 경영자가 재조일본인(1876년 개항부터 1945년 일제가 패전할 때까지 한반도에 거주한 일본인)이라는 특징도 보인다. 즉 조지야, 미나카이, 히라타 백화점은 조선에 본점을 둔 백화점이었고, 일본의 백화점이 아닌 식민지 조선에서 출발한 백화점이라는 특이한 성격을 갖고 있었다.

유일하게 한국인이 경영한 백화점인 화신백화점도 주목할 만하

백화점 이름	사업 시작 시기	비고
미쓰코시	1930년	일본에서 1904년에 사업 시작, 1906년 서울에 임시 출장소 입점
조지야	1929년	경영자 고바야시 겐로쿠小林源六가 1904년 도한渡韓해 양복점 사업 시작 1927년 건물 신축 신문 기사를 통해 백화점 사업을 선언, 1929년 사업 시작
미나카이	1929년	경영자 나카에 가쓰지로中江勝次郎가 1905년 도한해 잡화점 개점, 1929년 백화점 건물 낙성식을 통해 등장
화신	1931년	박흥식이 1931년 화신상회 인수, 백화점 사업 시작
히라타	1926년	1926년 2층 목조건물에서 백화점 사업 시작

다. 일본인 경영 백화점 4곳은 모두 남촌(청계천 남쪽)에 위치하는데, 화신백화점은 종로에 있었다. 사실 1932년 7월까지 한국인이 경영하는 백화점은 둘이었는데, 최남이 경영한 동아백화점(전 동아부인상회)과 박흥식이 경영한 화신백화점(전 화신상회)이다. 종로의 동아부인상회와 화신상회는 비슷한 시기에 백화점 사업에 뛰어들었는데, 둘은 같은 종로에 상권을 두고 있었다. 둘은 치킨게임과 같은 극단적인 경쟁을 일으켰고 그 결과 동아부인상회가 항복을 선언했다. 승리자 박흥식의 화신상회는 동아부인상회를 인수해 유일하게 한국인이 경영하는 백화점이 되었다. 화신백화점은 1935년 화재로 큰 타격을 받았는데, 1937년 신축 건물을 지으며 재도약한다.

이러한 배경에는 박흥식의 적극적인 인맥 만들기가 있었다. 그는 로비에 매우 능한 사람이었던 것으로 보인다. 박흥식은 선일지물로

화신백화점 전경, 서울역사박물관 소장

사업을 시작한 1926년부터 당시 관이었던 조선총독부를 비롯한 일
제의 기관에 줄을 댔다. 그 결과 조선총독 우가키 가즈시게宇垣一成와
매우 긴밀한 관계를 만들었다. 화재를 겪은 후 더 큰 규모의 신축 건
물을 낙성한 데에는 우가키의 편의가 있었으리라 추측된다. 이후 박
흥식이 중추원 참의, 동양척식주식회사의 이사, 국민정신총동원조선
연맹 이사를 맡은 것은 그가 정경유착으로 사업을 확장했음을 보여
준다.

백화점, 동경과 허영의 사이

백화점은 일제강점기인 1930년을 전후로 등장했지만, 한국 사람은 백화점이 무엇인지 더 앞선 시점부터 알고 있었던 것으로 보인다. 백화점에 대한 최초의 언급은 1908년 8월 《서북학회월보》 1권 3호의 논설 〈대동자론사對童子論史〉에 등장한다. 비록 한반도에는 백화점이 없었지만, 미국이나 일본을 방문한 식자층을 중심으로 백화점에 대한 존재를 알고 있었다. 또한 1916년 한국인이 최초로 만든 김윤백화점에 대한 기록이 전해지는데, 백화점이라기보다는 잡화점의 형태를 띠고 있었다고 평가된다. 김윤백화점이 정말 백화점이 맞는지의 문제를 떠나 의외로 많은 한국인이 백화점이 무엇인지를 1930년대 이전부터 알고 있었다는 데 의미가 있다.

그렇다면 이 당시 백화점은 무엇을 팔았을까? 놀랍게도 오늘날 백화점과 크게 다르지 않았다. 1937년에 신축한 화신백화점 신관을 예로 보면, 층별로 판매한 상품은 다음과 같다.

1937년 화신백화점 층별 판매상품

지하: 지하 시장, 실연장, 사기, 부엌용 잡화, 유기 판매장

1층: 안내실, 물품보관소, 상품권, 화장품, 고급식료품, 여행안내소, 배달계, 증답품, 상담소

2층: 귀금속, 안경, 시계, 미술품, 주단포목, 침구, 신사 양품

3층: 부인복, 아동복, 양품 잡화, 완구, 수예품

4층: 신사 양복, 화환, 예식, 가봉실, 재단실, 문방구, 서적, 구두, 이발소

5층: 조선 물산, 악기, 사진기, 화신식당, 흡연실

6층: 스포츠랜드, 가구, 전기 가구, 영화관

미쓰코시백화점(위)과 조지야백화점(아래) 내부,
서울역사박물관 소장

옥상: 옥상정원, 미용실, 사진실, 갤러리, 온실

- 서울역사박물관 특별기획전, 〈화신백화점-사라진 종로의 랜드마크〉

판매상품은 오늘날과 비교할 때 몇 가지 다른 점은 있지만, 저층에 화장품과 귀금속이, 중층에 기성복을 비롯한 의류, 고층에 문화생활과 관련한 시설 및 상품이 있었다는 점은 오늘날과 다르지 않다.

백화점은 이름 그대로 다양한 상품을 판매했는데, 그중에서도 주력상품은 의류였다. 특히 조지야백화점과 미나카이백화점은 자체적으로 기성복을 제작하는 공장을 두고 운영했다. 조지야백화점의 경우 한발 더 나아가 기성복 제작에 필요한 직물을 납품할 자회사도 운영했을 정도였다.

동경과 허영,
백화점의 이중적 모습

지금부터 약 90년 전 사람들이 본 백화점은 상품의 신천지였다. 태어나서 처음 보는 이국적인 상품이 쌓여 있고, 점원들은 언제나 미소를 유지하며 응대했으며, 정해진 가격에 판매되어 흥정할 필요도 없고 덤터기를 쓸 일도 없었다. 그리고 때에 따라서는 집으로 구매한 물건을 배송도 해 주었다. 건물에는 '쇼윈도'라고 불리는 유리로 된 창이 크게 나 있고 안쪽에는 각종 상품이 자태를 뽐내고 있었다. 백화점의 물건은 하나의 유행이자 남과 다르고 앞서간다는 일종의 증표와 같았

신발이 벼 두 섬 가격이라는 점을 들어 당대의 허영을 풍자했다.
《별건곤》2-8, 1927

다. 백화점에서 판매되는 상품을 걸치는 모던보이와 모던걸은 유행을 선도하는 신인류였고, 도시의 젊은이에게 선망의 대상이었다.

백화점도 이를 잘 알고 있어 광고 전단을 살포하며 유행과 상표 가치를 전파했다. 특히 신문에는 최근, 그리고 앞으로 다가올 유행을 소개하며 독자에게 소비를 부추겼다. 그리고 백화점 제품을 걸친 사람은 아무나가 아니었고, 도시에서 가장 밝게 빛나는 존재였다. 한국에서 백화점이라는 단어가 주는 고급스러운 느낌은 이 시기에 형성되었다고 봐도 무방하다.

특히 쇼윈도의 효과는 굉장했다. 오드리 헵번Audrey Hepburn이 주연한 영화 〈티파니에서 아침을〉(1961) 오프닝 장면에서도 볼 수 있듯이 쇼윈도의 상품은 인간의 소유욕을 점잖게, 그리고 강렬히 보여 준다. 마네킹에 걸쳐진 패션은 바라보는 사람이 착용하는 상상을 돋워 준다. 상상은 곧 구매에 대한 희망으로 바뀐다.

허영虛榮이라 불리는 이 단어의 정점에는 일제강점기 백화점이 있었다. 백화점에는 허영을 불러일으키는 상품이 총 망라되어 있었다. 일제의 수탈과 민족 차별이 동시에 일어나는 식민지 조선이라는 공간을 감안한다면, 백화점에서 상품을 구매한다는 것은 도시의 소시민에게는 여간 어려운 일이 아니었을 것이다. 물론 오늘날 명품을 단순히 부유층만 구매하지 않는 것처럼 도시의 소시민은 백화점의 상품을 소비하기를 희망했을 것이다.

그러나 지금부터 90년 전은 지금처럼 1인당 국민소득 3만 달러의 한국이 아니라 일제에 수탈되던 식민지 조선이라는 상황을 상기해 본다면 그 괴리는 더욱 심했을 것이다. 서울시립대학교의 염복규 교수는 논문에서 당시의 백화점을 "민족과 욕망의 랜드마크"라고 일컬었다. 백화점은 단순한 거대 상점이 아니라 조선을 지배하는 일본 제국의 부유함과 풍요로움을 과시하는 수단이었고, 여기에 수많은 식민지 도시의 젊은이가 현실과 이상의 괴리를 느끼게 했다.

한편 백화점은 도시민에게 일상 속 근대문명의 전시장이라는 특징도 보여 준다. 백화점 경영자들이 의도하지는 않았겠지만, 백화점의 이런 특징은 식민지 도시민의 일상과 함께했다. 각종 양품洋品, 서양식 가전, 축음기, 기타 취미생활 관련 상품을 전시해 도시민에게 근

학생이 수학여행을 하면서 백화점 진열장의 양식 메뉴를 적으며 견학하는 모습,
《별건곤》7-11, 1932

대인의 삶이나 생활양식에 대한 정보를 제공했다. 특히 취미생활과 관련한 상품은 눈여겨볼 만하다. 백화점은 취미용품을 판매하며 도시민에게 취미의 표본을 제시했고, 이를 소비하는 도시민에게는 '교양'이라 불리는 것을 획득하게 했다. 그리고 교양을 획득한 도시민은 '문화인'이 되었다.

해방 이후 백화점의 변화

일제의 식민 통치가 끝나면서 일상 속의 전시장은 신기루처럼 사라진다. 1945년 8월 15일, 일제가 패망하며 일본 경영인들은 본국으로 철수했다. 매장은 그대로 남아 있었으나 이제 식민지에서 유행을 선도하고 교양을 전시하던 백화점은 사라졌다. 미군정기와 6·25전쟁을 거친 백화점은 더는 우리가 생각하던 찬란한 상품의 신천지가 아니었다. 일본인이 경영한 백화점은 해방 후 적산으로 분류되었다. 매장은 미군 PX, 무역회관 등 백화점과 다른 용도로 사용되었고, 히라타백화점은 1947년 화재로 전소되었다.

박흥식의 화신백화점도 예외는 아니었다. 경영자 박흥식은 매판자본가였기에 1949년 반민족행위특별조사위원회(반민특위)의 첫 제포자가 되었다. 이미 중일전쟁, 태평양전쟁기에 백화점들은 총독부가 실시한 배급제의 배급기관을 자처했는데, 화신백화점도 조선총독부에 충실히 따랐다. 해방 이후 정치적·경제적으로 혼란스러운 상황에서 화신백화점은 미군정과 대한민국 정부의 배급기관을 자처했으니,

1959년 미도파백화점을 시찰하는 이승만 대통령, 국가기록원 소장

1965년 신세계백화점을 시찰하는 박정희 대통령, e영상역사관 소장

이미 일반적인 백화점의 기능을 상실한 셈이었다. 그리고 6·25전쟁으로 운영이 중단되었다. 이 전쟁으로 국가 경제는 파탄이 났다. 이 상황에서 백화점은 고객을 유치하고 상품을 판매할 여건이 되지 않았다. 박흥식은 아케이드(아치, 반원형의 천장과 그것이 조성하는 개방된 통로)형 백화점인 신신백화점을 설립하며 사업을 이어갔으나 6·25전쟁으로 세계 최빈국 중 하나로 전락한 한국에서 백화점 사업은 신통치 않았다.

한편 1945년 이후 미쓰코시백화점을 이어 간 동화백화점은 경영난으로 1962년 동방생명에 매각되었고, 동방생명이 1963년 삼성에 인수되며 신세계백화점으로 상호가 바뀌었다. 1954년에 등장한 미도파백화점은 과거 조지야백화점 건물에서 사업을 시작했다. 화신백화점도 1980년 그룹이 파산했지만, 1988년 건물이 헐리기 전까지 도시에서 존재감을 과시했다. 백화점은 당시 통치자들이 시찰할 만큼 단순한 일개의 상업 공간이 아니었다. 일제가 식민지 조선의 도시민에게 과시했던 바와 같이 백화점은 경제성장의 상징물이기도 했기 때문이다.

1970년대부터 시작된 고도 경제성장 속에서 백화점의 수는 점점 증가했다. 구도심의 미도파백화점, 신세계백화점, 코스모스백화점을 비롯해 1977년 울산에 현대쇼핑센터(현대백화점), 1979년 소공동에 롯데쇼핑센터(롯데백화점)와 청담동에 한양쇼핑센터 영동점(갤러리아백화점)이 새로 등장했다. 당시 정부는 도심에 백화점 경쟁이 과도해지는 것을 막기 위해 신규 백화점의 개점을 규제하기도 했으나 '쇼핑센터'라는 이름을 사용하는 편법은 막지 못했다.

1971년 미도파백화점(위)과 코스모스백화점(아래) 내부,
셀수스협동조합 소장

1983년 화신백화점 전경,
서울역사박물관 소장

화신백화점 터를 알리는 표지석 ⓒ이상혁

도시민의 일상 공간,
백화점

경제성장으로 백화점은 도시민의 일상으로 돌아왔다. 누군가에게는 크리스마스 선물을 사는 공간이 되었고, 누군가에게는 의류를 사 멋을 뽐내는 장소가 되었다. 백화점은 과거 일제강점기와 같이 허영의 여부, 근대 문화의 전시 공간이라는 의미를 넘어 일상생활의 한 부분이 되었다. '점심에는 극장, 저녁에는 백화점'이라는 일제강점기의 유행이 현대의 생활양식으로 자리 잡은 것이다.

1980년대 강남 개발이 본격적으로 이뤄져 신도심이 등장하자, 백화점도 이 기회를 놓치지 않았다. 한때 전국에서 매장 규모 2위의 신화를 쓴 삼풍백화점이 등장한 것도 이 시기였다. 백화점은 도시공간에서 도시민과 함께했다. 1980년대 민주화운동 시기에도 사람들은 백화점에서 물건을 샀고, 백화점도 기업규모를 키워 갔다. 영화 〈1987〉에는 미도파백화점이 등장하는데, 많은 사람이 찾는 번화가 한복판에 민주화운동과 백화점이 공존한 1980년대의 단상을 보여준다.

나아가 백화점은 번화가에서 각 가정으로 영향력을 넓혔는데, TV의 보급과 같은 기술 발전에 맞춰 기존 신문광고나 팸플릿, 브로슈어를 넘어 TV 광고도 적극적으로 활용했기 때문이다. 백화점은 과거 '문화인 대 비문화인'의 구도를 넘어 각 가정의 안방 브라운관으로 들어갔다. "꿈과 희망을 드리는 미도파"라는 미도파백화점 TV 광고 문구를 기억하는 사람이 있듯이 누구나 생각할 수 있는 일상의 공간이 되었다.

1990년대에 이르러 백화점은 다시 변화했다. 1995년 삼풍백화점이 부실 공사로 붕괴하고 1997년 IMF 외환위기로 미도파백화점을 비롯한 다수의 백화점이 도산하면서 위기를 맞이했다. 그러면서 백화점 사업은 특정 대기업이 운영하는 곳을 제외하고는 정리되었다.

한편 도심의 백화점에서 접근성을 분리한 할인점이 등장했다. 1993년 개점한 이마트 창동점을 시작으로 홈플러스, 이마트, 롯데마트 같은 할인점이 주거 구역에 들어섰다. 과거처럼 굳이 백화점을 가지 않아도 집 근처에서 필요한 상품을 구매할 수 있게 변한 것이다. 그리고 백화점은 초기 사업인 패션을 비롯해 문화생활과 관련한 상품을 판매하는 것에 집중했다. 백화점 1층에는 명품이, 중층에는 의류 제품이, 최고층에는 영화관이 자리 잡은 것은 과거 1937년 화신백화점이 그랬던 것과 유사하다.

그리고 현재, 백화점은 IMF 때와 다른 국면에 접어들었다. 2019년 말 발생한 코로나바이러스의 전 세계적 유행과 온라인쇼핑몰의 약진, 그리고 이를 뒷받침하는 정보통신기술의 발전은 백화점을 과거의 공간으로 만들었다. 백화점들도 이를 따라잡기 위해 온라인쇼핑몰을 개설했지만, 과거처럼 많은 사람이 찾는 백화점으로 돌아갈 수 있을지는 아무도 알 수 없다. 만약 지금 백화점들이 이 위기를 극복하지 못하고 화신백화점, 미도파백화점처럼 누군가의 추억 속에만 남는다면, 미래세대가 지금의 백화점을 물어볼 때 무엇이었다고 얘기할 수 있을까.

지하공간

땅 밑에 펼쳐진
또 하나의 일상

서준석

오늘도 나는 지하공간을 경험한다

흔히 도시를 상상할 때 지상 위에 건설된 모습만을 상상하곤 한다. 특히 현대에는 하늘 높은 줄 모르고 높이 뻗은 고층 건물의 숲과 사방으로 뻗어 있는 도로와 철도 그리고 그 위를 달리는 자동차와 기차, 끊임없이 거리를 오가는 수많은 사람을 생각하며 그 복잡함에 혀를 내두른다.

그런데 조금만 생각의 흐름을 되짚어 보면, 우리는 도시 지하의 풍경을 상당히 많이 떠올릴 수 있다. 일상이 시작되는 아침부터 도시인은 지하공간에서 하루를 시작하곤 한다. 도심으로 나온 사람은 쉽게 지하보도를 통해 자신의 목적지로 향하고, 때로는 지하에 건설된 지하상가를 거닐며 물건을 구매하곤 한다. 물론 버스나 택시와 같은 지상의 교통수단을 이용하거나 상점을 이용할 수도 있겠지만, 적어도 현대 도시에서 생활하면서 지하공간을 전혀 경험하지 않는다는 것은 거의 불가능한 일에 가깝다.

지하공간, 땅 밑에 펼쳐진 또 하나의 일상

사실 곰곰이 생각해 보면 지하공간은 아주 오래전부터 인간의 삶과 매우 밀접히 연관되어 있었다. 초창기 인류는 더위나 추위와 같은 기후변화, 사납고 재빠른 맹수의 습격 등에서 자신을 보호하기 위해 천연동굴을 찾거나 땅을 파고 움집을 지어 생활했다. 지상에 집을 짓기 시작한 이후에도 사람들은 살 상하는 음식이나 얼음을 오랫동안 보관하기 위해서 꾸준히 지하공간을 활용해 왔다. 고대 로마가 물을 이용하기 위해 긴 수로와 하수도를 건설한 것이 대표적인 예일 것이다. 그러나 이른바 기계문명이 고도화되기 이전까지 지하공간의 이용은 매우 제한적일 수밖에 없었다. 증기기관이 발명되고 철도가 놓이기 시작한 이후 인류는 본격적으로 지하공간을 건설하기 시작했다. 특히 산업과 교통의 발달로 도시에 인구가 집중될수록 지하공간의 수요는 많이 늘어났다. 도심에서 자동차가 원활히 소통할 수 있게 지하철과 지하도가 건설되었고, 지하를 이용하는 사람을 대상으로 지하상가가 생겨났다. 또한 높아지는 건물의 주요 기계설비와 상하수도, 통신선·전력선 등 도시민의 생활을 지탱하는 다양한 인프라가 지하에 건설되었다. 이 글에서는 서울시를 중심으로 현대 도시의 지하공간이 어떻게 건설되었고, 그것이 우리의 삶을 어떻게 바꾸었는지를 살펴보고자 한다.

'지하공간'이라는 개념에 대해

서울의 지하공간에 대해 살펴보기에 앞서 '지하공간'이란 무엇인지부터 정리해야 할 것이다. 《문명과 지하공간》을 집필한 김재성에 따르면, 땅속의 공간을 가리키는 용어는 크게 세 가지가 있다. 즉 동굴, 공동, 터널이 그것이다. 일반적으로 '동굴'은 땅속에 자연적으로 생긴 커다란 지하공간을 말하며, 크기가 좀 작은 것은 '동혈洞穴'이라고 한다. 공동이나 터널은 인공적으로 조성한 지하공간을 일컫는 개념으로, 공동은 널찍한 형태를 가리키고 터널은 좁고 긴 형태로 파 놓은 것을 의미한다. '지하공간'이란 개념은 크게는 이 세 가지를 포괄하기도 하지만, 좁게는 저장이나 주거를 위해 터널보다 확장된 공간을 일컫는다. 영어로는 '케이브Cave'와 '캐번Caven'이라는 용어가 주로 쓰이는데, 규모가 작고 긴 형태를 '케이브'라 하고 규모가 크고 넓은 형태는 '캐번'으로 표현한다.

이상에서 본 것과 같은 용어들은 매우 큰 범주에서 '지하공간'을 지칭하는 용어들로서, 우리가 알고 있는 다양한 '지하공간'을 표현하기에는 다소 부족하다. 이는 아직 지하공간에 관한 구체적인 연구가 부족한 데에 기인한다. 지하공간과 관련한 학회나 연구논문 등을 보면, 인공적으로 조성된 '지하공간'의 개념은 '터널'의 확장된 형태로 이해하고 있음을 확인할 수 있다.

전 세계적으로 1960년대 이후 대형 굴착 장비를 활용한 터널 굴착 기술이 발달하면서 지하공간의 개발과 활용은 '터널' 건설을 통해 본격화되었다. 나아가 첨단장비와 최신공법은 '터널'이 그저 교통의 장애물을 제거하는 수준에서 벗어나, 정적인 안정감을 주는 확장된 '공간'으로서 지하공간을 바라보게 하는 계기를 제공했다. 한국의 경우, 1971년 서울지하철 1호선을 착공할 당시만 하더라도 터널 건설

NATM 공법으로 터널을 굴착하는 모습(위),
쉴드 TBM 공법에 쓰이는 대형 원통형 굴착 장비(아래)

기술은 크게 뒤떨어졌으나, 이후 꾸준히 도시철도를 비롯한 각종 토목공사를 본격화하면서 터널 건설기술에 대한 경험을 쌓아 나갔다. 1990년대에 들어서는 해외에서 선진공법을 받아들이면서 지하공간을 한층 더 적극적으로 개발해 나가기 시작했다.

서울의 지하공간 개발현황

오늘날 서울에는 과연 어떤 형태의 지하공간이 건설되어 있을까? 국내에서 지하공간에 대한 전반적인 통계자료는 충분치 않은 실정이다. 주로 철도나 지하철, 수도 등 도시기반시설로서 지어진 터널의 연장이나 지자체가 관리하는 지하철역, 지하도상가 등에 대한 면적 정도만 통계로 찾아볼 수 있다. 달리 말해 개별 기업의 건물이나 아파트, 상가건물 등 수없이 많은 건축물 아래에 지어진 지하 시설물에 대한 종합적인 통계는 아직 마련되지 않았다.

그러나 지하공간에 대한 개발이 주로 지상에서 사용할 수 있는 토지가 부족해지고, 인구의 과밀과 교통 혼잡 등의 문제를 해소하기 위해서 이루어졌다는 점을 감안한다면 우리가 이해할 수 있는 수준에서나마 살펴볼 방법이 없지는 않다. 즉 지상과 마찬가지로 기능에 따라 상업, 교통, 저장, 주거, 기반 시설 등으로 나누어 살펴보는 방법이다.

먼저 저장시설을 들 수 있다. 지하공간은 온도와 습도가 일정하므로 일찍부터 얼음이나 쉽게 상하는 음식물을 저장하는 공간으로 활용됐다. 오늘날에도 지하의 이러한 특성을 활용해 다양한 목적의 저장

시설이 마련되어 있다. 전국적으로 살펴보면, 유류나 가스의 비축시설을 비롯한 농수산물 저장시설, 원자력 방사성폐기물 처분시설, 군사적 용도의 탄약저장시설 등 매우 엄중한 주의를 요하는 물질을 지하에 저장한 경우가 많다. 인구가 밀집한 서울과 수도권에는 이 같은 위험물을 대규모로 저장한 지하 시설이 없다고 볼 수 있으나, 주유소나 가스충전소와 같이 도시에도 실용적인 목적에서 유류나 가스를 저장한 시설이 있다. 이 외에 문화재를 보관하는 박물관 수장고도 주로 지하에 건설한다.

상업시설로는 지하철역이나 지하도, 일반 건물에 마련된 다양한 종류의 지하상가가 있다. 이는 소규모 점포에서 대형 마트에 이르기까지 아주 다양한 형태로 나타난다. 한 예로, 서울시설공단이 시민통행을 목적으로 만든 지하도에 설치한 상가는 모두 25개소이며, 여기에는 2788개의 점포가 있다. 또한 지하철 역사 내에 수익을 목적으로 조성한 상가는 모두 1954개소에 달한다.

다음으로 도로시설과 교통시설을 들 수 있다. 서울 시내에 건설된 도로시설로는 지하철 터널, 지하차도나 지하보도, 반지하도(언더패스) 등이 있으며, 2017년 현재 총연장이 약 229킬로미터에 이른다. 지금도 지하철 5·8·9호선 등을 연장하면서 터널의 길이는 늘어나고 있다. 이 같은 도로시설 외에 지하주차장 등도 교통시설의 범주로 볼 수 있을 것이다. 특히 이러한 도로시설과 교통시설은 긴급상황이 발생하면 대피시설로 활용할 수 있다.

기타 대피시설로는 방공호가 있다. 대표적인 예가 지난 2017년에 개방된 여의도환승센터 밑에 있는 방공호이다. 여의도환승센터에 있

고속버스터미널 지하상가, 서울특별시 소장

잠실역 지하쇼핑센터, 서울특별시 소장

는 방공호는 1970년대에 남북 긴장이 고조되었을 당시에 건설된 것으로 추정된다.

또한 상하수도를 비롯한 송전선로, 통신케이블 등 다양한 도시기반시설이 지하에 매설되어 있으며, 아파트나 고층 건물, 박물관, 도서관 등의 다중이용시설의 경우 개별 공간으로 전력과 통신, 수도를 공급해 주는 각종 시설을 제어하는 기계실 등이 주로 지하에 마련되어 있다.

끝으로 주거시설과 사무학습시설 그리고 문화시설을 들 수 있다. 지하의 경우 온도와 습도 조절이 쉽다고는 하나, 햇빛이 들지 않기 때문에 주거시설로는 적합하지 않은 것으로 인식된다. 그러나 서울과 같이 인구가 급증한 도시에서 지하공간은 비교적 저렴한 비용으로 주거 문제를 해결할 수 있는 공간이었다. 특히 1990년대까지만 하더라도 연립주택이나 다세대주택과 같은 공동주택에는 지하에 사람이 거주할 수 있게 반지하 형태의 방을 만들어 세를 놓는 경우가 많았다. 다만 최근에 지어진 공동주택은 지상 1층조차도 필로티 등을 세우는 등 주거 공간으로서의 지하에 대한 수요는 점차 줄어들고 있다.

한편 문화시설과 사무학습 공간으로서의 지하공간에 대한 수요는 꾸준히 늘어나고 있다. 문화 체육시설로는 서울시청 지하의 군기시軍器寺 유적전시실과 같이 도심 개발과정에서 드러난 유적을 보존하는 시설과 공연장 및 체육시설 등 다양하다. 서울 서편에 있는 서울화력발전소는 최근 지하에 액화천연가스를 이용한 복합화력 방식의 발전시설을 건설하고, 지상에는 기존의 시설을 재활용해 마포새빛문화숲을 조성했다.

서울시청 지하 시민청에 있는 군기시 유적전시실,
서울특별시 소장

이화캠퍼스복합단지
ⓒ한국관광공사 사진갤러리-박성근

    사무학습시설의 예로는 서울 시내에 있는 여러 대학이 부족한 강의실과 주차 공간을 확보하기 위해 2000년대에 들어 대대적으로 건설한 지하 캠퍼스를 들 수 있다. 고려대는 2002년에 지하 캠퍼스 '중앙광장'을 완공한 데 이어 2006년에는 자연계 캠퍼스에도 '하나스퀘어'라는 지하공간을 건설했고, 서강대 또한 2008년 '곤자가 플라자'라는 이름의 지하 캠퍼스를 지었다. 한국외대 또한 2011년에 대규모의 지하 캠퍼스를 건설했다. 2008년에 완공된 이화여대 지하 캠퍼스인 '이화캠퍼스복합단지(ECC)'는 운동장이 있던 곳을 파서 중앙에는 지상과 연결되는 거대한 통행로를 만들고 그 양쪽으로 6층 높이의 캠퍼스를 만들었다. ECC는 총면적이 7만 제곱미터이며, 950석의 독서실과 41개의 세미나실, 5개의 유비쿼터스 강의실과 함께 272석의 영화관과 670석의 공연극장이 들어와 있다. 또한 지하 5~6층에는 주차장이 마련되어 750여 대의 자동차를 수용할 수 있다.

    이처럼 이미 서울 시내 곳곳에 수없이 많은 지하공간이 건설되었고, 지금도 건설되고 있다. 그렇다면 과연 서울의 지하공간은 언제부터 본격적으로 건설되기 시작했을까?

과거의 지하공간 방공호

과거의 '지하공간'에 대한 흔적은 서울에서도 찾을 수 있는데, 지금도 지명으로 남아 있는 조선시대의 '서빙고'나 일제강점기 말 서울 곳곳에 지어진 방공호 등을 들 수 있다.

경희궁 방공호

특히 아시아태평양전쟁 말기에 들어 일제는 서울을 비롯해 전국 곳곳에 방공호를 지었는데, 서울에도 도심지인 광화문과 남산자락 곳곳에 그 흔적이 남아 있다. 그 대표적인 예가 서울역사박물관 뒤편에 있는 '경희궁 방공호'이다. 현재 경희궁 방공호가 자리한 지역은 조선시대에 경희궁이 있던 곳으로서, 이미 대한제국 말기에 경희궁의 전각들은 헐려서 이곳저곳으로 팔려나갔고, 국권을 빼앗긴 1910년에는 경희궁 자리에 경성중학교가 들어섰다. 이후 1944년 아시아태평양전쟁의 양상이 일제에 불리해짐에 따라 연합군의 공습에 대비하는 방공호가 경성중학교 인근인 현 위치에 들어선 것이다. 일제가 과연 경희궁 방공호를 어떤 목적에서 활용하고자 했는지는 여전히 설이 구구하다. 다만 방공호 내부의 규모와 위치 등 여러 조건을 보았을 때 당시 방공호 인근에 있었던 전신국이 비상시에 활용하려고 했던 것으로 추정된다. 해방 이후 경희궁 방공호는 경성중학교 부지의 소유권 이동에 따라 몇 차례 주인이 바뀌었다. 그 사이에 방공호 내부도 소유자의 목적에 따라 공간을 활용한 것으로 추정되며, 현재는 서울역사박물관 주차장의 구석에 그 입구가 자리하고 있다. 이외에도 일제강점기 남산 자락에 자리 잡은 민간 주택에 건설된 방공호들을 찾아볼 수 있다. 이처럼 암반 굴착 기술이 고도로 발달하기 이전에도 사람들은 꾸준히 지하공간을 활용해 왔다. 그러나 오늘날처럼 도시민의 일상생활에서 지하공간이 전면적으로 나타날 만큼 적극적으로 개발되기 시작한 것은 1960년대 후반을 지나면서라고 할 수 있다.

1960년대 서울의 도시개발과 지하공간 건설

서울이라는 도시의 개발과 건설의 역사에서 1960년대는 가히 혁명적인 시기였다고 평가해도 지나치지 않을 것이다. 당시 서울의 인구는 이미 350만 명을 훌쩍 넘어서고 있었지만, 종로와 중구 등의 도심과 그 주변을 제외한 서울의 대부분 지역은 논과 밭이 주를 이루는 한적한 농촌에 지나지 않았다. 그런 서울의 도시공간을 확 뒤집어 놓기 시작한 사람이 이른바 '불도저'라고 불린 김현옥 서울시장이었다.

손정목에 따르면 김현옥은 '도로에 미친 사람'이었다. 육군 수송 장

지하공간, 땅 밑에 펼쳐진 또 하나의 일상

교 출신인 김현옥은 '자동차 시대'를 열기 위해서 서울의 곳곳에 10여 개의 지하도, 144개의 보도육교와 청계고가도로, 용산 삼각지 고가로 터리 등을 건설했다. 모두 차량의 소통을 원활히 하기 위한 수단이었 다. 심지어 그는 서울 시내에 자동차를 위한 길을 조성하기 위해서 약 70년간 서울 도심의 주요 교통수단이었던 전차의 운행도 중단했다. 공 교롭게도 전차사업을 폐지한 계기는 서울시의 광화문 지하도 건설에 있었다.

하지만 김현옥 시장 때에 시작된 지하도 건설은 인구의 과밀과 교 통 혼잡 문제를 해소하기 위한 대책으로 보기 어렵다. 비록 전차의 속 도가 느리고 출퇴근 시간 등의 러시아워 때 진통이 심각했다고는 하 나, 아직 버스를 비롯한 자동차의 수송 능력으로는 충분히 전차를 대 체할 수 없던 시기였다. 오히려 버스같이 자동차가 필요한 사람은 전 차가 다니는 도심에 거주하는 사람이 아니라 김현옥 시정기 정책적으 로 시 외곽으로 밀려난 철거민이었다.

김현옥은 지하도뿐만 아니라 지하상가를 건설하는 데에도 선구적 이었다. 이미 1967년 12월에 시청 앞 을지로 1가에서 새서울지하상 가가 처음으로 문을 열었고, 뒤이어 1970년 9월에는 인현지하상가가, 1971년 9월에는 성동구 왕십리중앙시장 지하상가가 건설되었다. 모 두 김현옥 시장 때 허가를 받아 건설된 것이었다. 지하도가 자동차의 흐름을 방해하지 않으면서 보행자의 통행을 보장하는 것이라면, 지하 상가는 시민의 통행을 보장하고 그와 함께 지하도 건설에 들어가는 비용을 보전하고 수익을 내려는 의도가 담겨 있었다. 물론 당시 서울 시의 열악한 재정으로는 지하도 건설비용을 충당할 수 없었다. 따라

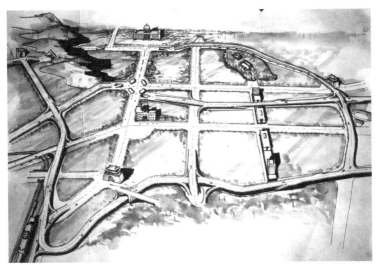

김현옥 시장 재임 때인 1968년 서울 시내 고가도로 건설 조감도(위)와
개통한 아현고가도로(아래), 서울역사박물관 소장

1967년 광화문 지하도 건설 직후의 모습, 서울역사박물관 소장

서 민자로 유치할 수밖에 없는 상황에서 민간자본의 이익을 보장할 필요가 있었기에 상가의 건설로 이어졌다. 그렇지만 의도가 어찌 되었든 김현옥의 주도로 서울에서 지하공간의 개발이 본격적으로 시작되었다고 할 수 있을 것이다.

김현옥 시장 때부터 촉발된 서울시의 지하공간 개발은 뒤이은 양택식 시장의 지하철 건설을 계기로 크게 확대되었다. 지하철, 즉 '도시철도'가 건설되기 전에 도시 내 건물의 지하공간은 기계실이나 창고 또는 주차장으로 활용되는 것이 고작이었다. 그러나 도시철도가 건설된 이후로는 지하의 도시철도역과 건물의 지하층이 연결되면서 음식점, 상가, 위락시설 등 고효율의 생활공간으로 지하공간의 쓰임

을지로지하상가 모습, 서울특별시 소장

이 크게 넓어졌다. 이러한 활용성을 잘 보여 주는 것이 시청에서 을
지로 6가까지 연결하는 대규모 지하보도이다. 구자춘 시장 때 안보
를 목적으로 만들기 시작했다고 하나, 이후 지하철 2호선과 연결되
면서 이들 지하보도는 상가이자 문화공간으로서 도시민의 일상생활
속으로 파고들었다. 또한 도시철도 건설 과정에서 안전을 위해 전력
·통신·수도·가스 등의 도시기반시설을 함께 수용하는 공동구를 만
들어 지하에 함께 매설함으로써, 가로변에 거미줄처럼 엉켜 있던 전
선도 도심에서는 찾아볼 수 없다. 여기에 더해 민간 건축업자도 지하
공간에 대한 인식을 바꾸면서 지하공간을 단순히 기계실이나 주차
장으로만 활용하는 데에 그치지 않고 쇼핑센터나 문화공간으로 조

341

지하공간, 땅 밑에 펼쳐진 또 하나의 일상

성하기 시작했다.

　오늘날 서울시에는 여러 노선의 도시철도가 지하를 누비고 있다. 그리고 도심과 연결되는 지하철역에는 지하상가가 즐비하게 늘어서 있으며, 지하철역은 인근의 주요 건물과 연결되어 있어서 때에 따라서는 지상으로 나가지 않고도 자신의 용무를 충분히 볼 수 있다. 게다가 현행법상 상업지구에서 건축물의 용적률은 1200퍼센트, 건폐율은 60퍼센트로 제한되어 있지만, 지하건축물은 인접 건물에 지장을 주지 않는 한 대지면적의 90퍼센트까지 활용할 수 있다. 나아가 그 깊이는 기술적 여건이 허락하는 한 무제한으로 개발할 수 있다. 조금 지나친 상상을 해 본다면, 현실적으로 도시의 미래는 지하공간에서 찾을 수도 있는 것이 아닐까 하는 생각이 들기도 한다.

지하공간은 지상의 도시를
대체할 수 있을까?

앞서 살펴본 것처럼 지하공간의 주요 장점은 외부의 기후변화에 따른 영향을 받지 않기 때문에 온도와 습도 조절이 매우 쉽다는 점이다. 이러한 장점 덕분에 이미 수만 년 전부터 인류는 지하공간을 저장공간으로 또는 은신처로 이용해 왔다. 그러나 두껍고 단단한 암반을 부숴야 할 뿐만 아니라, 붕괴의 위험이 있기 때문에 오랜 세월 동안 지하공간의 이용은 매우 제한적이었다. 1960년대 후반에 들어 첨단기술 공법과 장비가 개발되면서 지하공간은 저장이나 터널에서 확장되어 인간의 다양한 활동을 전개할 수 있는 고효율의 공간으로 거듭났다. 그러나 최근에 빈번히 발생한 싱크홀과 지진 등은 지하공간이 과밀화된 지상을 보완하거나 대체할 수 있는 안전한 공간인지에 대한 의구심이 들게 한다.

2018년 서울시는 〈서울 지하공간 미래비전〉이라는 기획전시를 돈의문박물관 도시건축센터에서 열었다. 광화문, 시청, 동대문, 서울역, 남산공원 등 도심의 주요 공간에 대한 건축가들의 제안이 담긴 전시로, 제목에서 드러나듯이 지하공간을 활용한 건축프로젝트이다. 특히 9개의 건축프로젝트팀이 각각 제안한 이 전시물은 장소에 따라 그 형태를 달리하지만 공통된 특징이 있다. 그것은 지상과 지하를 가능한 한 자연스러우면서도 효율적으로 연결해야 한다는 점과 지하공간에 대한 개발은 대상 지구에 대한 종합적인 검토 속에서 마련되어야 한다는 것이다.

〈서울 지하공간 미래비전〉이 제안한 내용들은 역설적으로 서울의 도심에서 개발된 지하공간들의 한계를 지적했다. 즉 현재의 지하공간들은 개별 주체가 이익과 필요에 따라 공간을 개발하면서, 각각의 공간이 불연속적이고 단절되어 있어 도시의 흐름을 연결해 주지 못한다는 점이다. 결국 지하공간이 지상을 대체할 수는 없다. 그러나 과밀화된 지상을 보완함으로써 인간의 활동 영역을 확장해 나갈 수 있다. 이처럼 지하공간이 도시의 미래 속에 자리 잡기 위해서는 지상공간과 어떻게 자연스럽게 연결할 수 있는가 하는 데 있다.

지하공간, 땅 밑에 펼쳐진 또 하나의 일상

하
수
도

지하 세계의
거물

염복규

지하의 거물,
조선에서 제일 큰 하수도

1921년 7월 《동아일보》는 〈경성소경京城小景 말하는 사진〉이라는 제목의 연재물을 10회 게재했다. 당시 경성의 새로운 풍경을 사진으로 소개하고 설명을 붙인 형식이다. 대개 눈에 띄는 상징물이 될 법한 건축물이다. 숭례문 앞에 새롭게 설치된 경비파출소(1921년 7월 24일, 2회 '재등齋藤기념탑'), 거물 친일파 윤덕영의 저택 벽수산장(1921년 7월 27일, 5회 '명물 아방궁') 등이 그것이다. 그런데 7회차 기사가 다소 독특하다. '지하의 거물'이라는 부제를 단 기사가 소개하는 구조물은 하수도다.

> 황금정 삼정목에서 창덕궁통 신작로에 관수교 남편으로는 요사이 굉장한 역사가 벌어졌다. 도로의 중앙을 깊이와 너비 열 자가량이나 파고 그 속에다가 쇠로 뼈를 만들고 양회로 사방을 다져서 상하좌우가 각기 한 간씩 되는 네모진 홈을 묻는다. 이곳에는 본래 길을 닦을 때 두 아름

345

이나 될 만큼 큰 하수도를 묻었는데 이것은 또 무엇을 하는 것인가. 내용 이야기를 들으니까 매년 장마철에 큰비가 오면 약초정과 앵정정의 저함한 땅에는 물이 들어서 거주하는 사람이 들어서 아무리 큰비가 오더라도 수환이 없게 하려는 기특한 뜻으로 총독부에서 여러 만 원의 돈을 들여서 이와 같이 조선 제일의 큰 수도를 묻는 것이라 한다. 이러한 일은 활동사진을 들고 돌아다니는 이보다 매우 좋지만은 경성의 시가도 남편만 위주로 하여 살기 좋게 만들려 하는 것은 알 수 없는 일이다. 약초정, 앵정정의 수해를 막는 것도 물론 좋은 일이지마는 사정이 같은 다른 곳을 나중으로 밀어버리는 것은 마치 경성전기회사에서 용산에만 임금 구역을 철폐하는 것이나 다름없다. 경성의 교동, 사동 바닥은 소낙비 한줄기만 쏟아져도 대로가 통처서 개천이 되고 장마 통에는 방고래 속의 맹꽁이 소리에 사람이 잠을 자지 못할 지경인데 총독부의 세력 있는 관리가 자주 다니지 아니하는 곳이니까 자세히 모르는 듯 하나 이러한 곳에도 속히 무슨 방법을 베풀 수가 없을까.

- 〈경성소경 말하는 사진 7: 지하의 거물, 조선에 제일 큰 하수도〉,
《동아일보》1921년 7월 29일

"황금정 삼정목에서 창덕궁통 신작로에 관수교 남편"이란 현재 돈회문로와 연결되는 청계천 남쪽 을지로 3가 일대를 말한다. 기사는 남촌의 약초정若草町(중구 초동)과 앵정정櫻井町(중구 인현동)의 수해를 방지하기 위해 을지로에서 하수도를 공사하는 모습을 새로운 풍경으로 소개했다. 하지만 기사의 취지는 하수도 공사를 소개하는 것이라기보다 비슷하게 장마에 취약한 북촌의 교동校洞(종로구 경운동, 낙원동)과 사동寺洞(종로구 인사동)에는 대책을 세우지 않음을 비판한 데 있다. 하수도와 같은 도시 인프라에서 남북촌 간에 차별이 있음을 지적한 게 기사의 핵심인 셈이다. 마치 일본인이 많이 사는 용산은 1구역의 전차 요금을 받으면서, 조선인이 많이 사는 마포, 청량리는 추가로 2구역 요금을 받는 경성전기의 처사처럼 말이다("마치 경성전기 회사에서 용산에만 임금 구역을 철폐하는 것이나 다름없다").

하수도 공사 풍경,《동아일보》1921년 7월 29일

이 기사는 1920년대 초의 시점에서 지하에 관을 묻는 이른바 암거暗渠 하수도가 도시의 새로운 주요 인프라로 인식되었다는 점, 그리고 그런 '신식' 시설을 어느 지역에 먼저 설치하느냐가 꽤 민감한 문제였음을 말해 준다. 오늘날 사전적 의미에서 하수도는 "빗물이나 집, 공장, 병원 따위에서 쓰고 버리는 더러운 물이 흘러가도록 만든 설비"로서, "하수도가 불결하여 배수가 잘 안 될 때는 전염병의 원인이 되거나 시민 생활에 장애요인이 되므로 신속히 배제"해야 한다. 도시위

347

생과 미관에서 주요 시설임을 금방 알 수 있다. 따라서 동서양을 막론하고 도시 근대화 과정에서 하수도의 설치는 반드시 중요한 현안이었다. 이는 식민지 조선에서도 마찬가지였다. 그러나 오늘날과 비슷한 형태는 아니더라도 이전 시대에 하수도에 해당하는 것이 없었던 것은 물론 아니다.

전통적 '열린' 하수도와 근대의 변화

그렇다면 서울의 예전 하수도는 언제 만들어졌으며, 어떤 형태였을까? 조선의 건국과 더불어 수도로 정해진 서울은 산으로 둘러싸인 도시이면서 '물의 도시'이기도 했다. 서울을 감싼 여러 산에서 흘러내리는 물길은 도성 한가운데로 모여 큰 개천과 시내를 이루었다. 도성을 동서로 가로질러 흐르는 청계천과 남북의 지천支川이 그것이다. 그런데 이 개천과 시내의 상당수는 이전부터 존재한 자연 하천이었지만, 몇몇은 조선 건국 초기 배수로로 이용하기 위해 인위적으로 깊게 판 인공 하천이기도 했다. 조선 정부는 정도定都 직후부터 청계천을 비롯한 도성 내 하천을 정비하기 시작했다. 이 작업은 대략 세종대에 완료되었다. 그리고 이때에 이르러 도성 내 하천의 '기능'이 확정되었다.

　실록에 보면 세종은 여러 신하에게 하천의 기능을 묻는다. 이에 대해 두 명의 답변이 대조적이다. 집현전 수찬 이선로는 "개천의 물에는 더럽고 냄새나는 물건을 버리지 못하게 금지해 물이 늘 깨끗하게 해야" 한다고 답한 반면, 교리 어효첨은 "도읍의 땅에는 사람들이 번성하게 사는지라 번성하게 살면 냄새나는 것이 쌓이므로 반드시 소통할 개천과 넓은 시내가 그사이에 종횡으로 트이어 더러운 것을 흘러내려야 도읍이 깨끗이 될 것이니 그 물은 맑을 수가 없"다고 답한다. 이에 세종은 "어효첨의 논설이 정직하다"라고 평한다. 이로써 논쟁은 종결되었다. 도성 내 하천의 기능을 하수도로 규정한 것이다.

도성 내 하수도 기능은 적어도 양대 전란 전까지는 큰 문제 없이 작동한 것으로 보인다. 그런데 조선 후기 들어 도성의 배수 기능은 이상을 보이기 시작했다. 근본 원인은 인구 급증이었다. 대체로 한양도성은 20만 정도의 인구를 기준으로 설계되었다. 그런데 양대 전란 이후 도성의 인구는 이를 훨씬 넘어섰다. 그에 따라 하천에 버려지는 오물의 양도 감당할 수 없을 정도로 증가했다. 청계천의 바닥이 거의 교량에 닿을 정도였다는 기록도 있다. 배수로의 기능을 전혀 할 수 없는 지경에 이르렀다.

조선 정부는 문제의 심각성을 깨닫고 영조 대에 이르러 대규모 청계천 준천濬川 사업을 시행했다. 이후에도 준천은 계속되었다. 실록에 보이는 마지막 준천 기록은 1893년이다. 19세기 말에도 준천을 계속했음을 알 수 있다. 그러나 준천 사업을 해서 오래된 '열린 하수도'를 유지하는 것만으로 시대의 변화에 대처할 수는 없었다. 인구의 지속적 증가는 물론이거니와 개항 이후 새로운 문물과 지식의 도입, 외국인의 서울 거주 등의 상황을 맞아, 하수도는 위생시설의 하나로서 종국에는 도로의 정비와 짝을 이루어 그 지하에 설비되어야 할 것으로

대한제국기(추정) 길가의 개거 배수로,
경남문화재연구원,《서울 중구 관내 근대배수로 정밀조사》, 2013

인식되기 시작했다.

　이런 인식의 시발점으로는 1880~1890년대에 등장한 개화파의 위생을 중심으로 한 하수도 정비론을 들 수 있다. 일반적으로 그 단초는 김옥균의 논설 〈치도약론治道略論〉(1882)에서 찾는다. 이 논설은 기본적으로 도로 정비론이지만 그중 상당한 부분을 하수도 정비론에 할애했다. 개화파의 하수도 정비론은 갑오개혁기에는 일부 정책으로도 전개되었다. 그러나 이 시기 정비의 주안점도 기존의 배수로를 튼튼히 하고 길가의 집주인에게 시설 유지의 책임을 지게 하는 데 있었다. 새로운 암거 하수도체계를 만들어야 한다는 문제의식은 희박했던 셈이다.

　국권피탈 이전까지 암거 하수도는 일본 측이 간간이 매설했다. 당대의 기록은 아니지만 1927년 경성부가 간행한 《경성도시계획자료조사서》에 1910년 이전 일본 측이 하수도를 공사한 기록이 실려 있다. 여기에 나오는 하수도의 구조는 대부분 벽돌煉瓦과 모르타르膠泥를 이용해 만든 원형, 계란형으로서 당시 일본의 하수도 건설 방식이다. 설치 지점은 서울역에서 용산 일대(서울역, 의주로, 봉래동, 동자동, 후암동)와 남대문로, 한국은행 앞, 회현동, 소공로, 태평로, 명동, 을지로 등지이다. 대략 철도 부지와 일본인 거류지인 남촌 일원이라고 할 수 있다. 철도 부지에서 배수의 중요함은 말할 것도 없거니와, 일본인 거류민도 일찍부터 거류지의 하수도 정비를 시작했다. 이들이 처음 정착한 충무로 일대는 '진고개길'이라는 별칭에서 알 수 있듯이 배수가 원활하지 않은 곳이었다. 일본인 거류민은 이미 1880년대부터 자신들의 정착지에서 도로확장 공사를 하고 그와 더불어 길가의 배수로를

351

정비했으며, 1907~1909년에는 거류지 일대에 상당수의 암거 하수도를 건설했다.

이상과 같이 1910년 무렵 경성의 하수도는 도심부 전역의 개거開渠(실개천)와 서울역, 남촌 일부 지역의 암거가 병존하는 상황이었다고 할 수 있다. 이런 가운데 국권피탈이 이루어져 식민지 권력은 싫으나 좋으나 경성 전체의 하수도를 정비하고 도시의 위생을 개선해야 하는 '책임'을 져야 했다. 과연 식민지 권력은 무엇을, 어떻게 했을까?

일제강점기 경성 하수도 사업의
전개와 한계

총독부가 경성의 하수도를 최초로 검사한 것은 1913년이었다. 제법 이른 시기인 셈이다. 검사 결과 하수도 1세제곱센티미터당 세균 수는 종로, 남대문통 등의 도심부가 11만 9000여 개, 동대문 성곽 안팎이 5만 3000여 개, 청량리역 부근이 2만여 개로 나타났다. 시외로 나갈수록 세균 수가 급격히 감소함을 알 수 있다. 이 검사를 토대로 총독부는 경성의 하수도 정비에서 중요한 점은 하수를 최대한 신속히 시외로 방출하는 것이며, 또 지상으로 하수가 노출되는 것이 전염병의 원인이므로 하수도는 "가로 하에 매설한 지하의 암거로 인도"해야 한다고 결론지었다(〈도시의 위생설비〉, 《매일신보》 1914년 10월 25일).

총독부는 이듬해 총공사비 100만 원으로 진행할 〈7개년 하수도 개수 사업안〉을 내놓았다. 이러한 대규모의 계획을 수립한 데는, 총독부가 시정 5주년을 기념해 조선물산공진회를 개최할 예정이었는데 개최 장소인 경성의 위생 문제가 크게 공론화된 것도 영향을 미쳤다. 그런데 이 계획은 경성부협의회의 반대에 부딪혔다. 부민에게 너무 큰 경제적 부담을 지게 할 수 없다는 이유였다. 사업안에 예산 계획은 아직 포함되지 않았지만, 경성부의 부담이 상당할 것으로 예상되었기 때문이다. 경성부협의회의 반대는 도시 인프라의 확충을 우선으로 하는 총독부와 실제 비용의 많은 부분을 부담해야 하는 납세자(주로 일본인 부유층)의 이해를 대변하는 경성부협의회의 갈등으로 해석할 수 있다. 꼭 경성부협의회의 반대 때문은 아니었지만, 실제 재정적 대책이 부재한 가운데 이때의 사업안은 일단 무산되었다.

총독부 토목국은 1916년에도 총공사비 160만 원으로 1917년부터 3년간 사업을 진행하겠다는 안을 내놓았다. 이번에는 예산 계획이 포함되어 있었는데, 총공사비의 반은 총독부가 보조하고, 나머지 반은 경기도의 지방비로 보조를 받고 경성부가 기채起債해 충당하고자 했다. 이 사업안은 하수도 공사 계획의 기초가 되는 강우량, 우량 유출량이 잘못 계산되었음이 밝혀져 설계를 수정하는 등의 우여곡절 끝에 1918~1924년 1기 7개년 계획으로 변경되었다. 또 기채로 공사비의 상당한 부분을 충당해야 했는데 당시 경성부의 경제 규모상 한계가 많아 사업 규모도 처음 구상한 것보다 심히 축소되었다. 그러나 〈1기 하수도 개수 사업안〉은 국권피탈 이후 실행된 최초의 경성 하수도 정비 계획이라는 점에서 의미가 작지 않다. 그 개요는 다음과 같다.

경성 하수도의 완전한 계획은 지형상 경성을 성내 하수구(경성 방면)와 성외 하수구(용산 방면)의 두 구역으로 나누고 하수 배제의 방법은 배수의 현재 및 하수 처분의 관계로부터 성내 하수구에서는 분류 방식을 채용하고 현재의 배수로를 개량 보수하며 동시에 협익굴곡한 가로의 불완전한 가구를 정리하여 혹은 다시 이를 신설하여 우수雨水의 배제에 충당하고 인류의 배설물, 기타 오수汚水는 하수 암거를 축조하여 배제하고 오수 처분 공장을 축설하여 하수를 청정 처분하여 그 청정수를 한강으로 방류하는 계획이오. 성외 하수구에는 합류 방식을 채용하고 현재의 배수로를 개량, 보수하고 동시에 암거를 축조하여 제 오수 및 우수를 동일 하수거에 의하여 한강 중류로 방류하여 그 자정 작용으로 청정케 하는 계획이라. 그러한대 이 같은 완전한 계획은 그 공사비 거액을 요하여 바로 그 실행을 하지 아니한 고로 이번 하수도의 계획은 암거 축조는 이를 후일로 넘기고 오로지 우수 및 지상 오수의 배제를 목적으로 암거 계획에 개의치 않고 개거식 하수 계획을 세울 것이오 성내 하수구(경성 방면)에서는 오로지 분뇨, 기타 오수 배제에 비할 암거의 축조는 이를 후일로 넘기고 암거식 계획 중 우수 및 지상 오수의 배제에 충당하는 개거를 축조하고 … 성외 하수구에 있어서는 암거의 축조 및 개거 간선의 일부 개축을 후일로 넘기고 현재의 하수거 및 가구를 개수, 신설하여 우수 및 지상 오수를 같이 이쪽으로 끌어들여 배제하는 계획이니….

- 〈도시위생과 하수구: 경성 하수도의 설계에 대하여〉,

《매일신보》 1916년 10월 3일

"후일로 넘기"는 과제가 빈번히 등장하는 위 기사는 1910년대뿐 아니라 이후에도 계속될 경성 하수도 정비 과정 전반을 관통하는 이상과 현실의 괴리를 잘 보여 준다. 이상적인 방향은 성내와 성외를 나누어, 성내는 우수를 배출하는 개거와 오수를 배출하는 암거를 분류해 설비하고 오수 정화 시설을 설치하며 성외는 이를 합쳐 설비해 마지막에는 정화된 하수를 한강에 방류한다는 것이다. 그러나 대부분의 세부 계획은 "이를 후일로 넘"길 수밖에 없었다. 그리고 현실적인 방법으로 성 내외를 막론하고 우수와 오수를 한꺼번에 배출하는 기존 개거 하수도를 정비하는 데 주안점을 두었다. 결론적으로 조선시대부터 이어져 온 하수처리 방식과 단절하지 못했다고 할 수 있다. 이렇게 밖에 할 수 없는 근본 원인은 예산 문제였다. 위 계획의 설계 책임자인 토목국 기사 야마오카 겐이치山岡元一는 이전부터 여러 글에서 도시위생상 암거 하수도를 설치해야 한다고 역설한 바 있는데, 실제로는 그렇게 하지 못했다.

1기 사업의 결산을 확인해 보면 주로 간선 하천인 청계천, 욱천旭川(대략 무악재에서 발원해 원효로를 따라 흐르는 만초천蔓草川의 식민지 시기 명칭)과 직접 연결되는 물길 16개를 정비했다. 청계천을 기준으로 북쪽 7개, 남쪽 9개다. 개거와 암거를 비교하면 역시 개거의 비중이 훨씬 높았으며 암거는 일부 소규모 구간에서만 이루어졌다. 공사 지점을 구체적으로 보면 당시 남산 남쪽 기슭 현재의 소파길에 위치했던 총독부 청사와 황금정통 부근 등의 정비가 두드러진다. 청계천 북쪽의 공사는 사업 마지막 해인 1923년 대거 시행되었는데, 종묘 오른편의 전매국 공장과 동대문경찰서 부근, 경복궁과 창덕궁 사이의 경성제일고등보통학교, 경성여자고등보통학교 등의 관립학교가 밀집한 지역을 주로 정비했다. 공사 구간을 채택한 기준과 과정은 알 수 없지만, 결과적으로 남촌 일대, 그리고 북촌에서 관변 시설이 입지한 지역 위주로 암거화가 이루어졌던 셈이다. 앞에서 인용한 〈경성소경 말하는 사진〉은 이 공사 과정을 묘사한 기사이다.

2기 사업은 1925~1931년에 시행되었다. 이 기간은 1925년 총독부 청사를 경복궁에 신축해서 이전한 것을 필두로 주요 식민 통치시설이 청계천 북쪽 지역에 새롭게 입지하는 시기다. 따라서 2기 사업은 신축하거나 이전한 주요 시설을 중심으로 이루어졌다. 주된 공사 지역은 총독부 청사 서쪽 일대, 경성제대가 입지한 도성 동북부 지역, 경성운동장과 장충단공원이 있는 도성 동남부 지역 등이었다. 정리하자면 2기 사업은 1920년대 중반 주요 식민 통치시설의 건립 시기에 맞추어 그 일대 시가지 개발 차원에서 진행되었다. 그중에서도 총독부 청사 서쪽 백운동천 일대는 대부분 암거로 공사했다. 총독부 청사가 신축되면서 주변에 경성부, 동양척식회사 등의 관사촌이 대규모로 형성된 것과 관련이 있었다. 그에 반해 도성 동부 지역은 남북을 막론하고 거의 개거로 정비되었다.

2기 사업에 이어 1930~1940년대에 3기(1933~1936), 4기(1937~1943)사업도 잇달아 시행했음을 확인할 수 있다. 3기, 4기 사업은 2기까지와는 달리 상당 부분 암거 공사를 시행한 것이 특징이다. 그런데 암거 공사의 비율이 훨씬 늘어났음에도 공사비는 오히려 이전보다 감소했다. 정비하는 총연장이 줄어든 점, 그간 공사 기술력이 향상한 것 등도 이유가 되었을 것이며, 1937년 이후에는 〈경성시가지계획〉을 시행함에 따라 도로 부설의 일부로 하수도 암거 공사가 포함되었

하수도 공사 풍경,
《매일신보》1927년 12월 1일

기 때문으로 짐작된다.

3기 사업의 결과를 1936년판 지도에서 확인해 보면 청계천과 남산 남쪽 기슭 사이 지역, 즉 남촌 일대는 거의 완전히 암거화되었음이 확인된다. 그에 비해 청계천 북쪽은 이전보다는 암거화가 많이 진행되었지만 여전히 개거로 남아 있는 구간도 적지 않았다. 4기 사업에서는 이 시기 다른 도시계획사업과 비슷하게 심각한 예산 부족 문제가 발생했다. 1937년 8월 중일전쟁의 발발로 총독부는 이듬해부터 각종 도시계획사업의 보조를 거의 중단했다. 그리하여 하수도 정비사업도 대체로 경성부 예산만으로 간선 하천의 하수도(청계천) 정비에 집중하면서 원래 계획했던, 편입한 동서 외곽지역의 공사는 거의 이루어지지 못했다.

지금까지 살펴본 바와 같이 일제강점기 경성의 하수도 정비는 그 시작부터 예산 부족이라는 현실적인 논리에 밀려 '합류식 개거 하수도'를 주축으로 전개되었다. 다시 말하자면 식민지 권력이 주장하는 근대 하수도의 새로운 설치라기보다 기존의 하수도를 정비하는 성격이 더 컸다는 의미이다. 이렇게 해서는 식민지 권력이 공언한 하수도의 결정적인 개선은 이루어질 수 없었다. 전염병의 원인으로 지목된 오수가 노출되는 것을 피할 수 없었기 때문이다. 이런 상황은 늘 여론의 비판 대상이 되었다. 일례로 도성 밖 왕십리 일대에서 재배한 채소를 들여와서 파는 행상의 경우 이전부터 개천에서 채소를 씻는 것이 관례였는데, 일제강점기에도 많은 개천이 개거로 노출되어 있는 상황에서 이런 '위험한' 습관은 계속될 수밖에 없었다.

식민지 권력의 하수도 개선은
왜 실패했나?

따라서 하수도의 암거화 여부는 민감한 사안이었다. 여론에서 암거와 개거의 채택은 단순히 재정 문제, 공사 방식이나 순서의 문제가 아니라 항상 '민족 차별의 상징'으로 이해되었다. 〈경성소경 말하는 사진〉의 논조도 이런 측면에서 이해할 수 있다. 이런 가운데 1920년대 중반 경성부는 거액의 비용이 들어가는 도시 인프라를 구축하는 데 발생하는 예산 문제를 타개하고자, 당시 일본에서 시행한 수익세 제도를 도입하고자 했다. 간단히 말하면 어떤 인프라의 구축으로 이익을 보는 토지소유자에게서 상당액의 공사부담금을 걷는 제도이다. 그러나 경성부의 시도는 실패했다. 수익세 제도를 적용해 공사할 예정지는 대부분 북촌이었다. 남촌의 인프라는 오래전부터 구축해 왔으면서 이제 북촌의 공사를 할 차례가 되니 주민에게서 돈을 걷느냐는 피해의식은, 경성부협의회 조선인 의원 다수의 반발과 조선어 언론의 거듭된 비판을 불러일으켰다. 경성부라는 한 도시의 정비를 둘러싼 갈등이 전국적으로 노출되는 것을 꺼린 총독부도 수익세 제정에 부정적이었다.

결과적으로 제한된 예산 범위에서 당대 도시위생의 근본적인 개선책으로 여겨진 하수도 암거화의 우선순위는 주요 식민 통치시설의 입지, 즉 토지 이용의 위계에 따라 매겨졌다. 같은 북촌이라도 총독부 신청사가 건립되고 그 서쪽 일대에 관변 기구의 관사촌이 형성된 곳의 암거화는 신속히 진전되었다. 경성운동장이 들어서면서 도성 동

359

1950년대 중반 적선동 주택가의 길가 배수로, 서울 도심부에 여전히 개거 배수로가
존재했음을 보여 준다, 〈자유부인〉(1956), 한국영상자료원 소장

부도 암거화되었다. 반면 조선시대부터 오래도록 하수도로 기능한 청계천의 암거화도 항상 제기되는 이슈였지만 일제강점기에 거의 이루어지지 못했다. 청계천의 암거화는 1950년대 후반에야 시작되었고 5·16 직후 완성되었다. 단지 오수를 배출하기만 하는 것이 아니라 정화하는 '오수 처분 공장'도 이미 1910년대부터 언급되었지만, 1976년 도시 하수종말처리시설로서 청계천 하수처리장이 최초로 건설되고 나서야 비로소 실현되었다.

하수도, 지하 세계의 거물

도축장

유혈의 증거를
남기지 마라

김윤미

마장축산물시장. 축산물 단일품목을 취급하는 시장으로는 국내 최대 규모를 자랑한다. 전국 쇠고기 유통량의 9.8퍼센트가 이곳을 거쳐 나가고, 내장이나 쇠머리와 같은 부산물의 30~40퍼센트, 수입육의 60퍼센트가 이곳을 통해 거래된다고 하니, 이쯤이면 규모, 거래량, 기능 면에서 최대라는 수식어를 강조할 만도 하다.

마장축산물시장은 도축장에서 방금 나온 쇠고기, 돼지고기와 각종 부산물을 거래하는 장터로 시작됐다. 살아 있는 소, 돼지를 거래하는 가축시장(1958년 개설)과 거래된 가축을 도살하는 도축장(1961년 개설)이 축산물시장을 형성하는 직접적인 계기였다. 지금은 마장동에 있던 가축시장과 도축장 두 시설 모두 사라졌으니, 어찌 보면 장터만 남은 셈이다. 그나마 서울 끄트머리에 남아 있던 가락동 축협공판장의 도축장마저 2011년 충북 음성으로 이전하면서, 이제 서울 시내에서 살아 있는 소와 돼지를, 그리고 이를 도살하는 모습을 더는 볼 수 없다. 서울에서 가축과 도축장은 100년 사이 어떻게 사라져 갔을까.

조선은 육축六畜이라고 해서 소, 말, 돼지, 양, 닭, 개를 키우고 잡는 것을 허용했다. 19세기에도 서울의 뒷골목에서 가축을 키우고, 잡는 걸 목격하는 게 어려운 일은 아니었다. 닭이나 개와 같은 작은 가축은 개인이 알아서 잡았다. 문제는 소나 말과 같은 큰 가축이었다. 특히 소는 농사에 이용되었고 말은 군사와 교통에서 중요한 수단이었기에, 개인도 국가도 '함부로' 도살하지 않았다. 도살해서 판매하는 일도 누구나 쉽게 할 수 있는 일이 아니었다. 정해진 곳에서 정해진 사람이 도축해야만 했다. 조선 후기 한양에서 도축은 전문 도축자인 '백정'이 푸줏간이나 도사屠肆(현방)에서만 할 수 있었다. 군자원포주君子遠疱廚. 군자는 푸줏간과 부엌을 멀리해야 한다는 통념처럼 도축을 전문으로 하는 백정은 천민에 속했고, 한양에서 도축과 판매를 독점하던 현방은 20여 개 정도로만 유지되었다.

관영 도축장의 등장, 동대문 밖과 서대문 밖 '대한도수장'

도축 행위와 장소에 관한 규정이 새로운 관점에서 검토되기 시작한 것은 19세기 말 갑오개혁 때였다. 가장 먼저 민간의 도살을 규제하기 위해 〈포사규칙庖肆規則〉이 공포(법령 1호, 1896년 1월)되었다. 이 법령은 사실 위생에 대한 기준을 마련하기 위해서였다기보다는, 민간이 도살하는 것에 대한 세금, 즉 포사세를 중앙정부가 수납함으로써 포사를 중앙정부가 관리하기 위한 목적이 컸다. 도축장의 설치와 운영에 관한 좀 더 자세한 규정은 1900년을 넘어서야 마련된다. 〈도축장취체규칙〉(1902), 〈도살장규칙〉(1909), 〈수육판매영업단속규제〉(1909) 등이 통감부

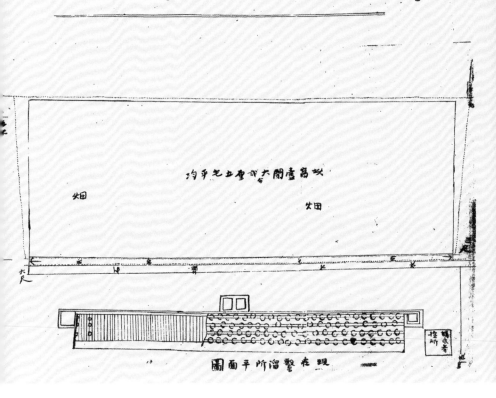

1909년 합동 서대문도수장 구내 계류장 공사 관련 도면,
〈경시청 소속 청사 서류〉, 국가기록원 소장

시기를 거치며 시행되었는데, 이때부터 도축 장소와 도축 행위는 쓰레기, 식품위생, 질병 등과 같은 공공위생 차원에서 함께 고려되었다.

이러한 규제와 함께 검토된 것이 관영 도축장의 건설이었다. 먼저 1908년 8월 서부도수장이 서대문 밖 합동에서 문을 열었다. 그러나 개장한 지 3개월 만에 통감부는 새로운 부지를 물색했다. 서부도수장의 부지가 협소해서 시설 확충이 어려웠기 때문이었다. 검토된 권역은 동대문 밖과 서대문 밖이었고, 도축장 부지를 선정하는 데는 새로운 기준이 제시되었다. ① 주거지와 이격 정도, ② 적당한 구릉지, ③ 도축장 관련 시설을 모두 수용할 수 있을 정도의 면적, ④ 전차선로와 도로 등의 교통 여건, ⑤ 세척에 사용할 충분한 용수와 수질, ⑥ 위생상 위해 유무 등이었다. 이에 따라 결정된 장소가 지금의 아현동과 신설동이었다. 두 지역은 도성의 동서쪽 각각의 대문에서 비슷한 거리를 두고 있으며 규모도 비슷했다. 다만 아현동이 소뿐만 아니라 돼지도 도축하기 위해 탕박(뜨거운 물에 도체屠體를 통째로 넣어 털과 가죽을 간편하게 제거하는 공정)설비를 갖춘 것과 달리 신설동은 소의 도축에 치중했다. 두 도축장은 '대한도수장'이라는 이름으로 국가가 직접 관리·감독하는 첫 관영 도축장이었다.

현저동에서 숭인동으로,
'경성부립도축장'의 통합과 이전

1910년 국권피탈 이후 신설동과 아현동의 대한도수장은 조선총독부 내무부 위생과로 이속되었다. 그리고 1914년 부府제도가 시행되면서 경성부가 이를 승계해 본격적으로 관리·감독을 했다. 예산을 받아 낸 경성부는 아현동, 신설동의 관영 도축장을 비롯해, 현저동, 이태원의 사설 도축장 등 총 6곳을 폐쇄하거나 매수했다. 목적은 관영·사설 도축장 통폐합(일원화)을 통한 효율적인 관리·감독이었다.

새로운 경성부립도축장은 1912년 정해진 〈도살규제시행세칙〉 5조에 따라 위치와 구조가 결정되었다. 먼저 입지는 5조 1항 '사원·궁궐·관청·학교·공원·병원·음료하천 및 인가가 밀집된 장소에서 20간(약 216미터) 이상 거리를 둘 것'이라는 규정에 맞춰야 했는데, 시가화율이 높은 경성부 내에서 이 조건에 맞는 부지를 찾기는 쉽지 않은 일이었다. 그나마 서대문형무소에 잇닿아 있는 현저동 도축장이 입지 조건에 가장 잘맞았다.

이와 더불어 도축장 내부의 각종 시설, 그리고 시설별 이격거리와 규모, 바닥 재질, 내벽 재료 등을 지정된 기준에 맞춰 조성해야 했다. 하지만 높은 담장에 둘러싸인 도축장의 내부에서 벌어진 모습은 이 같은 위생 규정과는 상당한 거리가 있었던 것으로 보인다.

> 도축장을 참관하고 너무 놀란 것은 설비가 불완전하다는 점이다. 그저 '공허' 그 자체라고 할 수밖에 없다. … 신설한 것은 좋은데, 막상 신설한 뒤에는 어떻게 할지 생각해 봐야 하지 않을까. 부영 도축장 한 곳을 참관했을 뿐이지만 너무 놀라 전율할 만큼 내용은 빈약하고, 불완전한 정도를 넘어 비위생적인 데는 할 말이 없을 지경이다.
>
> — 아키마 기후, 〈도부屠夫〉, 《대지를 보라》, 대륙공동출판회, 1924

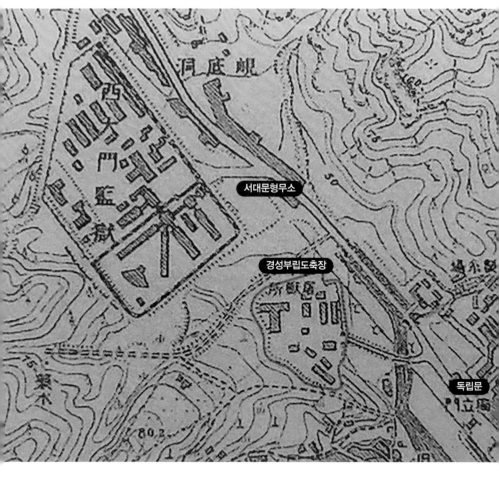

서대문형무소 남쪽의 현저동 경성부립도축장,
〈경성도〉(1922)에 저자가 표시

도축장의 입지와 시설의 규모가 확연히 바뀐 것과 달리, 도축장의 담장 내부가 이전과 크게 달라지지 못한 것은 작업 방식이 전혀 변하지 않았기 때문이다. 공간의 변화와 달리 도축 과정은 여전히 행위자인 도축자 개개인의 숙련된 기술에 온전히 맡겨진 작업이었고, 몸에 밴 도축 행위와 관습은 쉽게 변할 수 있는 성질의 것이 아니었다.

'나무축생불 보리심 공양보탑南無畜生佛菩提心供養寶塔'
도축실 앞마당에는 떼를 입힌 흙무덤이 있고, 그 곁에 높이가 열 자는 넘을 것 같은 불탑 한 기가 하늘로 우뚝 치솟아, 피비린내 나는 바람에 씻기고 있다.

　　　　　　　　　　　　- 아키마 기후, 〈도부〉, 《대지를 보라》, 대륙공동출판회, 1924

결국 얼마 지나지 않아 현저동 경성부립도축장을 옮겨야 한다는 의견이 제기되었다. 목구조인 도축장의 시설이 급격히 낡아 버린 데다, 도축장에서 흘러나온 핏물과 오물이 고여 여름이면 주변 지역의 골칫거리가 된다는 점이 주요 원인이었다. 이는 수도 및 배수 등의 설비가 위생 기준에 미치지 못했기 때문이었다. 1917년 개장한 현저동 경성부립도축장은 개장한 지 8년 만인 1925년 숭인동의 동묘 근처로 이전한다.

숭인동 도축장은 남쪽으로 청계천 하류를 면하고 있어 수도 및 배수 조건이 현저동보다 훨씬 양호했다. 무엇보다 동묘, 청계천 등이 완충 역할을 함으로써 주변 인가에 끼칠 수 있는 불편함을 최소화할 수 있었다. 또한 1923년에 가축시장이 개설된 곳이어서 가축의 거래와

369

경성부 도살장 도축 장면(위) 경성부 도살장 외부(아래),
Annual Report, 1917, 조선총독부, 국립중앙도서관 소장

경성부 도살장 가축 검사(위) 도축된 소의 피를 마시는 한국인(아래),
Annual Report, 1917, 조선총독부, 국립중앙도서관 소장

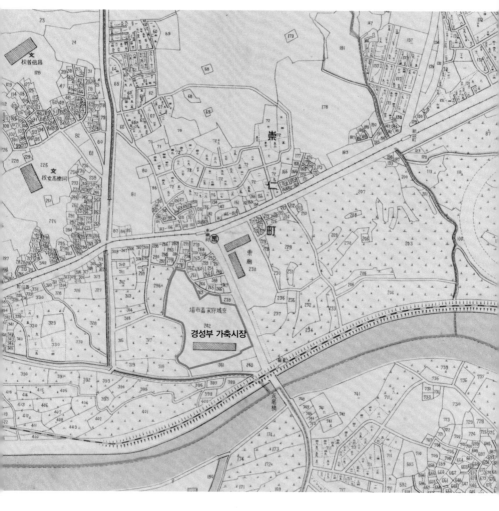

동묘 서쪽의 숭인동 경성부가축시장, 〈대경성정도〉(1936)에 저자가 표시

젖소품평회가 열린 숭인동 가축시장, 《동아일보》 1939년 10월 25일

도축의 물리적 거리를 혁신적으로 좁힐 수 있었다. 경성부에서 도살된 소의 수만 2만 5000마리에 달하던 당시로서는, 소의 주요 공급지인 강원도 등지에서 가축을 들여와서 도축한 신선한 고기를 경성부 내로 바로 유통하는 데 숭인동이 최적지였다.

시간이 흐름에 따라 경성부의 시가지화 지역이 확대되면서 숭인동은 이제 경성부 외곽의 경계 지역만은 아니었다. 경성부는 1936년 행정구역 경계를 확대하고, 1937년 〈경성시가지계획〉을 수립했다. 이과정에서 숭인동 가축시장 및 도축장의 입지 또한 재고되었다.

이전 지침은 '운전이 편한 가축시장', '원격지遠隔地 도축장'으로, 가축시장과 도축장의 입지 조건을 명확히 드러낸다. 위생상 부적격

373

시설에 해당하니 되도록 중심지에서 멀리 두되, 현재와 같은 운송 및 수도 체계가 부재한 당시에, 그래도 신선한 고기를 취하기 위해서 어느 정도는 가까이에 입지하게 해야 한다는 것이었다.

　그 결과 새로운 가축시장과 도축장은 왕십리 부근의 마장동으로 확정되었다. 행정구역이 확대된 그 거리만큼 밀려난 것이었다. 마장동은 숭인동 시절과 마찬가지로 당시의 경성부 동쪽 경계에 가까웠으며, 청계천 하류에 인접했다. 그러나 한편으로 이곳은 도로 확장을 비롯해, 경원선 철도, 왕십리선 전차, 기동차 등 여러 가지 운송 노선이 생기면서 경성 동쪽 교외 지역 교통의 요지로 부상하고 있었다.

마장동 서울시립도축장의 등장과
시카고 모델

일제강점기 수립됐던 마장동 이전 계획은 한국전쟁 이후에야 실현될 수 있었다. 우선 서울시는 예산 500만 환과 ICA(미국대외경제원조처)의 원조를 활용해 마장동 청계천 변의 판잣집을 철거하고 약 8000평에 이르는 부지에 가축시장을 준공했다.

　마장동도축장은 이보다는 3년 늦은 1961년에야 개장했다. 4·19, 5·16 등의 시대적 격변이 있었고 최신 설비 구축에 드는 예산 마련이 어려웠기 때문이었다. 도축장은 가축시장에 들어간 예산의 60배에 이르는 3억 환의 자금이 투입되었다. '동양 최대의 도살장', '하루 8시간에 소 300마리, 돼지 200마리 도축', '최신 냉동 및 육가공시설의

마장동 가축시장 풍경, 1962, 서울역사박물관 소장

마장동 시립1도장 개장식, 1961, 서울역사박물관 소장

시카고 연방임시사육장과 포장공장, 미국의회도서관 소장

시카고도축장의 작업공정, 미국의회도서관 소장

도입' 등의 보도에서 나타나듯 마장동도축장은 설비 구축에 막대한 비용이 들어갔다.

당시 도축장의 제반 설비와 구조는 미국의 공장형 도축장을 모델로 했다. 대부분의 건축자재와 기계, 냉동시설을 미국의 원조를 통해 들여왔기 때문이었다. 이러해지자 설비가 들어갈 도축장의 설계와 작업공정 또한 미국 최대의 도축장인 시카고도축장을 검토할 수밖에 없었다.

도수장 설계 당시 … 시청의 건축과장이 *Slaughter House in Chicago*라는 책을 추천했다. 이 책에 의하면 시카고도축장은 그 규모가 거대했다. 우리는 미국에서 도살장에 들어갈 각종 기계를 원조받기로 했으나, 도면을 확인해 보니 시카고도살장은 숭인동창고보다 스케일이 훨씬 컸다. 그래서 나는 새로운 도축장의 도면을 직접 그리게 되었다. … 나는 상인들이 기다리는 통로에 특별히 크레인을 하나 더 만들었다. 사실 미국의 도축은 개인이 하는 것이 아니며, 큰 기업에서 도축한 소를 48시간 냉장시킨 후 반출하거나 냉동시키는 방식이었다.

– 설계자 이광노 서울대 명예교수 인터뷰,《마장동》, 서울역사박물관, 2013

컨베이어시스템conveyer system. 헨리 포드Henry Ford가 1908년 자동차 모델 T의 조립공정에 적용한 것으로 유명하다. 당시 제조업 전반에 비용 절감과 생산성 강화라는 혁신을 불러온 이 방식은 사실, 1867년 시카고의 도축장 및 육류 가공공장에 도입된 방식에서 영감을 얻어 적용된 것이었다.

시카고의 대다수 도축장 및 육류 가공공장은 컨베이어와 킬링 휠 Killing Wheel이 설치된 기계화 공정을 도입했다. 공장은 가축의 도살부터 최종 가공제품에 이르기까지 전체를 하나의 컨베이어에 두었다. 그리고 원재료에서 최종 제품으로 가공하기까지의 복잡한 작업공정을 '입고, 도축, 부산물 분리, 발골, 정형, 중간 가공, 완제품' 등으로 최대한 잘게 나눠, 작업자는 공정별로 단일 작업만 수행하게 했다. 고도로 분업화된 공정이었기에 비숙련자도 생산 작업에 쉽게 투입될 수 있었다.

이처럼 여러 단계의 공정을 통해 나온 최종 결과물을 익명 집단의 제품으로 만듦으로써, 소비자는 혐오감을 상쇄하고 도덕적 책임에서 해방될 수 있었다. 반면 숙련된 도축·가공 기술, 전통의 장인정신, 윤리, 가치를 완벽히 배제함으로써 가축은 이제 완벽한 상품이 되었다. 자동차는 부품을 조립해 완성된 제품이라면, 고기는 원물을 분해해 완성된 상품이었다.

마장동축산물시장의 탄생과 확산

소비시장 규모에 격차가 있었던 만큼, 마장동도축장의 규모는 시카고의 도축장 및 육류 가공공장에 비해 작을 수밖에 없었다. 한 가지 눈여겨볼 점은 도축장의 운영이었다. 시카고는 육가공사업을 하는 대기업들이 도축부터 육가공까지 그 모든 작업공정을 통합해서 운영하는 형태였다. 즉 살아 있는 가축의 입고부터 마지막 제품까지의 모든 공정이 민간의 영역이었다.

그러나 마장동도축장은 경성부 시기에 통폐합을 거치면서 공공이 운영하는 방식으로 바뀌었다. 가공과 판매 등 도축 외의 공정만이 민간 시장의 영역이었다. 물론 개장 이후 입찰해 경영권을 민간에 이관하지만, 개설 당시 명칭은 '서울시립'이었다. 공공성은 여전히 강했다.

사정이 이러해지자 마장동도축장에서 출고된 각종 육류와 부산물이 도축장 앞에서 거래되기 시작했다. 먼저 도축장을 따라 숭인동에서 이곳으로 건너온 상인들이 가축시장과 도축장에 인접한 가옥을 임대해 상점을 차리기 시작했고, 사회 전반에 고기 소비량이 증가하는 만큼 육가공업 및 유통업에 종사하는 마장동 인구도 늘어 갔다. 이들은 도축만 하지 않을 뿐이지 정육기술자이면서 상인이었다. 도살된지 얼마 되지 않은 신선한 고기를 발골해서 정형하고, 소머리나 내장 등의 부산물을 세척해 판매했다.

1960년대와 1970년대를 거치며 마장축산물시장은 그 규모를 더욱 키워 나갔다. 고기 소비가 늘어난 것에 비해 도축 속도가 따라가지 못하자 밀도살이 나타나기도 했다. 서울시는 밀도살의 여지를 근본적으로 제거하기 위해 1974년 가축시장을 폐쇄하고 서울 시내에서 가축의 거래를 금지했다. 그리고 같은 해 서울 서부지역의 고기 수요를 충족할 독산동도축장을 개장했다. 1986년에는 서울 동남권역 경계인 가락동 농수산물 시장에 도축장을 개장함으로써 서울 시내 육류 도축은 마장동, 독산동, 가락동의 3자 체제가 되었다.

그러나 1990년, 냉장설비 및 냉동설비를 갖춘 운송수단의 발달로 지방에서 도축된 고기의 서울 반입이 무제한 허용되면서 서울에서 도축해 공급하는 육류량은 점차 감소했다. 결국 마장동은 1998년, 독산동은 2002년, 가락동은 2011년에 폐쇄되거나 지방으로 이전하는 절차를 밟는다.

사라진 도축장, 남은 축산물시장

문명은 많은 고기를 소비하면서 발전해 왔지만, 생산에 대한 유혈의 증거를 없애기 위해 그보다 더 큰 노력을 기울여 왔다고 한다. 20세기는 서울 곳곳에 흩어져 있던 핏물을 한곳에 모으고 그것을 떼어 내 잘 보이지 않게 서울 밖으로 버려 나가는 시기였다. 현저동, 숭인동, 마장동, 독산동, 가락동. 서울이 확장할 때마다 도축장은 경계에서 머물다 결국 사라졌다.

그러나 축산물시장은 지방 도축장을 따라가지 않고 그 자리에 그대로 남았다. 교통시설, 유통망, 냉장냉동수단 및 운송기술 등의 여건이 숭인동에서 마장동으로 이전하던 그때와는 많이 달라졌기 때문이다. 도리어 한국 사회의 축산물 소비량과 고급화된 축산물 소비성향은 증가하는 물류비용을 흡수하고도 남았기에, 축산물시장은 여전히 성장하고 있다. 다만 그 속에도 위기감을 느끼는 사람은 있다. 육가공 작업의 첫 번째 공정인 도축이 서울에서 사라진 이후, 시선을 외면하고 싶은 그다음 공정을 사람들은 여전히 찾고 있기 때문이다. 공정의 두 번째 단계인 부산물 세척, 발굴 및 정형 작업을 현대화함으로써 최근의 과제는 그렇게 해결되고 있다.

유
곽

금기와 욕망의
경계

박현

유곽遊廓이란 성매매를 할 수 있는 업소가 모여 있는 구역을 뜻한다. 유곽은 일본 에도시대에 처음 등장했는데, 치안과 풍기 단속을 명목으로 성매매 여성을 한곳에 모아 울타리를 치고 거주를 제한하기 위해 만들어졌다. 성매매를 정부에서 공인公認하고 관리한다는 점에서 이 제도를 공창제公娼制라 했다.

조선에 유곽이 들어온 것은 언제일까. 1876년 〈강화도조약〉 이후 일본군과 장사를 하기 위한 일본인 남성이 조선에 들어왔다. 당시 단신으로 조선에 들어온 남성이 많았기에 이들을 대상으로 성매매가 이루어졌다. 이에 일본 영사와 재조선 일본인의 자치집단인 거류민단은 법령을 제정해 성매매 여성을 관리하는 한편, 성매매업자에게서 세금을 거둬 경제적인 이득을 취하려고 했다. 이를 위해 유곽이 조선에 도입되었다.

서울에는 지금의 서울 중구 묵정동 일대에 신정新町유곽과 지금의 용산구 도원동 일대에 도산桃山유곽이 있었다. 그렇다면 신정유곽과 도산유곽의 조성과정은 어땠는지, 왜 해당 지역에 유곽이 만들어졌는지 등이 궁금해진다. 또한 일본인 남성을 대상으로 한 유곽에 다수의 조선인 남성도 방문하는 등 유곽이 성행하면서 조선인 남성을 대상으로 한 조선인 유곽도 만들어졌다. 이에 대해서도 살펴보고자 한다.

유곽의 조선 유입

조선에서 처음으로 유곽이 조성된 곳은 부산이다. 1881년 부산의 일본영사관이 〈대좌부貸座敷영업규칙〉, 〈예창기藝娼妓취체규칙〉 등을 제정하면서 유곽 영업을 허가했다(같은 시기 원산영사관도 같은 규칙을 제정했다). 이에 1902년 좌수토원佐須土原(현재의 부산 부평동)에 유곽이 처음으로 건설되었다.

한편 인천에도 유곽이 조성되었는데, 부산과는 달리 일본 외무성은 인천에는 다른 국가들의 조계지가 있기에 국가 체면을 이유로 유곽 영업을 허락하지 않았다. 이에 재인천 일본영사는 성병 예방을 위해 유곽이 필요하다는 점을 강조하는 한편, 유곽에서 나오는 세금으로 도심 기반 시설을 건설하는 비용을 충당할 수 있다고 주장했다. 결국 유곽의 영업이 허가되었고, 1902년 12월 기정동己井洞(현재의 인천 신흥동)에서 부도敷島유곽의 영업이 시작되었다.

부산과 인천의 유곽 형성과정을 보면, 유곽이 조성된 과정은 다르지만 원인은 비슷했다. 결론부터 말하면 두 지역 모두 일본인 남성 인구가 증가해 성매매가 성행하자 재원 마련과 성병 관리 등을 이유로 들어 유곽을 조성했다. 개항 이후 부산과 인천에 일본인 단신 남성이 들어오기 시작했고 청일전쟁과 러일전쟁 등으로 일본 군인의 유입도 증가하면서 일본인 남성과 군인을 대상으로 한 성매매업이 시작되었다. 그런데 성매매 과정에서 일본인 남성과 군인이 성병에 걸리는 문제가 발생했는데, 군인의 경우 성병에 걸리면 전력에서 이탈되기 때문에 성병은 간과할 수 없는 문제였다. 한편 재조선 일본인의 자치단체였던 거류민단의 경우 성매매업자에게서 세금을 징수해 거류민단의 재원으로 삼으려 했다.

서울의 유곽 조성

서울의 경우는 어떠했을까. 기본적인 유곽의 조성 원인은 부산, 인천과 다르지 않았다. 첫 번째 원인은 1904년 2월 러일전쟁 발발 이후 일본인 남성 인구가 증가했기 때문이다. 《경성발달사》에 따르면 서울에 들어온 일본인이 1903년 319명에서 1904년 907명으로 거의 3배 가까이 증가했는데, 특히 남성의 유입 인구가 171명에서 520명으로 3배 넘게 증가했다. 1904년 서울의 일본인 인구 또한 1903년 902가구에 3678명에서 1904년 1350가구에 6323명으로 전년도보다 448가구에 2645명이 증가했다. 남성 인구는 인구수 자체가 여성보다 1500명 이상 많았고 전년도보다 2배 가까이 증가했다. 일본인 남성 인구가 늘어나자 성매매 또한 증가했는데, 그 과정에서 성병에 걸리는 사람이 증가했다. 특히 러일전쟁 개전 초기인 1904년 2~5월에 성병 환자의 발생 수가 다른 시기에 비해 압도적으로 많았다. 따라서 정부 차원에서 성병을 관리할 필요가 있었으며, 이를 위해서는 지정된 장소에서만 성매매를 할 수 있게 해야 했다.

두 번째 원인은 거류민단의 재정 때문이다. 당시 거류민단은 1906년 법인화되기 전까지 자치기구로 운영되었기 때문에 세금을 강제로 징수할 수 없어 안정적으로 재원을 조달하지 못했다. 이에 유곽을 조성해 유곽영업자들에게 토지를 빌려주고 지대를 받거나 영업세를 부과해 지속적인 수입원을 만들고자 했다.

다음으로 유곽의 조성과정을 구체적으로 살펴보자. 유곽 조성에 적극적으로 나선 집단은 거류민단이었다. 1904년 5월 초순 요리옥 열한 곳이 연합해 영사관에 유곽 설치의 허가를 요청했지만, 영사관은 인천의 경우처럼 '일본인 매매춘업자醜業者를 이국인의 눈에 드러내는 것은 나라의 수치(國辱)'라는 이유로 허가하지 않았다. 그러자 당시 거류민장 나카이 기타로中井喜太郎를 비롯한 민단 의원들이 도쿄의 외무성으로 가서 영사를 바꾸자는 주장을 하는 등 거류민단은 적극적으로 유곽 설립을 추진해 결국 유곽의 설치 허가를 받아 냈다.

유곽의 설치 허가가 난 후에도 장애물이 있었는데, 유곽 조성을 위한 토지를 매수하는 과정에서 문제가 발생한 것이다.《거류민의 옛날이야기居留民之昔物語》를 통해 당시 상황을 살펴보면, 1904년 6월 당시 거류민회 의장 소가 쓰토무曾我勉가 나카무라 사이조中村再造 등의 거류민 지도층 인사들을 유곽의 토지매수위원으로 천거했다. 그러나 이들은 예산 6000원으로 3000평 이상을 매수해야 했는데, 그것이 어려운 조건이었던 까닭에 모두 토지매수위원에서 사퇴했다. 이에 기쿠타菊田가 새로운 토지매수위원으로 발탁되었으며, 기쿠타는 전권을 위임받아 토지매수에 착수했다.

유곽 조성 예정지의 토지를 다수 소유하고 있던 조동윤은 해당 토지는 궁내부에서 받은 것이므로 외국인에게 절대 팔 수 없다고 거절했고, 해당 지역의 조선인은 당시 실력자였던 조동윤을 두려워해 토지매수에 응하지 않았다. 이에 기쿠타는 '일본군이 마구간을 만들기 위해 이 일대를 매수한다는 소문이 있는데 그러면 토지를 무상으로 제공해야 할지도 모르니, 차라리 지금 파는 것이 좋을 것'이라고 조동윤을 설득해, 토지를 싼값에 매수하는 데 성공했다.

기쿠타는 조동윤과 교섭을 마친 뒤 다른 조선인과도 교섭했다. 그는 이 지역에 일본군의 마구간이 들어와도 도로 부지는 상당한 가격에 팔 수 있다고 제안했지만, 조선인들은 예부터 도로 용지는 무상으로 사용했다며 교섭에 응하지 않았다. 그러자 기쿠타는 이곳을 일본의 유곽처럼 만들겠다며 도로 경계를 16간間으로 정했고, 그러자 조선인은 대부분의 밭과 가옥을 잃는다며 싼 가격으로 교섭에 응했다. 결론적으로 기쿠타는 총 8300평을 4400원에 매수하며 예상보다 싼 가격에 많은 토지를 얻었다. 이러한 과정을 거쳐 1904년 10월 1일 신정유곽이 영업을 시작했다.

신정유곽이 영업을 시작한 지 2년 뒤인 1906년 용산에도 유곽이 조성되었다. 조성을 주도한 자는 하타 아에몬畑彌右衛門으로, 그는 당시 무연고 묘지가 많았던 도산桃山에 유곽을 건설하고자 했다. 이 지역은 복숭아나무가 많았기에 도산이라 불렸고, 유곽 명칭도 도산유곽이라 했다. 1914년 시구를 개정해 행정구역 명칭이 미생정으로 바뀌면서 미생정유곽으로 불리기도 했다. 도산유곽은 신정유곽보다 규모는 작았지만, 신정유곽과 더불어 경성의 대표적인 유곽으로 자리

신정유곽의 모습,
中央情報鮮滿支社,《大京城寫眞帖》, 中央情報鮮滿支社, 1937

잡았다.

신정유곽을 조성하는 과정에서 토지와 관련한 문제가 발생했듯이, 도산유곽을 조성하는 과정에서도 마찰이 있었다. 도산유곽 주변 거주민이 하타를 고소하는 일이 발생한 것이다. 하타가 유곽 조성과정에서 묘지를 마음대로 파헤쳤다는 것이 그 이유였다. 이에 이사청理事廳은 해당 터가 일본 군대의 위생을 위해 필요한 곳이므로 유곽을 다른 곳으로 이전할 수 없다고 했으며, 도로에 장애가 되는 묘지는 협의해 이전하고 이미 파헤친 분묘는 하타가 배상하게 했다. 내부에서도 그 터가 군기창軍器廠 뒷산에 인접해 군사적으로 중요한 곳이므로 상당한 이장 비용을 지급하더라도 거주민의 원망이 없게 하라고 했다.

서울의 유곽
입지 조건

신정유곽, 도산유곽의 조성과정을 살펴보면 한 가지 궁금한 점이 떠오른다. 신정유곽, 도산유곽은 왜 그 자리에 만들어졌을까? 이 의문에 답하기 위해서는 조선보다 먼저 유곽이 만들어진 일본의 사례를 살펴볼 필요가 있다.

일본에서 유곽은 '에도江戶문화의 2대 원천 중 하나이자 도시구성의 일부분'이었지만, 동시에 '악소惡所라 불리며 사회에서 격리'된 공간으로도 인식되었다. 이에 유곽은 시가지 외곽에 조성되었고 울타리나 해자 등으로 둘러싸여 외부와 격리되었으며, 출입구를 하나로 제한한 때도 있었다. 일본의 대표 유곽 중 하나인 에도(도쿄)의 요시와라吉原유곽의 평면도를 보면 유곽 주변으로 해자를 만들어 주변과 격리했고 출입구도 하나로 제한돼 있다. 또한 처음에는 미개발지에 조성되었지만, 시가지가 유곽 근처까지 확장되면서 시가지에서 먼 곳으로 이전했다.

요시와라유곽의 사례를 통해, 유곽은 시가지에서 떨어진 곳에 조성되고 울타리나 자연 지형으로 주변과 격리되었다는 것을 알 수 있다. 그렇다면 신정유곽, 도산유곽은 요시와라유곽의 입지 조건과 유사한 곳에 조성되었을까? 아니면 '식민지', '조선', '서울' 등의 변수로 일본과는 다른 입지 조건을 가진 곳에 조성되었을까?

먼저 신정유곽의 입지 조건을 살펴보자. 첫째 유곽 건설에 필요한 공지空地가 있었는지를 보아야 한다. 18세기에 간행된 〈도성대지도〉를 보면, 신정유곽이 조성된 쌍림동(1914년 행정구역 개편 후 신정) 일대에는 조선시대 금위영의 화약고를 비롯해 어영창·남소영南小營 등의 군사시설이 있던 곳이었다. 이 군사시설들은 1881년 12월 오군영이 양군제兩軍制로 통합 개편되면서 사라졌을 것으로 생각된다.

둘째 신정 일대의 지형적 조건이 어떠했는지를 살펴보아야 한다. 즉 전술한 일본 요시와라유곽의 지형적 조건인 '시가지 외부에 위치하며 울타리나 해자 등으로 격리된 곳'이라는 조건에 대입해 볼 필요가 있다. 신정 일대는 러일전쟁 이전까지 일본인 거류지의 외곽이었다. 청일전쟁에서 일본이 승리하면서 일본인 상인의 상권과 거류지가 확장되었는데, 그 위치는 주로 남대문로 일대였다. 따라서 러일전쟁

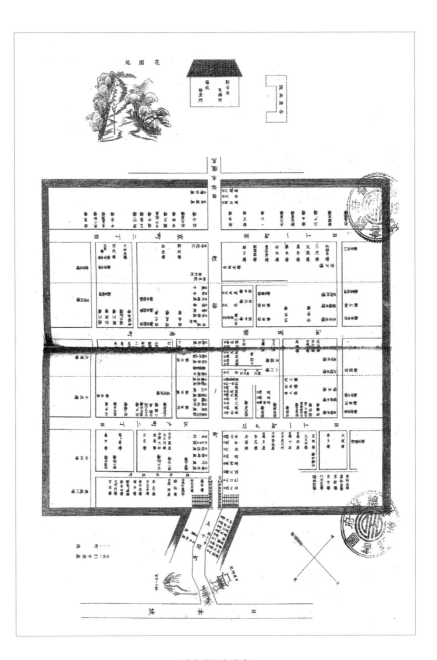

요시와라유곽 평면도,
溫古堂,《新吉原畵報》, 溫古堂, 1898

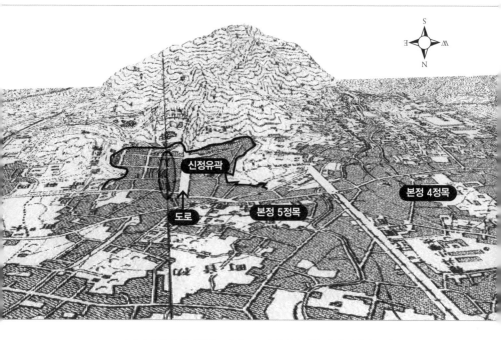

신정유곽의 자연 지형,《근세 한국 오만분지일 지형도》에 저자가 표시

직전의 일본인 거류지를 본정과 남대문로 일대로 본다면 신정은 일본
인 거류지의 외곽지역이었다고 볼 수 있을 것이다.

　　또한 신정은 주변과 격리된 공간이었다. 1922년 간행된《근세 한
국 오만분지일 지형도》에서 신정의 지형을 살펴보면, 신정을 남북으
로 가로지르는 도로를 중심으로 동쪽에 하천(왼쪽 지도 타원)이 흐르고
신정 외곽을 능선이 둘러싸고 있어(왼쪽 지도 굵은 선) 자연적으로 공간
이 격리되어 있음을 알 수 있다. 이렇게 보면 신정은 요시와라유곽처
럼 인공적으로 격리된 환경은 아니었지만 대신 능선과 하천이라는 자

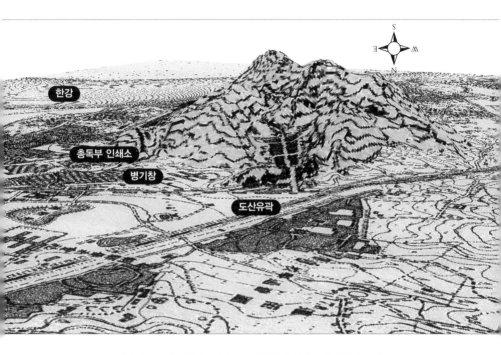

도산유곽의 자연 지형,《근세 한국 오만분지일 지형도》에 저자가 표시

연 지형으로 주변과 격리된 곳이었다는 것을 확인할 수 있다.

　한편 요시와라유곽에는 해당하지 않지만 군대라는 변수를 배제할 수 없다. 서울에 유곽이 조성된 목적 중 하나가 군인과 남성 노동자에게 안전히 성매매를 제공하는 것이었던 만큼 군대와 가까운 곳에 유곽을 둘 필요가 있었을 것이고, 치안 문제를 고려해도 공사관이나 군대 주변에 유곽을 두는 편이 안전했을 것이다.

　다음으로 도산유곽의 입지 조건을 살펴보자. 신정유곽과 마찬가지로, 첫째 유곽 건설에 적합한 터가 있어야 한다. 앞서 언급했듯이

395

도산유곽이 조성된 자리는 기존에 묘지가 있던 곳으로, 묘를 이장한다면 유곽 건설에 충분한 대지(垈地)가 확보될 수 있었다.

둘째 지형적 조건이 어떠한지를 살펴보아야 한다. 도산유곽의 자리는 조선인이 거주한 이른바 '구용산' 일대로, 일본인 중심 거주지인 '신용산'과는 다소 떨어진 곳이었다. 또한 다음 지도를 보면 도산유곽은 바로 뒤편에 산이 자리하고 있어 동·서·남 3면이 막혀 있음을 알 수 있다. 게다가 도산유곽 뒤편 언덕의 높이는 1922년 기준 약 76미터로 용산 일대에서는 높은 축에 속했다. 결론적으로 도산유곽 또한 상당히 고립된 곳에 있었던 셈이다.

셋째 군대와 관련성이다. 도산유곽 또한 신정유곽과 마찬가지로 주변에 군대가 있었다. 신정유곽보다 부대의 규모는 더 컸고, 기차역(용산역) 또한 주변에 있었기에 접근성의 측면에서 신정유곽보다 좋은 위치에 조성되었다고 볼 수 있다.

유곽의 성행과 조선인
유곽 건설

유곽 등장 이후 성매매의 번성은 민족을 가리지 않고 퍼져 나갔다. 일본인을 대상으로 영업하는 유곽에 조선인 창기는 적었고, 외국인 창기도 있었으며, 후술하겠지만 1919년경에는 조선인을 대상으로 한 조선인 유곽이 만들어졌다. 이렇듯 일제강점기 많은 사람이 유곽을 찾으면서 유곽은 점차 향락의 대명사로 자리 잡았다.

(단위: 명)

연도		창기	예기	작부	연도		창기	예기	작부
1910	조선인	569	427	197	1916	조선인	774	586	348
	일본인	851	977	2263		일본인	2077	1110	1123
	외국인	6	-	4		외국인	3	-	-
	합계	1426	1404	2464		합계	2854	1696	1471
1911	조선인	616	377	215	1917	조선인	862	679	573
	일본인	1248	1100	2202		일본인	1920	1105	1011
	외국인	3	-	1		외국인	3	-	-
	합계	1867	1477	2418		합계	2785	1784	1584
1912	조선인	569	417	372	1918	조선인	987	931	913
	일본인	1409	1105	2049		일본인	1945	1210	926
	외국인	3	-	-		외국인	2		
	합계	1981	1522	2421		합계	2934	2141	1839
1913	조선인	585	493	470	1919	조선인	-	1204	863
	일본인	1551	1139	1904		일본인	-	1296	778
	외국인	8	-	-		외국인	-	-	-
	합계	2144	1632	2374		합계	-	2500	1641
1914	조선인	662	468	471	1920	조선인	1400	1224	868
	일본인	1453	1118	1980		일본인	2289	1336	705
	외국인	5	-	-		외국인	3	-	-
	합계	2120	1586	2451		합계	3692	2560	1573
1915	조선인	674	612	482					
	일본인	1530	1226	1924					
	외국인	4	-	3					
	합계	2208	1838	2409					

출전: 朝鮮總督府, 《朝鮮總督府 統計年報》, 1911~1921

유곽을 찾는 수요가 늘어나면서 성매매업자나 예창기의 수도 증가했는데, 이는 비단 서울만의 현상은 아니었다. 다음 〈표〉를 보면 1910년대에는 조선 전역에서 성매매업자 및 예창기의 수가 대체로 증가했음을 알 수 있다. 특히 창기의 수가 비약적으로 증가했는데, 예기의 수가 1910년 1404명에서 1920년 2560명으로 1.8배 증가한 것에 비해 창기의 수는 1910년 1426명에서 1920년 3692명으로 2.5배 증가했다.

신정유곽을 통해 유곽의 성행 양상을 구체적으로 살펴보면, 1922년 1월 한 달간 신정유곽에 1만 2662명이 방문해 24만 7046원 50전을 소비했다. 1년 단위로 보면 1921년 13만 3227명이 방문해 142만 5287원 9전, 1922년에는 13만 1918명이 방문해 142만 3630원 27전을 소비했다. 유곽의 수입이 얼마나 많았는지 당시 신문에는 "조선사람 전 인구 약 이천만의 십분지 일인 이백만 명이 하루 삼 전어치씩의 담배를 먹는다고 하더라도 하루에 육만 원 돈이 소비된다"라고 묘사될 정도였다.

신정유곽은 서울에 큰 행사가 있을 때 더욱더 성황이었다. 1915년 9월 11일부터 10월 30일까지 총독부 시정 5년을 기념하는 조선물산공진회가 개최되었을 때 유곽에서는 30만 원에 가까운 소비가 이루어졌다. 또한 1929년 9월 12일부터 10월 31일까지 식민 통치 20년을 기념하는 조선박람회가 개최되었는데, 1929년 한 해 동안 신정유곽과 조선인 유곽 창기 562명이 82만 7370원 37전의 소득을 얻었다. 1929년 당시 신정유곽은 매일 2000원 정도의 이익을 거두었는데 박람회가 시작된 이후에는 매일 2배의 이익이 있었으며, 10월 11일에

조선인 유곽의 범위,
《地形明細圖》(1929)에 저자가 표시

는 하루 동안 7114원으로 평소보다 세 배가 넘는 이득을 보기도 했다. 또한 10월 1일부터 18일까지 8만 3820원 72전을 벌었는데, 이는 창기 1인당 150여 원의 수입이고 1일 평균 8원 정도를 버는 것으로 불경기 속에서 돈벼락을 맞는 상황이었다. 경제대공황의 타격을 받은 이후인 1931년에도 서울의 유곽에서 1931년 9월 한 달 동안 9만 3000여 원의 소비가 이루어졌다. 이는 1930년 9월 말 합계와 비교해 몇십 원 정도밖에 감소하지 않은 액수였다.

한편 조선인도 유곽을 찾기 시작하면서 1910년대 후반 조선인을 대상으로 한 유곽이 조성되기에 이르렀다. 조선인 유곽 조성은 조선인 창기를 관리하는 것에서 시작되었다. 조선인 창기를 관리하려는 본격적인 시도는 1917년 이후부터 시작되었다. 1917년부터 이러한 조치가 시작된 이유는 두 가지로 생각된다. 하나는 1915년에 개최된 조선물산공진회이다. 물산공진회의 목적이 총독부의 식민 통치 5주년을 맞아 통치 이후 식민지의 발전을 기념하고 내외로 선전하기 위한 것이었던 만큼, 경찰 당국은 성매매의 관리를 더욱 엄중히 했다. 다른 하나는 일본군 상주사단의 창설이다. 1915년 6월 일본 제국회의에서 조선에 상주사단을 편성하는 것이 승인되었다. 상주사단의 창설은 곧 일본인 남성 인구의 증가를 뜻한다. 서울에도 용산에 사령부가 설치되었기 때문에 인구 증가에 영향이 있었을 것이다. 이렇듯 서울에 거주하거나 방문하는 남성 인구가 급증하자 일제는 성매매를 단속하기 위한 법령의 정비에 서둘러 착수했다. 이에 1916년 통일된 단속규칙이 반포되었고, 1917년부터 조선인 창기를 특정 장소로 이주하게 해 관리했다.

조선인 유곽의 건설 과정을 구체적으로 살펴보면, 1917년 3월 1일 본정경찰서는 본정과 종로경찰서 관내에 색주가가 많아 시가의 체면과 풍화에 문제가 있으므로 창기들에게 3월 15일 이내로 신정 근처인 병목정으로 옮겨 갈 것을 명했다. 하지만 현재 병목정에 그만큼의 집이 없으니 우선 병목정과 입정정笠井町 두 군데로 옮겨 가게 했다. 같은 해 8월 22일 구체적인 대책이 마련되었는데, 신정 동쪽의 4893평을 편입해 모두 이곳으로 옮기는 계획이었다. 이에 1918년 봄부터 '신정 겻산' 밑에 집을 짓는 공사를 시작해 12월 공사가 끝났고, 본정경찰서는 12월 27~28일 양일간 북미창정 창기들을 신정으로 옮기고 입정정 창기들은 다음 해 3월 이내로 옮기기로 했다. 이렇게 조성된 조선인 유곽은 동신지東新地유곽 또는 병목정 일대에 만들어졌기 때문에 병목정유곽으로 불렸다.

해방 이후 유곽 폐지와
그 후

해방 이후 서울에서 유곽은 사라졌다. 1947년 미군정이 '부녀자의 인신매매 및 매매계약을 금지하고 공창제도 등을 폐지'하기로 공포하면서 공창이 공식적으로 폐지되었고, 한편으로는 1946년부터 피난민이 서울로 들어오면서 요정·유곽·여관 등이 피난민에게 제공되어 성매매를 할 수 없는 상황이기도 했다. 이에 신정유곽과 도산유곽은 자취를 감추었고, 지금은 신정유곽이나 도산유곽이 있었던 장소에 가도

401

유곽과 관련한 흔적을 거의 발견할 수 없다. 현재 신정유곽 자리에는 충무초등학교 등이 들어서 있고, 도산유곽 자리에는 재개발을 통해 삼성 래미안 아파트단지가 들어섰다.

그러나 유곽은 사라졌어도, 성매매업소가 집단으로 모여 있는 이른바 '성매매집결지'는 장소를

용산 성매매집결지 구역(현재 철거되었음)

바꿔 존속되었다. 일례로 2011년 철거된 용산역 앞 성매매집결지(이하 용산 성매매집결지)를 살펴보자.

앞서 언급했듯이 1947년 미군정이 공창제도를 폐지했지만, 그렇다고 해서 성매매가 완벽히 근절되지는 않았다. 성매매업자들은 여관으로 전업하거나 성매매 여성을 가정부로 고용하는 등의 편법을 통해 여전히 성매매를 업으로 삼았고, 공창제 폐지 이후의 대책이 미비해 성매매 여성들이 온전히 사회로 복귀하지 못했다. 결국 성병 검진을 시행하고 그 결과에 따라 허가증을 발급하면서 사실상 사창이 인정되었고, 미군을 상대로 하는 성매매는 묵인되는 경우도 많았다.

용산 성매매집결지가 본격적으로 형성된 것은 한국전쟁 이후로 보인다. 기존 연구에 따르면 용산은, 한국전쟁 직후 용산역 앞 지하 방공호에 피난민이 모여들었고, 주변에 남부 시외버스터미널과 용산

청과물시장(현 용산 전자상가)이 있었으며, 논산훈련소로 가는 입영열차가 용산역에서 출발하는 등, 유동 인구가 많았다. 미군기지가 가까운 거리에 있다는 점 또한 중요한 원인이었을 것이다. 하지만 성매매집결지가 들어선 곳이 일제강점기에 철도 관사 자리였다는 점 또한 중요했으리라 판단된다. 철도 관사가 그대로 여관이나 여인숙으로, 그리고 성매매업소로 바뀌었기 때문이다.

용산 성매매집결지는 2004년 9월 〈성매매방지법〉이 시행되면서 철거가 결정되었다. 2006년 강북 도심재개발사업 기본계획에 따라 성매매집결지의 폐쇄가 예정되었고, 2011년 말 철거가 완료되었다. 철거된 자리에서는 2012년부터 한시적으로 포장마차촌이 운영되었고, 현재는 포장마차촌은 사라지고 주상복합건물이 들어섰다.

유곽이라는 공간은 개항 이후 조선에 건너온 일본인에 의해 처음 형성되었다. 일본인 남성을 위한 공간으로 만들어졌지만, 조선인 남성도 다수 방문하면서 조선인 남성을 위한 유곽이 만들어지기도 했다. 해방 이후 유곽이라는 공간은 없어졌지만, 유곽의 기능은 장소를 바꿔 최근까지도 유지되었다.

유곽, 금기와 욕망의 경계

깡패

도시의 이면에
자리한 자들

서준석

한 번쯤 '도시에 살면서 과연 마주칠 일이 있을까?'라고 생각해 보는 존재가 있다. 뉴스와 영화 속에서 칼로 사람을 찌르거나 야구방망이를 들고 사람을 때리고 괴롭히며 이익을 챙기는 자들. 몸에 새겨진 문신을 자랑스럽게 훈장인 양 드러내 놓고 사람들에게 위압감을 주는 자들. 바로 깡패들이다. 수많은 사람과 마주치며 오가는 도시에서 살면서도 깡패들은 일반인의 삶과는 동떨어진 곳에 자리한 존재로 여겨지곤 한다.

그런데 잠시 생각해 보면, 이들의 주된 활동공간이 도시라는 것을 쉽게 알 수 있다. 앞서 언급한 깡패들의 행위가 이루어지는 공간은 술집이 즐비한 유흥가부터 많은 사람이 드나드는 시장과 호텔, 극장 등에 이르기까지 사람들의 일상적인 활동이 이루어지는 공간과 크게 구별되지 않는다. 거꾸로 말하면 깡패는 농어촌과 같은 비도시지역이 아닌, 도시의 일상에서 함께 호흡하는 존재들이다.

405

이익을 좇아 떠도는
도시의 부나방

김두한, 이정재, 이화룡, 신상현(신상사), 조양은, 김태촌, 이강환…. 한국 조직폭력배의 역사에서 항상 먼저 등장하는 인물들이다. 이들에게는 커다란 공통점이 하나 있다. 모두 '도시'라는 공간에서 자신의 영역을 만들어 온 사람들이라는 것이다. 이들의 출신지는 제각각이어서, 김두한이 수표교 거지였음은 유명한 사실이고, 이정재는 경기도 이천, 이화룡은 평안도 평양, 조양은과 김태촌은 전라도 광주 출신이었다. 이들은 어째서 서울이라는 도시로 올라와 깡패짓을 했을까? 유독 깡패들이 도시에 터를 잡고 활동하는 이유는 무엇일까?

깡패들이 도시에 모여드는 이유는 도시가 갖는 집중성에 있다. 고대부터 현재에 이르기까지 도시는 사람과 물자가 집중되는 공간이다. 농어촌에서의 삶은 자급자족을 통해 가능했지만, 도시에서는 농어촌에서 들어오는 물자에 기대어 살아야 했다. 물론 인류문명의 총체로서 도시는 법과 제도, 사회규범을 생산하고 고도화하는 공간이지만, 기본적으로 도시를 운영하는 주체들의 생활을 유지하고 삶을 이어 갈 물자를 공급해 주는 곳은 도시가 아니었다. 즉 도시는 소비하는 것을 기본 특성으로 하는 공간이며, 산업혁명 이후 도시에서 공산품 생산이 가능해졌다고 하더라도 그러한 특성은 변치 않았다. 도시에서 도는 물자가 늘어날수록 사람도 더 늘어났다. 거꾸로 사람이 더 많이 도시에 몰리면서 도시민의 필요를 채워줄 물자가 모자란 때도 많았지만 말이다. 여기에 깡패들이 도시로 몰리는 이유가 있다.

현대적 의미에서 조직폭력배는 크게 세 가지 특성을 바탕으로 정의된다. 첫째 조직폭력배는 이익을 목적으로 구성된 집단이며, 둘째 이익을 획득하기 위해서 불법과 폭력을 자행하며, 셋째 조직 내에서 매우 엄격한 위계와 내부 규율을 유지한다는 점 등이다. 도시는 이러한 특성을 갖는 조직폭력배, 거칠게 말하면 깡패들이 활동하기에 조건이 매우 좋은 공간이라고 할 수 있다.

앞서 지적했듯이 도시는 물자와 사람들이 집중하는 공간이다. 달리 말하면, 도시는 다양한 이익이 발생하는 공간이다. 공정하고도 합리적 절차에 따른다면, 도시에서 발생하는 이익은 가치를 생산한 생산자와 이를 구매하는 구매자의 합의를 통해 분배될 것이다. 그러나 현실에서 그 이익은 그렇게 공정하거나 합리적으로 분배되지 않는다. 그 틈새를 파고들어 일부의 이익을 가져가는 것이 바로 깡패들이다.

국가는 이익이 공정하게 분배되도록 집행하고 감시하기 위해 다양한 제도와 공권력을 유지한다. 특히 경찰은 이익을 부정히 나누는 행위를 감시하기 위해 특별히 폭력을 강제할 수 있는 집단이다. 그러나 이익이 분배되는 모든 순간을 경찰이 지켜볼 수는 없다. 시장에서의 거래, 재개발 사업자와 지주 조합 그리고 세입자 간의 갈등, 유흥가에서 일어나는 모종의 거래나 갈등까지. 공권력이 개입하기 모호한 순간에 조정자로서 등장하는 것이 깡패들이다. 깡패들은 다양한 거래와 갈등의 현장에 개입해 한쪽에 유리하게 강압적으로 억누르며 거래를 진행한다. 그리고 이를 통해 그들의 이익을 확보하는 것이다.

덧붙여, 도시는 깡패들에게 숨을 곳을 제공한다. 수많은 사람이 오가는 도시는 곧 익명의 공간이다. 공동체 구성원에 대해서 비교적 상

407

세히 알고 있는 시골과 달리 도시에서는 바로 옆집에서 사람이 죽어가도 잘 알 수 없다. 익명으로 가득한 군중의 공간에서 깡패들은 위압과 폭력으로 자신들의 이익을 취하고 다시 군중 속으로 숨어 버리는 것이다. 이러한 특성들로 비추어 볼 때, 도시에서 발생하는 다양한 이익을 갈취하며 존재의 의의를 확보하는 깡패들이란 한마디로 '도시의 부나방'이라고 정리할 수 있을 것이다.

종로에서 강남까지, 도시개발을 따라 흘러 들어간 깡패

이른바 대한민국 최초의 전국구 주먹으로 일컬어지는 김두한과 1950년대의 대표 정치깡패 이정재 등이 조직의 근거지로 삼은 곳은 시장과 극장 등지였다. 유흥주점도 이미 이 시기부터 깡패들의 주요 근거지 가운데 하나였다. 잘 알려져 있듯이 이정재는 동대문과 인접한 종로 4가 광장시장에 자리를 잡았기 때문에 동대문사단이라고 불렸고, 김두한은 종로 2가의 낙원상가를 중심으로 자리를 잡았다. 남대문시장에는 엄복만이 있었고, 일제강점기부터 가장 번화한 지역인 명동에는 월남한 이북 출신인 이화룡과 정팔 등이 자리를 잡았다.

깡패들이 시장 등을 자신들의 구역으로 삼았던 데에는 앞에서 살폈듯이 많은 이익이 발생하는 공간이었기 때문이다. 여타의 산업이 발달하지 못했던 1950년대의 서울에서 유독 발달했던 부분이 이른바 3차 산업이었다. 즉 도소매업과 유통업, 유흥업과 서비스업이 유난히 발달했다. 따라서 깡패들이 이러한 분야에서 이익을 도모한 것은 당연한 귀결이었다. 이들은 자신들이 장악한 구역을 관리하고 질서를 잡는다는 조건으로 시장관리권을 장악해 상인에게서 정기적으로 조합비를 거두었으며, 따르지 않으면 협박이나 린치를 가했다.

또한 1950년대 깡패들은 정치권력과 매우 긴밀한 유착관계를 형성했다. 1950년대의 깡패들은 해방정국에서 우익청년단체에 몸담았고 좌익을 향한 정치테러 활동의 선봉에 섰다. 우익정치인들은 우익청년단체의 정치테러를 지지하고 나아가 권력의 기반으로 활용했다. 이러한 상황에서 우익청년단체는 우익정치인과 깡패들을 연결해 주는 매개체로서 기능했다. 정부수립 이후에도 이승만 정권이 권력을 유지하고 정치적 경쟁 세력들을 억누르기 위해 정치테러를 적극적으로 활용하면서 정치권력과 깡패의 유착관계는 더욱 심화했다. 이러한 관계를 가장 적극적으로 활용했던 것이 이정재를 중심으로 한 임화수, 유지광 등의 동대문사단이었다. 이정재는 자유당 중앙당 감찰 차장과 경기도 이천군 당위원장을 지내는 등 당내에서 입지를 굳혔는데, 이를 위해 그는 여러 가지 정치테러를 일으켰다. 대표적인 사건이 1956년 진보당집회 방해사건과 1957년 장충단집회 방해사건이다.

이정재는 야당의 정치집회에 부하들을 투입해 집회장을 아수라장으로 만들어 버렸다. 특히 1957년 국민주권옹호투쟁위원회가 주최한 장충단집회는 김두한이 집회 경비를 맡았지만 속수무책이었다. 야당은 거세게 반발했지만, 정치깡패들의 활동은 전혀 위축되지 않았다. 장충단집회 당시 부하들을 이끌고 집회장으로 들어간 동대문사단의 행동대장 유지광은 약 8개월 가까이 여유롭게 도피 생활을 하다가

1957년 말에 자수했고 그것으로 사건은 종결되었다. 심지어 유지광은 도피 중에도 경쟁 관계에 있던 명동파와 집단 패싸움을 벌이기도 했다.

4월 혁명과 5·16 군사쿠데타를 거치면서 정치깡패들의 전성기는 일순간에 사라졌다. 정치깡패의 거두 이정재와 임화수는 형장의 이슬로 사라졌고, 그와 겨루던 이화룡, 이성순 등도 떠나갔다. 그뿐만 아니라 군사정권은 사회정화사업이란 명목으로 걸인·부랑배·깡패 등을 잡아들여 국토개발사업에 투입했다. 총칼을 앞세운 정부의 산업화 캠페인 속에서 깡패들이 설 자리는 없는 것처럼 보였다. 물론 그것은 착시였을 뿐이지만 말이다. 이정재 등이 떠나간 자리에는 새로운 깡패들이 자리 잡기 시작했다.

동대문의 이정재와 명동의 이화룡이 사라진 뒤로 새롭게 서울 중앙에서 주름을 잡은 자는 이화룡의 뒤를 이은 신상사파였다. 두목인 신상현이 육군 상사로 제대했다고 해서 신상사파라고 불린 이 조직은 1960년대에 커다란 사건 없이 서울의 깡패 세계를 장악한 것으로 알려졌다.

1975년 1월에 벌어진 이른바 사보이호텔 습격사건은 새로운 세력의 등장을 알리는 신호탄이었다. 신상사파와 새로운 세력의 갈등 속에서 빚어진 이 사건을 통해 이른바 호남 주먹의 시대가 열렸다고 평가된다. 사보이호텔 습격사건에는 이후 한국의 조직폭력배라고 하면 빼놓을 수 없는 사람이 가담했는데, 그가 바로 조양은이다. 1976년에는 신상사파 습격을 이끌었던 오종철을 반대파가 난자하는 사건이 발생하는데, 오종철을 난자하는 임무를 맡고 깡패들을 이끈 자가

법정에선 이정재(좌), 《동아일보》 1961년 8월 18일,
이화룡(우), 《경향신문》 1958년 10월 28일

바로 김태촌이었다.

조양은과 김태촌은 모두 전라도 광주에서 올라왔다. 이들의 등장 이후 호남 출신의 깡패들이 오랜 시간 동안 서울을 장악한 것으로 전한다. 언론이 취재한 내용에 따르면 전라도 출신 깡패들의 상경은 1960년대 중반부터 이루어졌다. 이들이 상경한 주된 이유는 '못 먹고 못 살았기 때문'이다. 이미 당대에도 한국 경제개발의 성과는 경부선을 중심으로 분배되고 호남지역은 소외되고 있다는 평가가 있었던 만큼, 전라도 깡패들이 상경한 커다란 이유는 지역에서 차지할 이익이 충분히 크지 않았기 때문이다. 이는 부산과 대구를 중심으로 한 경상도 지역의 깡패들이 서울로 상경하기보다 자신들의 출신 지역에서 세

411

1970~1980년대를 휩쓸었던 김태촌(좌)과 조양은(우),
《한겨레신문》1996년 9월 2일

력권을 형성한 것과 비교할 때 더욱 극명히 드러난다.

1960년대 중반 서울로 올라온 호남 출신의 깡패들은 명동과 무교동, 서울역 등과 같이 확장되기 이전에 서울의 중심이었던 공간에서 세력을 형성해 나갔으며, 1970년대 강남 개발이 이루어짐에 따라 그들의 활동공간도 더 넓어졌다. 1980년 조양은이 범죄단체 조직혐의로 검거, 구속되었을 당시의 기사 내용은 이들이 개발 붐을 타고 강남으로 뻗어나가던 상황을 잘 보여 준다. 기사 내용에 따르면 조양은은 서울 강남구 압구정동의 34평형 한양아파트에 거주하고 있었으며, 그의 조직이 개입한 업소들도 중구 소공동의 조선호텔 나이트클럽을 비롯해 강남 신사동에 있는 궁전카바레에 이르기까지 서울 각지에 있었다.

특히 새롭게 개발된 강남지역을 활성화하기 위한 목적으로 다양한 조치들이 취해졌는데, 그 가운데 하나가 유흥업소의 이전이었다. 서울시는 강남 개발을 추진하면서 도심지의 기능을 분산하기 위해 대법원, 검찰청, 상공부 청사 등 여러 행정기능을 강남으로 이전했다. 이와 함께 도심지에 유흥업소, 사치성 목욕탕, 호텔, 여관 등을 신축할수 없게 했다. 반면 한강 이남의 천호, 영동(강남), 잠실 등지는 이러한억제 조치에서 제외해 인구이동을 꾀했다. 여기에 아파트단지 건설붐과 부동산 투기가 함께 일어나면서 강남지역에는 빠른 속도로 대규모 이권이 형성되었다. 그러한 분위기를 따라 깡패들도 강남으로 흘러든 것이다.

도시건설의 숨은 역군

2016년 9월 박원순 서울시장은 기자설명회에서 도시정비사업을 시행할 때 강제 철거를 예방할 종합대책을 수립했다고 발표했다. 이 대책은 서울시가 행하는 도시환경정비구역 또는 재개발지역에서 공공연히 행해진 폭력적인 강제 철거를 사전에 방지하고, 빈곤층, 세입자등 주거약자를 보호하려는 조치였다. 또한 서울시의 이 조치는 수십년 동안 이루어진 도시개발 과정에서 이른바 용역 깡패가 벌인 철거폭력이 발붙이지 못하게 하기 위한 의지의 천명이었다.

1980년대 이전까지만 하더라도 기존 거주민들에 대한 퇴거와 거

413

주지 철거는 국가권력이 직접 수행했다. 그것은 당시 정부와 서울시의 정책과도 연관이 있었다. 1950~1960년대에 걸쳐 서울 도심을 중심으로 무허가판자촌이 형성된 후 위생과 치안, 수도 공급 등 다양한 도시 문제가 발생하였다. 이에 서울시는 무허가판자촌 주민들을 퇴거시키고 그 지역에 재개발사업을 추진함으로써 도시를 정비하고자 하였다. 하지만 전반적으로 재정 상태가 좋지 않았던 서울시는 사업 추진 방식을 꾸준히 바꾸어가면서 도시 (재)개발과 정비사업을 추진해 나갔다.

무허가판자촌과 같이 슬럼화된 거주지역에 대한 서울시의 재개발사업은 1960년대 말부터 본격화되었다. 이른바 시민아파트 건립, 집단이주정착지 건설, 무허가건물 양성화 사업 등이 그것이다. 이들 사업은 서울시의 재정을 가능한 적게 투입하는 방향으로 추진되었고, 그 과정에서 각종 사고와 부작용 등이 나타났다. 대표적인 것이 1970년 와우시민아파트 붕괴사고와 1971년 광주대단지 사건이다.

이후에도 서울시는 주민의 경제력을 동원해 추진하는 자력재개발이나 외국의 차관을 빌려 추진하는 차관재개발 사업 등을 추진했지만 그 성과는 미약했다. 자력재개발의 경우 대대적으로 사업을 추진할 수 있을 만큼의 경제력이 뒷받침되지 못했고, 차관재개발 또한 전면적인 철거를 지양하고 점진적으로 추진하는 것이 조건이었기 때문이다. 당대에 형성된 무허가판자촌들은 대체로 제대로 지어진 집보다 일단 터를 잡고 살기 위해 임기응변식으로 지어진 집이 많았기 때문에 장마나 화재 등의 위험에 항상 노출되어 있었다. 서울시로서는 사고가 일어날 가능성을 낮추고 도시미관을 정비하기 위해서 대대적인 사업을 추진해야 했다.

이러한 배경에서 채택된 것이 위탁재개발 방식이었다. 위탁재개발은 주민들이 공동주택건립 추진위원회를 만들어 개발을 추진하면 시가 행정지원을 하고, 건설업체가 대규모 공동주택, 즉 아파트단지를 건설하는 방식이었다. 서울시로서는 재개발사업에 재정투입을 줄이면서 주민과 기업의 참여를 독려할 수 있는 방식이었다. 그런데 이 방식에는 두 가지 문제점이 있었다. 하나는 개발과정에서 주민들이 재정을 부담해야 한다는 것이고, 다른 하나는 기존 주택지를 전면 철거해야 한다는 것이었다. 전면 철거와 재정 부담은 주민들의 강력한 저항을 촉발했다. 특히 위탁재개발 사업 추진 과정에서 기존 주민들의 주거지는 공권력이 직접 동원되어 강제로 철거했는데, 이에 대해 주민들의 저항이 거세게 일어났다. 이 같은 공권력의 폭력성은 정부에 상당한 정치적 부담으로 작용하였다.

1983년 이후 새로운 재개발사업의 형태가 나타났다. 바로 합동재개발 방식이다. 합동재개발 방식은 재개발을 추진할 경제력이 부족한 주민들과 재력과 장비가 있는 건설업체가 결합하여 개발을 추진하는 방식이었다. 구체적인 개발계획과 시행은 주민들과 건설업체가 결합한 재개발조합이 마련하고, 정부는 그에 대한 인허가만 내주면 그만이었다. 곧 주민들을 이주시키고 사업대상지를 철거하는 작업도 정부가 아닌 민간이 해결하는 쪽으로 바뀐 것이다.

1980년대 이후 한국의 재개발지역에서 무수하게 나타난 철거폭력은 이러한 합동재개발 방식의 형태에서 비롯된 측면이 있다. 사업기간이 길어질수록 재개발조합이 부담하는 비용이 커졌고, 건설업체

415

철거민을 향해 구슬을 날리는 용역 깡패,
김경만, 〈골리앗의 구조〉

철거반원이 공포감을 주기 위해 그린 낙서, 서울특별시 소장

또한 개발이익을 확보하기 위해서 정부보다 더욱 신속하고 폭력적인 방식을 통해 재개발을 추진하였다. 특히 1988년 서울올림픽을 앞두고 정부가 재정 부담을 낮출 수 있는 합동재개발 방식을 바탕으로 도시환경정비사업을 강력하게 실시하면서, 재개발 예정지에서 강제 철거는 더욱 폭력적으로 진행되었다.

한편 1976년 〈용역경비업법〉이 생기면서 민간 경비 사업이 합법화되었는데, 여기에 폭력조직들이 다수 진출하였다. 폭력을 통해 이익을 추구하는 집단에게, 민간경비업이란 합법적인 외피를 쓰고 이익을 추구할 수 있는 매우 유리한 사업이었던 것이다. 이들은 1980년대 중반 합동재개발 방식이 국내에서 보편화되는 것과 맞물려 이전까지 국가가 직접 담당했던 강제 철거와 같은 일들을 수행하기 시작하였다. 곧 용역 깡패들이 본격적으로 등장하기 시작한 것이다. 용역 깡패들의 폭력은 아주 무자비했다. 몇 가지 예를 살펴보면, 1986년 신당동 재개발 예정지에서 이루어진 강제 철거과정에서, 가옥주대책추진위 회장인 고춘삼의 아들 고희남이 폭행을 당해 뇌가 파열되는 사건이 일어났고, 한 어린이가 화장실에 빠지는 일도 발생했다. 또 철거반원들이 저항하는 여성 주민의 바지를 찢고 끌고 다니는가 하면, 철거반장이 속옷만 입고서 여자 혼자 있는 집에 뛰어들어 모욕하고 희롱하기도 했다. 이처럼 폭력적인 강제 철거에 대해서 꾸준히 문제가 제기되고 비판도 있었지만, 용역 깡패들의 폭력을 앞세운 강제 철거는 지속되었다.

반면 용역 깡패들에 대한 처벌은 제대로 이루어지지 않았다. 경찰은 오히려 철거민들을 반反사회적 용공세력으로 규정해 감시했으며,

417

용역 깡패들의 폭력은 재개발조합 측의 명도소송에 따른 철거 집행이라는 명목으로 눈을 감아 버렸다.

2009년 1월에 일어난 용산참사도 용역 깡패들의 폭력으로 발생했다. 경찰들은 주민들의 신고에도, 폭력적인 상황이 끝난 후에야 현장에 온다든지, 가해자를 적은 액수의 벌금으로 풀어 준다든지, 아니면 주민과 용역 깡패 사이에 일어난 쌍방과실로 처리해 버리는 등의 행태를 보였다.

이처럼 주민들의 생명권과 주거권을 보호해야 할 정부와 경찰이 무책임한 행태를 보였음에도 철거민의 저항은 일반 시민의 호응을 끌어내는 데 상당한 어려움을 겪었다. 그것은 철거폭력이 개발이익을 둘러싼 사인私人 간의 갈등으로 치부되었기 때문이다. 정부와 시 당국은 건설업체와 용역 깡패들의 폭력을 방조하는 한편, 그에 대한 철거민의 저항만을 부각하고 반反사회적인 행위로 호도함으로써 강제 철거와 폭력에 대한 정치적 부담을 최소화하면서 도시개발을 추진해 나갔다. 아이로니컬하게도 용역 깡패들은 경제적 논리를 앞세워 도시를 개발·정비하고자 하는 정부 및 서울시 당국과, 비용을 최소화하여 많은 이익을 얻으려는 지주 및 기업의 의도에 철저히 부응하여 도시를 만든 숨은 '역군'이었다.

새로운 이익의 창출을 위하여

한국의 깡패들은 이익을 좇으며 생존해 왔다. 정부와 공권력은 표면적으로는 깡패에 대해 적대적이었지만, 정치적·정책적 목적을 달성하기 위해서는 오히려 매우 긴밀하고 협력적인 행태를 드러냈다. 특히 도시의 개발과정에서 깡패들은 건설업체에 고용되어, 법적·행정적 명령에 따라 종사하는 철거반원으로 등장해 경찰과 함께 철거민을 쫓아냈다. 그뿐만 아니라 주민을 몰아내고 세워진 상가와 아파트 분양 거래에도 개입해 또다시 이익을 취한다. 이들은 언제나 이익을 좇아 떠도는 부나방들이다.

이제 깡패들은 폭력을 앞세워 이익을 갈취하기보다 제도의 허점을 파고들거나 대중이 즐겨 활용하는 매체를 통해 새로운 이익을 창출하려고 시도하고 있다. 물론 지금도 유흥업이나 대부업, 도박, 성매매, 마약, 건설업, 경비용역과 같은 형태의 이익을 추구한다. 이들은 최신기술을 접목해서 인터넷 도박사이트 운영, 메신저를 통한 성매매 알선, 해외 원정도박, 보이스피싱 등 예전보다 더 지능적이고 고도화된 형태를 선보인다. 그뿐만 아니라 유령기업을 차리고 허위로 재무제표를 만들어 대출사기를 벌이거나, 상가·부동산 거래 등에 개입해 이익을 챙긴다. 심지어는 지방대학의 총학생회를 장악해 학생회가 주관하는 새내기 배움터, 축제, 졸업앨범 제작, 체육대회 등의 사업에서 각종 이권을 챙기거나 학생회비를 횡령하는 사례도 등장했다. 교통과 통신이 발달한 오늘날의 세상에서 이제 깡패들은 도시에만 머무르지 않는다. 이익이 존재하는 곳이라면 어디든 망설임 없이 달려들 것이다.

참고문헌

1 장소의 기억

서대문, 언덕 위 모던라이프의 명과 암

김주야·石田潤一郎, 〈1920~1930년대에 개발된 금화장주택지의 형성과 근대주택에
    관한 연구〉,《서울학연구》32, 2008

박철수,《한국주택 유전자》, 마티, 2021

박철수 외,《경성의 아빠트》, 집, 2021

이연경·박진희·남용협, 〈근대도시주거로서 충정아파트의 특징 및 가치〉,《도시연구》
    20, 2018

광화문, 한국 현대사의 현재진행형 공간

박계리, 〈충무공 동상과 국가 이데올로기〉,《한국근대미술사학》12, 2004

손정목,《서울 도시계획이야기》2, 한울, 2003

이규목, 〈서울 근대도시경관 읽기〉,《서울 20세기 공간변천사》, 서울시정개발연구원,
    2001

하상복, 〈의제형성의 정치학〉, 《현대정치연구》 4-1, 2011

〈면모 바뀔 서울의 얼굴〉, 《매일경제》 1974년 8월 30일

정동, 근대 서울의 문턱 '공사관 구역'

서울역사박물관 조사연구과 · 주한체코공화국대사관 엮음, 《1901년 체코인 브라즈의 서울 방문》, 서울역사박물관 조사연구과 · 주한체코공화국대사관, 2011

서울역사박물관 전시과 엮음, 《정동1900》, 서울역사박물관 전시과, 2012

김윤미, 《개항기 구미 세력에 의한 국토 및 지역 체계의 변화》, 한양대학교 박사학위논문, 2011

Bertram, Mark, *Room for diplomacy: Britain's Diplomatic Buildings Overseas 1800-2000*, Spire Books, 2011

Choay, Francoise, *The Modern CIty: Planning in the 19th Century*, George Braziller, 1969

Moser, Michael J., *Foreigners Within the Gates: The Legations at Peking*, Oxford University Press, 1993

청계천, 복개된 삶의 공간

《경향신문》, 《국조보감》, 《동아일보》, 《매일경제》, 《세종실록》, 《제국신문》

김정명 엮음, 《일한외교자료집성》 6, 국학자료원, 1993

도시계획국 주택과, 〈청계천 상가 아파트 건립계획〉, 1967

류호철, 〈사회적 공간으로서 청계천의 의미 형성과 변화〉, 《지방사와 지방문화》 11,

2008

이우태 외, 《쉽게 읽는 서울사 현대편》 1, 서울역사편찬원, 2021

서울특별시사편찬위원회 엮음, 《서울의 하천》, 서울특별시, 2000

서울특별시 중구, 〈청계천 주변 계획도로 지역내 건물철거〉, 1966

손정목, 〈청계천 복개공사와 고가도로 건설〉, 《도시문제》 37, 2002

서울특별시 건설국, 〈청계천 복개공사(오간수교~제1청계교간)〉, 1962

염복규, 〈청계천 복개와 '1960년대적 공간'의 탄생〉, 《역사비평》 113, 2015

_____, 《서울의 기원 경성의 탄생》, 이데아, 2016

이동연, 〈세운상가의 근대적 욕망〉, 《사회와역사》 82, 2009

최협, 《판자촌 일기》, 눈빛출판사, 2012

을지로, 호텔 스카이라운지의 풍경
발레리 줄레조 외 지음, 양지윤 옮김, 《도시의창, 고급호텔》, 후마니타스, 2007

윤상인, 〈호텔과 제국주의〉, 《일본비평》 6, 2012

최민현, 〈근현대 국가 주도 호텔의 건설과 자본주의 유입에 따른 변화〉, 서울대학교
        석사학위논문, 2016

종로, 거리의 주인은 누구인가?

《독립신문》
염복규 외, 《경성과 평양의 3·1운동》, 서울역사박물관 조사연구과, 2018

박준형, 〈근대이행기 서울의 도시경관 변화와 주인의식〉, 《서울학연구》 84, 2021

최인영,《서울지역 전차교통의 변화양상과 의미》, 서울시립대학교 박사학위논문,
　　2014

히라타 오리자 지음, 성기웅 옮김,《서울시민》, 현암사, 2015

玉川一郎,《京城 鎭海 釜山》, 新小說社, 1951

동대문, DDP 아래에 묻힌 이야기들

김명권·박기동, 〈한국 근현대 스포츠의 산실, 동대문운동장〉,《스포츠인류학연구》
　　5-1, 2010

김양희·신용남,《재래시장에서 패션 네트워크로》, 삼성경제연구소, 2000

유슬기·김경민, 〈조선시대 한양도성 안 동부 지역의 상업도시화 과정〉,《서울학연구》
　　67, 2017

조옥연, 〈사라지는 도성의 역사 위에 선, 동대문 일대의 장소성〉 Ⅰ,《건설감리》, 2013

한구영,《클러스터의 진화》, 서울대학교 박사학위논문, 2017

2 현장의 삶

황학동, 가난 속에서 버텨 낸 삶, 공동묘지에서 만물시장으로

최종현 외,《황학동》, 서울역사박물관, 2014

경성제국대학 위생조사부 엮음, 박현숙 옮김,《토막민의 생활과 위생》, 민속원, 2010

김주야, 〈조선도시경영회사의 주거지계획과 문화주택에 관한 연구〉,《주거환경》9,
　　2008

최영준,《국토와 민족생활사》, 한길사, 1997

혜화동, 일제강점기 신흥 계층의 거주지

염복규,《일제하 경성도시계획의 구상과 시행》, 서울대학교 박사학위논문, 2009

유슬기·김경민, 〈조선시대 한양도성 안 동부 지역의 상업도시화 과정〉, 《서울학연구》 67, 2017

＿＿＿＿＿＿, 〈일제강점기 한양 도성 안 동북부 지역의 중상류층 지역화 과정〉, 《서울과역사》 97, 2017

이경아,《일제강점기 문화주택 개념의 수용과 전개》, 서울대학교 박사학위논문, 2006

이충우,《경성제국대학》, 다락원, 1980

최인영,《서울지역 전차교통의 변화양상과 의미》, 서울시립대학교 박사학위논문, 2014

여의도, 도시개발의 시범이자 반면교사

김석철,《여의도에서 새만금으로》, 2003

손정목,《서울 도시계획 이야기》 1·2, 한울, 2003

＿＿＿＿,《한국 도시 60년의 이야기》 2, 한울, 2005

안창모, 〈서울의 도시화 과정에서 여의도의 소외와 개발〉,《도시설계》 42, 2010

제인 제이콥스 지음, 유강은 옮김,《미국 대도시의 죽음과 삶》, 그린비, 2010

강남, 서울 사람 아니고 강남 사람

손정목,《서울 도시계획 이야기》 3, 한울, 2003

이동헌·이향아, 〈강남의 심상규모와 경계짓기의 논리〉,《서울학연구》 42, 2011

전강수, 〈1970년대 박정희 정권의 강남개발〉, 《역사문제연구》 16, 2012

정수열, 〈강남의 경계 긋기〉, 《대한지리학회지》 53, 2018

지주형, 〈강남 개발과 강남적 도시성의 형성〉, 《한국지역지리학회지》 22, 2016

장위동, 못다 한 교외 주택지의 꿈은 현재진행형

대한주택공사, 《주택》 1, 대한주택공사, 1959

_____, 《대한주택공사 주택단지총람 '54-'70》, 대한주택공사, 1979

서울역사박물관, 《도시 주거 변천의 파노라마 장위동》, 서울역사박물관, 2021

용산, 우리 동네와 '작은 미국' 사이

〈30년 끈 용산기지 반환 '막바지 단계' "연합사 이전하는 내년 상반기 목표"〉,
     《한겨레》 2021년 7월 29일

김영일 엮음, 《주한미군기지 역사》, 국방부 주한미군기지이전사업단, 2015

김일영·조성렬, 《주한미군》, 한울, 2003

대검찰청 편, 《범죄백서 1967》, 대검찰청, 1968

신주백, 〈용산과 일본군 용산기지의 변화〉, 《서울학연구》 29, 2007

용산구청 엮음, 《용산구지》, 서울특별시 용산구, 2001

구로, 미싱은 아직도 돌아가는가

강홍빈, 《가리봉오거리》, 서울역사박물관, 2015

서울역사편찬원,《미싱은 돌고 도네 돌아가네》, 서울역사편찬원, 2016

성공회대학교 노동사연구소,《디지털 시대의 구로공단》, 한국학술정보, 2012

이원보,《한국노동운동사》5, 지식마당, 2004

3 공간의 명암

집, 개발과 빈곤의 연대기

김수현,〈서울시 철거민운동사 연구〉,《서울학연구》13, 1999

김수현·이현주·손병돈,《한국의 가난》, 한울, 2009

서울역사편찬원,《서울2천년사》35, 서울역사편찬원, 2016

서울특별시 도시재생본부 주거사업기획관 주거재생과 주거재생총괄팀 엮음,
    《저소득층 주거지 주민 생활사 연구》, 서울특별시, 2015

신명호,《빈곤을 보는 눈》, 개마고원, 2013

조은·조옥라,《도시빈민의 삶과 공간》, 서울대학교출판부, 1992

백화점, 동경과 허영의 사이

권창규,《상품의 시대》, 민음사, 2014

김병도·주영혁,《한국 백화점 역사》, 서울대학교출판부, 2006

염복규,〈민족과 욕망의 랜드마크〉,《도시연구》6, 2011

이상혁,〈일제강점기 한·일 백화점 기업의 성장 과정과 지배구조 비교〉,
    가톨릭대학교 석사학위논문, 2020

부산근대역사관 엮음,《백화점, 근대의 별천지》, 부산근대역사관, 2013

지하공간, 땅 밑에 펼쳐진 또 하나의 일상

김재성,《문명과 지하공간》, 글항아리, 2015

손정목,《서울도시계획이야기》3·4, 한울, 2003

신희순,〈국내 지하공간 개발 및 대책〉,《터널과 지하공간》23-5, 2013

이강주,〈지하도시연대기〉,《건축》56-2, 2012

정명섭 외,《일제의 흔적을 걷다》, 더난, 2016

허수도, 지하 세계의 거물

고아라,《물길을 중심으로 한 서울 역사도심의 도시 형태 해석》, 서울시립대학교
        박사학위논문, 2018

서울역사편찬원 엮음,《일제강점기 경성부윤과 경성부회 연구》, 서울역사편찬원,
        2017

염복규,〈일제하 도시 지역 정치의 구도와 양상〉,《한국민족운동사연구》67, 2011

_____,《서울의 기원 경성의 탄생》, 이데아, 2016

이연경·김성우,〈1885년~1910년 한성부 내 일본인 거류지의 근대적 위생사업의
        시행과 도시 변화〉,《대한건축학회논문집(계획계)》28-10, 2012

도축장, 유혈의 증거를 남기지 마라

서울역사박물관 엮음,《마장동》, 서울역사박물관, 2013

아카마 기후 지음, 서호철 옮김,《대지를 보라》, 아모르문디, 2016

업튼 싱클레어 지음, 채광석 옮김,《정글》, 페이퍼로드, 2009

한승태,《고기로 태어나서》, 시대의창, 2018

Durand, Jean-Nicolas-Louis, *Precis of the Lectures on Architecture*, The Getty
　　　Research Institute, 2000

Lee, Paula Young, *Meat, Modernity, and the Rise of the Slaughterhouse*,
　　　University of New Hampshire Press, 2008

유곽, 금기와 욕망의 경계

강영수,《한국사회의 매매춘에 관한 연구》, 이화여자대학교 석사학위논문, 1989

김애령, 〈복합적 장소 감정과 애도〉,《페미니즘연구》16-1, 2016

김애령·원미혜 엮음,《붉은 벨벳앨범 속의 여인들》, 그린비, 2007

김희식,《매춘공간의 포함과 배제》, 서울시립대학교 박사학위논문, 2016

박현, 〈20세기 초 경성 신정유곽의 형성과 변화 과정에 대한 공간적 분석〉,
　　　《서울과역사》92, 2016

＿＿, 〈일제시기 경성의 창기업 번성과 조선인 유곽 건설〉,《도시연구》14, 2015

용산문화원,《도시개발로 본 용산》, 용산구, 2012

이희영, 〈생활세계로서의 용산〉,《한국사회학》48-1, 2014

하시야 히로시 지음, 김제정 옮김,《일본제국주의, 식민지 도시를 건설하다》,
　　　모티브북, 2005

홍성철,《유곽의 역사》, 페이퍼로드, 2007

金富子·金榮,《植民地遊廓》, 東京: 吉川弘文館, 2018

서울시정개발연구원 엮음,《서울시 주택개량 재개발연혁 연구》, 1996

서울특별시 도시활성화과 엮음,《용산참사, 기억과 성찰》, 서울특별시 도시활성화과,
　　2017

서준석,〈1950년대 자유당 정권과 정치깡패〉,《향토서울》89, 2013

존슨 너새니얼 펄트 지음, 박광호 옮김,《대한민국 무력정치사》, 현실문화, 2016

최인기,《가난의 시대》, 동녘, 2012

지은이 소개

(이름 가나다 순)

금보운

영남대학교 민족문화연구소 연구교수. 한국 현대사의 군사적·사회적 이해와 공간적 연계에 관심이 있다. 분단구조가 한국 사회 미시적 요소에 반영된 양상과 그 역사적 맥락을 연구하고자 한다. 지은 책으로 《서울 내 외국인 집단활동지의 역사》(공저), 《우리 역사 속의 디아스포라와 경계인》(공저) 등이 있고, 주요 논문으로 〈군사도시의 지역사회관계 형성─주한미군의 근린 정책과 '기지 생활권'을 중심으로(1957~1971년)〉, 〈1960~1970년대 주한 미군 및 가족의 한국 사회 경험과 민군관계〉 등이 있다.

김윤미

한양대학교 산학협력단 연구원. 우리나라의 국토 및 지역체계의 변화를 연구하고 있다. 특히 전통적 도시 입지와 네트워크가 근대 이후 어떠한 물리적 변동을 겪고 있는지에 관심이 많다. 지은 책으로 《서울로 가는 길》(공저), 《쉽게 읽는 서울사 2》(공저) 등이 있고, 주요 논문으로 〈전근대 우리나라 국토 및 지역체계의 특징과 변화과정〉이 있다.

김은진

가톨릭대학교 국사학과 강사. 근대 오물 처리체계와 오물 활용 방식에 관심이 있다. 현재는 일제 오물 처리정책과 한국인의 대응을 중심으로 연구하고 있다. 지은 책으로 《동아시아 도시 이야기》(공저)가 있고, 주요 논문으로 〈20세기 초 일제의 서울지역 오물 처리체계 개편과 한국인의 대응〉, 〈개화기 전통적 오물 처리체계의 개

편: 서울을 중심으로〉 등이 있다.

박준형

서울시립대학교 국사학과 부교수. 근대이행기 한반도에서 외국인의 거류 공간으로 존재했던 '조계'를 비롯하여 조약상에 규정된 공간들의 경계가 식민지화 과정에서 어떻게 재편되어 갔는가를 연구해 왔으며, 최근에는 '촌락' 개념을 중심으로 사학사의 재검토를 시도하고 있다. 지은 책으로《제국 일본의 동아시아 공간 재편과 만철조사부》가 있으며, 주요 논문으로 〈재한일본 '거류지'·'거류민' 규칙의 계보와 〈거류민단법〉의 제정〉, 〈'조계'에서 '부'로: 1914년, 한반도 공간의 식민지적 재편〉, 〈하타다 다카시의 중국 촌락 연구와 한국사 서술에의 영향〉 등이 있다.

박현

서울시립대학교 서울학연구소 연구원. 근현대 도시사에 관심이 있다. 지은 책으로《동아시아 도시 이야기》(공저)가 있고, 주요 논문으로 〈일제시기 경성의 창기업娼妓業 번성과 조선인 유곽 건설〉, 〈20세기 초 경성 신정유곽의 형성과 변화 과정에 대한 공간적 분석〉 등이 있다.

서준석

서울역사편찬원 전임연구원. 근현대 도시사에 관심이 있다. 지은 책으로《동아시아 도시 이야기》(공저),《한국사, 한 걸음 더》(공저)가 있고, 옮긴 책으로《흔들리는 동맹》(공역) 등이 있으며, 주요 논문으로 〈자유당 정권에서의 정치 테러〉 등이 있다.

송은영

연세대학교 국학연구원 전문연구원. 서울이 현대 도시화되는 과정과 문학적 재현 사이의 관계를 탐구하며 현대 서울의 사회사, 문화사, 일상사를 재구성하는 데 관심이 있으며, 앞으로 서울과 동아시아 대도시의 현대화를 비교할 계획이다. 지은 책으로 《동아시아 도시 이야기》(공저), 《서울 탄생기》, 《쉽게 읽는 서울사 2》(공저) 등이 있으며, 주요 논문으로 〈사이키델릭 문학, 그리고 변방 히피들의 뒤틀린 성〉, 〈글쓰는 청년 전태일〉, 〈중산층 되기, 부동산 투기, 사회적 공간의 위계 만들기〉 등이 있다.

염복규

서울시립대학교 국사학과 교수. 한국 근현대 도시발달과 지역사회의 변화에 관심을 가지고 지속적으로 연구하고 있다. 지은 책으로 《서울의 기원 경성의 탄생》, 《동아시아 재난의 근현대사》(공저) 등이 있고, 주요 논문으로 〈하이모더니즘의 바벨탑: 청량리 개발과 대왕코너 화재사고〉, 〈1920년대 말 '신도시' 신의주의 차지인 운동과 지역사회〉 등이 있다.

유슬기

서울대학교 환경계획연구소 객원연구원. 오래된 역사를 지닌 서울의 매력을 탐구하고자 국사학과 졸업 후 도시계획학으로 진학하여 《근대도시 경성에서의 토지가격 결정 요인 연구: 동부지역을 중심으로》로 박사학위를 받았다. 지역연구를 기반으로 GIS를 활용한 옛 서울을 분석하는 것에 관심이 있다.

이상혁

가톨릭대학교 국사학과 석사 졸업. 한국 근대 기업의 기원과 역사에 관심이 있다. 일제강점기에 등장한 백화점의 기업 구조와 기업가의 활동을 분석하는 작업을 하고 있다. 주요 논문으로 〈일제강점기 한·일 백화점 기업의 성장 과정과 지배구조 비교〉가 있다.

이연경

인천대학교 지역인문정보융합연구소 학술연구교수. 19세기 말 이후 서울과 인천을 비롯한 동아시아 도시들의 근대화와 식민화 과정에 관심이 있다. 도시민의 일상생활과 도시환경 그리고 건축 유산을 중심으로 연구를 진행 중이다. 지은 책으로《동아시아 도시 이야기》(공저),《한성부의 '작은 일본' 진고개 혹은 본정本町》,《인천, 100년의 시간을 걷다》(공저) 등이 있고, 주요 논문으로 〈한국의 산업유산 관련 제도와 현황〉,〈부평의 노무자주택을 통해 본 전시체제기 주택의 특징과 산업유산으로서의 가치〉 등이 있다.

이진현

서울역사박물관 교육대외협력과장. 건축 역사와 역사 보존에 관심이 있다. 〈1784 유만주의 한양〉,〈서울과 평양의 3·1운동〉 등의 전시를 기획하였으며, 바티칸박물관, 에도도쿄박물관에서 교류 전시를 개최하였다. 서울역사박물관의 분관인 돈의문역사관,

공평도시 유적전시관 개관과 상설전시실 1존 개편 업무를 담당했다. 현재 모두를 위한 포용적 박물관 구현을 위해 노력하고 있으며, 서울역사박물관 어린이박물관 조성을 준비하고 있다. 지은 책으로《동아시아 도시 이야기》(공저)가 있다.

찾아보기

3·1운동 128~130, 134, 142
5·16광장 199
DDP 137~139, 146, 151~152

ㄱ ─────────────

강남 3구 212, 215
강남 8학군 203, 212, 225~226
강남 개발 221~222, 224~225,
　230~231, 321, 412~413
개발촉진지구 222, 224
개신교 69~70
개천 87~88, 346, 348~349, 358
거류민단 385, 387~388
경성공업전문학교 179, 181
경성대화숙 26, 34
《경성도시계획자료조사서》 351
경성부 23, 25~26, 34, 89, 92, 131,
　159, 163, 236, 290, 351, 353, 356,
　358~359, 367, 373~374, 380
경성부협의회 353, 359

〈경성시가지계획〉 163, 356, 373
경성운동장 138, 140~142, 146, 356,
　359
경성제대 181~183, 189, 191, 356
경춘선 236~237
경희궁 방공호 336~337
고기 소비 380
고물상 168, 175
고층 건물 54, 56, 194, 200, 203~204,
　208, 228, 325, 332
고층화 54~56, 199
공공위생 366
공동묘지 23, 25, 159, 161, 166, 175
공업전습소 178~179
공창제 385, 401~402
공천 111
관영 도축장 366~367
광장시장 147~148, 408
광화문 41~43, 45~46, 49, 51~52,
　55~59, 85, 121, 128, 159, 183, 336,

338, 343
광희문 140, 157~159
교보빌딩 55
교외 157, 174, 189, 247, 374
교외 주택지 234, 237, 247, 249
구로공단 272, 274~276, 278~282, 284
구로동맹파업 278, 280
구로디지털단지 282, 284
국민주택 239, 242~243, 246
군대 80~81, 140, 258, 263, 266, 391,
　　395~396
근린주구 201, 203
금화장 23, 25~28, 36
기억 42, 49, 123, 135, 204, 246
기지운영정책 265~266
김두한 406, 408~409
김태촌 406, 411
김현옥 95, 99, 102, 197, 294, 337~338,
　　340
깡패 405~413, 417~419

ㄴ

남궁억 73~74
남녕위재사 236
〈남서울개발계획〉 222
노점 167~168, 174~175
뉴타운 247, 249, 300

ㄷ

다양성 208
달동네 289~290, 301
대우어패럴 275, 278
대한의원 178~179
도산유곽 385, 389, 391~932,
　　395~396, 401~402
도시 28, 34, 41, 56, 77, 121, 139,
　　157, 161, 181, 185, 197, 199~201,
　　203~204, 206~207, 211~212,
　　217, 225, 228, 230, 237, 247, 268,
　　274~275, 290, 303, 305, 313~314,
　　318, 325~326, 330, 332, 337, 340,
　　342~343, 347~348, 352, 359,
　　405~408, 414, 418~419
도시기반시설 329, 332, 341
도시재생사업 302~303
도요타아파트 26, 29, 33~34, 36
《독립신문》 122~124, 126~129
동대문디자인파크 137
동대문시장 137, 146~148, 151~152
동대문역사문화공원 139, 146
동대문운동장 137~139, 143~144, 146,
　　151
동방주택 243, 246

ㄹ

러시아공사관 70, 72, 78

ㅁ

마장동 86, 102, 363, 374, 380~381
묄렌도르프
무허가건축 293
문화주택 28, 36, 166, 188
문화촌 190~191
미8군사령부 253, 256
미국공사관 66, 69, 79
미나카이백화점 307, 312
미도파백화점 305, 318, 321~322
미쓰코시백화점 305, 307, 318

ㅂ

박정희 45, 56, 143, 199, 217, 219~220,
　　222, 272
박흥식 308~309, 316, 318
반도호텔 54, 109, 111~114, 116~117
방공호 330, 332, 335~337, 402
벌집촌 278
베베르 69
복개 86, 92~94, 97, 100, 102, 148, 174,
　　183
부흥주택 172, 175, 238~239,
　　242~243, 246
분업화 379
브라운 73~74, 76, 79

ㅅ

상가아파트 95, 97

서울디지털국가산업단지 282
서울성곽 139~140, 152
서울운동장 142~143, 146
선교부 66, 69~70, 72, 78
성동시장 167~168
성매매집결지 402~403
성저십리 158, 178
세종문화회관 49, 51, 227
수익세 359
숭인동 369, 373~374, 380~381
스카이라운지 111, 113~114, 116~117
시구문 157
시민아파트 201, 294~295, 297, 414
(서울)시민회관 49, 51, 227
시범아파트 199, 201
시카고도축장 378
식산은행 독신자아파트 334
신세계백화점 305, 318
신정유곽 385, 389, 391~392,
　　395~396, 398, 401~402

ㅇ

아파트 28~29, 33~34, 39, 196, 199,
　　201, 206, 224, 249, 256, 294~295,
　　301, 329, 332, 419
아파트단지 39, 194, 196~197,
　　199~201, 204, 206~208, 222, 226,
　　247, 402, 413, 415
아파트지구제도 224

437

알렌 62, 64

암거 하수도 347, 351~352, 355

양성화사업 296~297

양택식 197, 222, 340

어효첨 87~88, 349

언더우드 64, 66

여의도 41, 193~194, 196~197,
    199~201, 203~204, 206~207

여의도비행장 196~197

영국공사관 70, 79, 81

영동 215, 221~222, 225, 413

예총회관 51

왕십리 166, 358, 374

요시와라유곽 392, 394~395

용산 미군기지 251~252, 256, 258, 260,
    262, 267~268

용산공원 259

용역 깡패 413, 417~418

우익청년단체 409

욱천 355

원구단 78, 108, 126

유곽 385~389, 391~392, 395~396,
    398, 400~403

유실물 134

유엔군사령부 259, 262

육가공 379, 381

육조거리 42~43, 45~46, 49, 51, 56~59

윤용구 234, 236, 242

의화단운동 80~81, 83

이방 공간 111

이정재 406, 408~410

일상 128, 134~135, 258, 267, 314,
    316, 321, 325, 405

입지 조건 189, 367, 373, 392, 395

ㅈ ─────────────

자주독립 121~124, 126~127, 129

장위동 234, 236, 238~239, 242~243,
    246~247, 249

장충단공원 356

재개발 97, 196, 234, 268, 299~300,
    302, 402, 407, 415, 417

재건주택 238~239, 242~243, 246

재건축 76, 196, 206, 227, 253, 256, 268

전국인민 122~124, 126, 128~131

전망대 117

전차 26, 29, 34, 36, 39, 79, 124,
    126~127, 130~131, 134, 147~148,
    181, 183, 338, 347, 374

정동제일교회 72

정부종합청사 46, 54~56

정치적 스펙터클 44~46

제3한강교 219~220

조선도시경영주식회사 163

조선물산공진회 108, 181, 183, 353,
    398, 400

조선인 유곽 386, 396, 398, 400~401

조선총독부 건물 43~44, 58

조선총독부의원 179, 181
조선호텔 106, 108~109, 116
조양은 406, 410~412
조지야백화점 305, 307, 312, 318
종로 79, 85, 121, 123~124, 128, 131,
　134~135, 146~147, 172~173, 181,
　183, 185, 308, 337, 352, 408
주거권 302, 418
〈주둔군지위협정(SOFA)〉 258, 265
주인 105, 121~123, 128, 130, 134~135
주한미국대사관 52, 54, 59
죽첨정 23, 25~28, 34, 36~37, 39
준천 88, 100, 349
중고품 174~175
지하공간 325~327, 329, 332, 335, 337,
　340~343
지하도 326, 330, 338
지하상가 325~326, 330, 338, 342
지하철 134, 226, 229, 326, 329~330,
　340~341
집단이주정착지 295~299, 301, 414

ㅊ

철거 25, 27, 33, 37, 39, 42~46, 49,
　51, 58, 94, 97, 100, 102, 108, 131,
　138, 146~147, 174~175, 194, 234,
　256, 292~293, 297, 299, 302, 374,
　402~403, 413~415, 417~418
청계천 95

총독부 청사 57, 85~89, 92~94, 97,
　99~100, 102, 131, 143, 147~148,
　157, 161, 166, 168, 172~174, 295,
　346, 348~349, 355~356, 358, 361,
　369, 374
충정로 23, 28~29, 33, 39
충정아파트 25, 29, 39
〈치도약론〉 351

ㅋ

캠프 험프리스 260
컨베이어 379

ㅌ

터널 26, 327, 329~330, 342
토막 27, 37, 89, 290
토막민 27, 161, 163, 166, 290, 292
토막촌 27, 36~37, 161, 163, 166~167,
　172
토지 가격 182
특수학군제 203

ㅍ

판자촌 39, 94, 102, 214, 217
패션산업 146, 151~152

ㅎ

하수처리장 97, 99, 361
학교촌 183, 187

한미연합사령부 252, 256, 262
〈한·미 연합토지관리계획〉 260
할인점 322
합동재개발 299~300, 415, 417
해관 본부 61, 69, 78~79
허정 93

현저동 27, 39, 367, 369, 381
화신백화점 307~308, 310, 316, 318,
 322
활인서 159
히라타백화점 307, 316